**인간의 마음을
이해하는 수업**

인간의 마음을
이해하는 수업

나와 너를 이해하는
관계의 심리학

신고은 지음

포레스트북스

자두씨를 삼킨 강아지

어느 여름 날, 물을 마시러 주방에 갔는데 식탁에 놓인 자두 몇 알이 눈에 들어왔습니다. 평소엔 좋아하지도 않던 자두가 그날따라 왜 그리 탐스러워 보이던지, 깨끗이 씻어 입에 한가득 베어 물며 방으로 들어왔지요. 과즙을 뚝뚝 흘리며 자두를 맛보고 있는데, 경쾌하고 분주한 발소리가 가까이 들려왔습니다. 집에서 키우는 까만 개가 방으로 들어오는 소리였지요. 동그랗게 뜬 눈에 갸우뚱거리는 고개를 보니, "누나! 그거 맛있어? 나도 먹어보면 안 돼?" 하고 말하는 것 같았습니다. 바로 그때, 사고가 터졌습니다. 과즙으로 미끄러워진 자두를 제가 놓치고 만 것이지요. 까만 개는 때를 놓치지 않고 씨까지 통째로 꿀떡 자두를 삼켜버렸습니다.

———

"으이그, 바보야. 그걸 씹지도 않고 먹으면 어떻게 해!" 평소에도 이것저것 삼키는 말썽꾸러기였기에 이번에도 별스럽지 않게 여겼습니다. 그런데 TV로 시선을 돌리는 순간, 문득 한 문장이 뇌리를 스쳐 지나갔습니다. 며칠 전 반려동물 커뮤니티에서 봤던 글의 제목이었습니다. '어떡하죠? 강아지가 자두씨를 삼켰어요!' 내용을 들여다보지는 않았습니다. '강아지가 옥수수를 삼켰어요', '강아지가 비닐을 씹었어요', '고양이가 털을 먹은 것 같아요. 어떡하죠?' 이런 질문들은 반려동물을 처음 키우는 사람들이 으레 한 번씩은 하는 대수롭지 않은 고민이었습니다.

하지만 전에 봤을 때는 '그래, 처음엔 별게 다 걱정인 거지'라고 생각하고 넘겼던 문장이 별스럽게 머릿속을 휘감았습니다. 이거 뭔가 큰일이 났다는 직감이 들었지요. 심장이 두근거리고 손에 땀이 나기 시작했습니다. 얼른 반려동물 커뮤니티에 접속해서 '자두'로 키워드 검색을 했습니다. 자두씨를 먹었다는 글은 그해에만 몇 페이지 넘게 올라와 있었습니다. 그중 댓글이 가장 많은 글을 읽자마자 가슴이 철렁 내려앉았지요.

자두씨는 아래는 동그랗고 위는 뾰족한 모양이지요. 동그란 부분은 좁은 장을 미끄러지듯 잘 빠져나올 수 있지만 뾰족한 부분은 그렇지가 않습니다. 결국 자두의 과육이 위산에 녹으면 그 씨는 장 여기저기를 찌르게 됩니다. 그렇게 장을 긁으면서 내려와 출혈을 일으키고, 설상가상으로 어딘가 박히면 빠지지 않아 상처를 곪게 만듭니다. '응가'로 온전하게 나오지 못한 자두씨는 배 속에 남아서 상처 내기를 반복합니다.

장이 편하지 않은 강아지는 음식을 먹지 않습니다. 힘도 없어 보입니다. 하지만 특별히 문제가 있어 보이지는 않습니다. 강아지의 장 속을 들여다볼 수 없는 보호자는 음식을 먹지도 않고, 응가도 잘 하지 않는 강아지를 보며 어리둥절해합니다. 더워서 입맛이 없나, 컨디션이 좋지 않나 하고 지켜보기로 하지요. 그 상태가 방치되면 장은 점점 썩어가고, 강아지는 결국 장폐색으로 죽게 됩니다. 보호자는 영문도 모른 채 강아지와 이별을 하게 되는 것입니다.

제 자신에게 너무 화가 났습니다. 처음부터 그 글을 자세히 봤더라면, 아니 그냥 클릭 한 번만 했더라면 좀 더 조심했을 텐데. 잠깐만 주의를 기울였다면 이런 사고를 막을 수 있었을 것을. 아, 나는 왜 이렇게 멍청한 걸까! 자책을 하며 까만 개를 동물병원에 데려갔고, 우여곡절 끝에 저의 작고 사랑스러운 반려견은 자두씨를 몸 밖으로 안전히 배출할 수 있었습니다.

심리학 책을 시작하면서 이게 무슨 '개' 소리냐고요? 우리가 왜 심리학을 공부해야 하는지, 제가 무얼 해야 하는지 이 사건을 통해 깨닫게 되었거든요.

우리는 모두 자두를 통째로 삼킨 강아지처럼 살아갑니다. 누군가가 주는 상처가 뾰족한지도 모르고 꿀떡 삼키지요. 하지만 시간이 흐르면 상처가 점차 본색을 드러냅니다. 덮여 있던 과육이 사라지고 자두씨가 남듯, 말과 행동의 포장이 사라지고 뾰족한 실체만 남게 됩니다. 이것이 우리 마음을 찔러서 피가 나고 고름이 나게 하지요. 하지만 우리는 언제부터 이 고통이 시작되었는지 알지 못합니다. 점점 상처가 커지고 덧나고 있다는 사실도 모릅니다. 그대로 방치한 채 하루하루 살아가지요. 그래서 고통을 도저히 견딜 수 없게 되었을 때에야 마음을 들여다보면, 이미 돌이킬 수 없을 만큼 상처가 곪아 있을 때도 많습니다.

또 우리는 강아지에게 자두를 먹게 한 저처럼 살아가기도 합니다. 참 무지하게도, 자두가 누군가에게 치명적일 수 있다는 상상도 하지 못합니다. 악의 없이 상처가 될 수 있는 말을 건네고, 자신도 모르게 상처를 주는 행동을 합니다. 한번 한 말과 행동은 되돌릴 수 없는데도 멈출 줄을 모릅니다. 자신이 원인을 제공했다는 사실은 꿈에도 생각하지 못하고, 왜 이렇게 시름시름 앓느냐며 오히려 상대방에게 화를 내기도 합니다.

이미 삼켜버린 자두씨를 꺼내는 일은 번거롭고 어렵고 또 위험한 일입니다. 불가능할 수도 있지요. 하지만 자두씨가 위험하다는 사실을 알고 있다면 어떨까요? 누군가 주더라도 먹지 않을 것이고, 상대방에게 굳이 주지도 않을 것입니다. 마음의 상처도 똑같습니다. 한번 난 상처를 치유하는 과정은 번거롭고 어렵고 또 위험합니다. 전문상담사나 정신과의사에게 도움을 받을 수 있겠지만, 언제나 치유되고 회복되는 것은 아닙니다. 과정 또한 쉽지 않지요. 하지만 마음의 이치를 미리 안다면, 완전히는 아니라도 꽤나 효과적으로 문제 발생 자체를 방지할 수 있게 됩니다. 이런 말이 상처를 준다는 사실을, 이런 행동이 위험하다는 사실을 알기만 한다면, 부주의한 말과 행동으로 상처를 주고받는 일도 없어지는 것이지요.

마음의 이치를 어떻게 알 수 있을까요? 반려동물 커뮤니티처럼 마음에 대해 묻고 답하는 커뮤니티가 있는 것도 아닌데 말입니다. 걱정 마세요. 그 모든 이야기는 심리학을 통해 알 수 있습니다. 이게 바로 우리가 심리학을 공부해야 하는 이유입니다.

반려견에게 자두씨가 위험하다는 것은 이해하기 어려운 이야기가 아니지요. 씨가 뾰족해서 배 속을 찌를 수 있으니 조심해야 한다는 논리는 누구나 납득할 수 있는 이야기입니다. 찾기 어려운 정보도 아닙니다. 관심만 있다면, 인터넷에서 손가락 몇 번만 움직여도 알 수 있는 이야기지요. 하지만 이 보잘것없는 지식이 반려견의 생사를 결정할 수도 있습니다.

심리학도 마찬가지입니다. 그리 어렵지 않습니다. 전문용어를 빼고, 복잡한 연구 방법을 빼면 쉽게 이해할 수 있는 이야기로 가득합니다. 심심할 때 인터넷 게시물을 살펴보듯 그냥 한 번 훑어보기만 하면 알 수 있는 내용입니다. 그렇지만 이런 대수롭지 않은 이야기가 우리 마음의 생사를 결정할 수도 있지요. 내가 왜 이렇게 아픈지 알 수 있게 해주고, 의도하지 않게 남에게 상처 주던 내 모습을 돌아볼 수 있게 해줍니다. 물론 앞으로 같은 일이 반복되지 않도록 해주기도 하지요.

'어떡하죠! 제가 마음을 다친 것 같아요!'

'어떡하죠! 내가 그 사람의 마음을 다치게 했어요!'

저는 이런 '마음의 자두씨'에 대한 고민과 질문에 응답하는 심리학 이야기를 쓰고 싶었습니다. 하나도 어렵지 않아서 조금만 관심을 가지면 알 수 있지만, 몰랐을 때 결과가 치명적일 수도 있는 심리학 이야기를 담고자 했습니다. 이제부터 우리가 살면서 한 번쯤 겪어본 그리고 앞으로 겪게 될 경험을 심리학이라는 렌즈를 통해 풀어보려 합니다. 제 이야기, 주변 사람들의 이야기, 소설 속 이야기, TV 속 이야기에서 당신의 이야기도 찾을 수 있을 것입니다.

당신이 알게 모르게 건넸던 자두씨는 무엇인가요?

당신을 아프게 하는 마음속 자두씨는 무엇일까요?

이 책을 덮을 때쯤 당신이 답을 내릴 수 있을 거라 기대합니다.

차례

prologue • 자두씨를 삼킨 강아지   004

CHAPTER 1

나도 내 마음을 잘 모르겠습니다

타인의 시선을 지나치게 신경 쓰는 당신께 욕구   016

내 속에 내가 너무도 많아서 프로이트의 세 가지 성격 구조   025

하지 말라니까 더 하고 싶네! 리액턴스 효과   038

어느 날 외계행성에 떨어진다면 인간의 세 가지 유형   046

우리는 정말 인연이 아닐까? 애착과 사랑   067

거시기가 거시기라 좀 거시기할 거여 맥락 효과   074

내겐 너무 무서운 그 노래 고전적 조건 형성   083

칭찬이 고래를 춤추게 한다고? 자기결정 이론   095

CHAPTER 2

나도 내가 싫을 때가 있습니다

타인의 불행은 내 삶의 원동력? 하향 비교   104

그 사람을 통해 내 마음을 보는 거예요 투사   112

저리 비켜요, 부정 타니까! 마법적 전염 효과   122

말실수는 은연중에 나오는 진심 프로이트의 말실수   131

말에 항상 진심이 담기는 건 아니다 점화 효과   136

1월 1일에 세운 계획이 매년 실패하는 심리학적 이유 계획 오류   144

새해의 계획을 성공시키는 방법 자기조절   152

무기력을 배우는 법, 무기력을 극복하는 법 학습된 무기력   160

성숙일까, 정신 승리일까? 달콤한 레몬형 합리화   168

엎질러진 물을 주워 담고 싶은 순간에 취소   174

CHAPTER 3

그 사람을 어떻게 이해해야 할까요?

그 사람 웃는 거, 사실 불안해서 그래 반동 형성   182

내 기억을 믿지 마세요 오정보 효과   191

악플의 심리학 거짓 일치성 효과   199

아홉 번 잘해도 한 번 잘못하면 화를 내는 이유 부정성 편향   209

상처는 가장 가까운 사람에게 받는 법 검은 양 효과   218

대체 왜 카페에서 공부를 하는 거예요? 여키스·도슨 법칙   227

그렇게 유난을 떨더니 헤어질 줄 알았어 후견지명   238

그 사람에 대해 판단하기 전에 행위자·관찰자 편향   245

세상은 나를 중심으로 돌아가지 않는다 마음 이론   254

남편이 설거지를 하게 만드는 법 손다이크의 효과의 법칙   260

CHAPTER 4

너무 애쓰지 않고 나답게

내향적인 성격을 고치고 싶어요 외향성과 내향성   270

매번 다른 모습의 나, 혹시 다중인격인가? 자기복잡성   280

하느냐 마느냐, 그것이 문제로다 후회의 심리학   289

내 잘못이 아닐 때는 내 탓을 하지 말자 자기 고양적 편향   296

모두가 '예'라고 할 때 '아니오'라고 할 수 있는 용기 동조의 심리학   305

마음에도 주유등이 있다면 스트레스와 일반 적응 증후군   315

기분이 좋은지 나쁜지 누가 아는가 정서 이요인 이론   328

보톡스를 맞은 사람들이 행복한 이유 안면 피드백 효과   335

짜장면과 행복의 상관관계 적응 수준 현상   340

행복은 강도가 아닌 빈도 조작적 정의   349

epilogue • 당신의 마음에 진심이 가닿기를   357

CHAPTER 1
나도 내 마음을 잘 모르겠습니다

타인의 시선을 지나치게
신경 쓰는 당신께

– 욕구

공중 화장실에서 '큰일' 보는 것이 전혀 어렵지 않은 분, 손 들어보세요. 사실 어려워하는 분들이 많을 거예요. 대변은 더럽고 대변을 배설하는 모습은 추한 것처럼 느껴지는데, 내 집이 아닌 밖에서 볼일을 봐야 하는 거니까요. 저는 초등학생, 중학생 시절 배가 아파오면 학교가 끝날 때까지 참았습니다. 얼굴이 노래지고 식은땀이 나도 버텼지요. 부끄러웠거든요. 화장실에 있는데 밖에서 누가 문을 두드릴까 봐, 누군가 놀릴까 봐, 또 밖으로 냄새가 새 나갈까 봐요. 연예인들은 고충이 더 심하다고 합니다. 지방에 행사라도 갈 때면 휴게소 화장실에서 볼일을 봐야 하지요. 이때 혹시라도 팬과 마주칠까 봐(최악은 안티 팬과 마주치는 것이라고 하죠), 고약한 냄새 때문에 이미지가 망가질까 봐 겁이 난다고 합니다. 그래서 하루 종일 참다가 심한 변비에 걸리는 경우도 많다고 하지요.

대변을 보는 건 지극히 당연한 일이지만, 참으로 어려운 일이기도 합니다. 때로 우리를 난감한 상황에 빠트리기도 하지요. 얼마 전 한 커뮤니티에서 본 사연 하나를 소개해볼까요? 어느 여성분의 사연이었는데요, 내용은 이랬습니다.

오래 만난 남자친구와의 결혼을 앞두고 그의 가족을 소개받는 자리였습니다. 긴장을 해서인지 식당에서부터 배가 사르르 아팠지만, 화장실에서 시간을 오래 보내는 것이 부끄러웠습니다. 혹시 화장실에 예비 시어머니나 시누이가 들어올 수도 있으니 더 꺼려졌지요. 빨리 만남을 끝내고 편하게 화장실에 가려고 참고 있는데, 남자친구는 그날따라 눈치가 없었습니다. 가족들과 예비 신부가 한자리에 모인 것이 즐거웠던지 더 오랜 시간을 함께하고 싶어 했지요. 그래서 화장실도 없는 시골길로 드라이브를 가자는 아이디어를 냅니다.

시골길에 들어선 순간, 결국 신호가 오고야 말았습니다. 그녀의 이마에서는 땀이 비 오듯 쏟아졌고, 얼굴은 점점 창백해졌습니다. 당황한 남자친구와 그 가족들은 어디 아픈 거 아니냐며 어서 약국에라도 가자고 했습니다. 그녀는 힘겹게 고개를 끄덕였습니다. 약국엔 화장실이 있을 테니까요. 하지만 시골길에서 약국을 찾기란 쉽지 않았습니다. 결국 한계에 다다른 그녀는 배를 부여잡고 차에서 뛰어내려 수풀 속에서 거사를 치르고 말았습니다. 그렇게 한 차례 폭풍이 휘몰아치고 난 뒤, 집까지 돌아오는 긴긴 시간 동안 차 안에는 정적만이 흘렀다고 합니다. 이런 상황, 상상이나 해보셨나요? 이 글을 본 누리꾼들은 글쓴이의 이야기가 마치 자신의 이야기인 양 괴로워했고, 제발 꾸며낸 이야기라 말해달라고 애원했습니다. 하지만 이후로 후기는 올라오지 않았습니다.

사람들은 대변이 마려운 사정, 대변을 보는 모습을 숨기고 싶어 합니다. 하지만 대변 자체를 부정하거나 거부할 수는 없습니다. 우리는 누구나 대변을 눠야 하기 때문입니다. 대변을 누는 내 모습이 싫다고 "나는 대변을 보지 않는 사람입니다"라고 말할 수 있는 사람이 있나요? 세상에 그런 사람은 없습니다. 대변은 누구에게나 평등합니다. 또 대변은 참을 수 없습니다. '참고 있다'라는 건 아직 타이밍에 이르지 않았다는 뜻일 뿐입니다. '그것'이 나와야 하는 결정적 순간이 오면 우리는 절대 버틸 수 없게 되지요. 백번 양보해서, 참을 수 있는 초능력을 가졌다고 해도 배 속의 대변을 사라지게 할 수는 없습니다. 배설하지 않는 한 대변은 없어지지 않지요.

심지어 대변을 계속해서 참는다면 믿을 수 없는 대참사가 일어나게 됩니다. 등에 식은땀이 흐르고 팔뚝에 소름이 돋으면서

솜털까지 바짝 설 거예요. 점점 눈에 보이는 것이 없어지면서 사람들에게 잘 보이려는 마음, 추한 모습을 숨기고 싶어 하는 마음도 사라지지요. 그리고 결국 보여주고 싶지 않은 내 모습 중 최악의 모습을 보여주게 됩니다. 그러니 우리는 일명 '급똥'의 위기가 오기 전에 대변을 눠야 합니다. 반드시 말이에요.

갑자기 웬 대변 이야기를 하는 걸까 싶으시죠? 이 글을 보면서 더럽다고 느끼는 분들도 있으실 겁니다. 사실 전 욕구에 대한 이야기를 하고 싶었습니다. 욕구란 생물학적으로나 물리적으로 결핍 상태 또는 과잉 상태에 처했을 때, 정상적인 수준으로 돌아가고 싶어 하는 본능입니다. 배가 고프면 먹어서 배를 채우고 싶고, 배가 부르면 속을 비우고 싶은 마음과 같지요.

우리에게는 다양한 욕구가 있습니다. 식욕, 성욕, 수면욕과 같은 생물학적 욕구부터 인정 욕구, 권력 욕구, 자아실현 욕구와 같은 심리적 욕구까지, 정말 많고 많지요. 이 모든 욕구는 자연스러운 것으로 누구에게나 평등하게 나타납니다. 욕구는 참는다고 참아지지 않고, 시간이 흐른다고 사라지지 않고, 또 자연히 해결되지도 않습니다. 마치 한번 나오기로 마음먹은 대변과도 같이 말이지요.

우리는 욕구를 나쁘게 바라보는 경향이 있습니다. 식욕이 넘치는 사람에게는 자기 통제력이 부족하다고 손가락질을 합니다. 특히 나보다 조금만 더 통통해도, 그 사람이 음식 먹는 모습을 보고 비난하기 일쑤입니다. "저러니까 살이 찌지" 하면서 말이에요. 성욕이 넘치면 변태 취급을 하고 색을 밝힌다고 합니다. 수면욕이 넘치면 게으르고 자기 관리를 못하는 사람으로 낙인찍습니다. 또 인정 욕구가 많은 사람에게는 남의 눈치를 보는 애정결핍이라고 합니다. 돈을 많이 벌고 싶다고 하면 속물이라 하고, 윗자리에서 남을 이끌고 싶어 하면 권력욕이 강하다고 합니다. 심지어 우리는 욕구와 관련된 말들까지 다 부정적으로 생각합니다. '욕구적', '본능적', '쾌락적'과 같은 말들은 짐승 같고, 어딘가 잘못된 것처럼 느낍니다. 그래서 많은 사람이 욕구를 숨기면서 살아갑니다. 욕구를 초월한, 완벽하고 이상적인 사람인 '척'하고 살아가는 것이지요. 그런데 말입니다, 대변을 참으면 어떻게 되나요? 추한 모습을 숨기려다 가장 추한 모습을 보여주는 일이 발생하지요. 이를테면, 잘 보이고 싶은 사람들 앞에서 수풀을 향해 달려가는 일이 생기는 것입니다. 마찬가지입니다. 다른 욕구들도 참으면 대참사가 일어나고 맙니다.

제가 대학을 졸업하고 첫 번째 직장에 다닐 때 일입니다. 저를 제외한 입사 동기는 모두 다섯 명이었습니다. 입사 후 한 달 동안, 우리가 가장 많이 했던 이야기는 대체 우리 월급이 얼마냐는 것이었습니다. 네, 그렇습니다. 우리는 월급이 얼마인지도 모르고 입사했던 것입니다. 인터넷상에 떠돌던 대략적인 금액만 알고 있었을 뿐이죠. 우리는 첫 번째 급여 지급일이 되고 나서야 정확한 액수를 알게 되었습니다. 기대에 훨씬 못 미치는 액수였지요. 당시 정권이 교체되면서 공공기관의 정규직 인원을 감축하는 일이 있었습니다. 대신 계약직 직원을 뽑아 자리를 메꿨는데, 바로 그 자리로 우리가 들어갔던 겁니다. 계약직으로 채용된 탓에 같은 일을 하는 정규직 선임들보다 무려 100만 원이나 적은 월급을 받았지요. 화가 난 우리는 동반 퇴사를 하고 말았습니다.

왜 월급이 얼마인지 미리 물어보지 못했을까요? 못한 게 아니라 안 한 것입니다. 속물처럼 보일까 봐 걱정이 됐었거든요. 돈을 밝히는 사람처럼 보이기 싫었던 거지요. 오직 열정 하나만으로 직장에 몸담는 사람, 얼마를 받든 돈보다 성취감이 중요한 사람, 즉 '이 시대의 새로운 일꾼'처럼 보이고 싶었던 거예요. 사실은 다른 사람들처럼 돈도 무척 중요하게 생각했으면서 말이에요. 다른 동기들도 마찬가지였겠죠. 다들 아무 말도 하지 않는데, 자기가 월급 액수를 물어보면 상대적으로 계산적으로 보일까 봐 두려웠을 겁니다. 우리는 돈을 많이 받고 싶은 욕구가 있었지만 아닌 척했습니다. 돈은 내 인생에서 그다지 중요하지 않은 척했지요. 마치 대변이 마려운 사람이 태연한 척하듯이 솔직한 욕구를 부끄러워했던 거예요. 우리는 좋은 사람으로 보이고 싶어서 월급에 대해 묻지 않았지만 결과적으로 좋은 사람으로 보이는 데 실패했습니다. 첫 급여일에 퇴사 의사를 밝힌 사람들이 좋은 사람으로 보일 리가 없지요.

박연준 시인의 산문집 『밤은 길고, 괴롭습니다』에는 이런 내용이 나옵니다.

> 집에 놀러 온 어른이 용돈을 쥐어주면 고개를 저으며
> "괜찮습니다" 하고, 세 번은 사양해야 했다. 세 번을 사
> 양한 후에도 용돈을 건네면 그때 받는 거라고, 그게 옳
> 은 거라고 교육받았다. 그러니까 나는 누가 무얼 권했
> 을 때 예의상 몇 번은 사양하는 게 미덕이라고 배운 거
> 다. 덕분에 나는 아주 오랫동안 내 본성을 누르고(즉흥
> 적이고, 호불호가 강하며, 기분대로 행동하는) '삼가는 습성과
> 상냥함'을 인위로 장착한 태도로 사회생활을 했다. 물론
> 연기였다.
>
> 박연준, 『밤은 길고, 괴롭습니다』, 알마, 2018, p.149

이 단락을 읽고 피식 웃다가 이내 마음이 불편해졌습니다. 마치 제 이야기 같았거든요. 저 역시 배운 대로, 옳다고 가르침을 받은 대로 살아왔습니다. 본성을 누르고 욕구를 인정하지 않으며, 저답지 않은 모습으로 살아왔지요. 그러다 문득 뒤돌아보니 진짜 제가 누구인지, 제가 원하는 것이 무엇인지를 잊고 있었습니다. 그러다 보니 사람들과 관계를 맺는 것이 부자연스러워졌습니다. 할 수 있는 한 최대한 좋은 사람으로 살려고 노력했지

만, 남들의 기준에는 미치지 못했지요. 결국 저다운 삶도 살지 못하고, 인정받는 삶도 살 수 없었습니다. 좋은 사람으로 보이고 싶은데, 제가 그렇게 좋은 사람은 아니라는 사실을 알고 괴리감에 괴로웠습니다. 착한 사람이 된 것이 아니라 '착한 아이 콤플렉스good boy syndrome'를 가진 사람이 된 것입니다.

우리가 사는 세상에서 기준이 되는 것들은 타인의 시선인 경우가 많습니다. 내가 어떤 사람으로 보일까? 좋은 사람으로 보이려면 어떤 행동을 해야 할까? 우리는 여기에 모든 포커스를 맞추며 살아가게 됩니다. 저도 그랬습니다. 욕구를 감추고 나쁜 모습의 저는 제가 아닌 척하는 것이 당연한 줄 알았지요. 하지만 이렇게 연출한 모습은 진짜 우리 모습이 아닙니다. 욕구가 점점 쌓이면 어떻게 될까요? 좋은 사람으로 보이기 위해 욕구를 참기만 하면, 결국엔 좋은 사람으로 보이는 일에 실패하게 됩니다. 화장실 따위 가지 않는 고상한 모습을 보이려다 수풀에 뛰어드는 일을 벌인 사연 속 여성분처럼, 돈보다 보람을 좇는 모습을 보이려다가 돈 때문에 퇴사하는 인간이 된 저처럼 말이지요.

'푸푸리'라는 화장실용 향수가 있습니다. 볼일을 보기 전 양변기 안의 물에 뿌리면 보호막을 형성해 냄새가 퍼지지 않게 해주는 제품이지요. 냄새 걱정 없이 맘 편히 대변을 볼 수 있게 해주니, 이 얼마나 기특한 발명품인가요? 이 발명품은 집 밖에서 대변을 누지 않는 사람이라면 만들지 못했을 겁니다. 외출을 했을 때도 신호가 오면 화장실에 가겠다는 다짐을 했기에 만들어 낸 제품일 것입니다. 말하자면, 대변을 숨기는 법이 아니라 대변을 예쁘게 포장하는 법을 발견해낸 것이지요.

우리는 '욕구의 푸푸리'를 만들어야 합니다. 욕구는 해결하되 좋은 사람으로도 보일 수 있는 방법을 찾아야 하는 것이지요. 이 책을 통해 함께 심리학을 공부하다 보면, 조금씩 이를 위한 길이 열리는 것을 느끼게 되실 겁니다.

자, 지금부터 내 마음을 알아가 봅시다.

내 속에 내가 너무도 많아서

_ 프로이트의 세 가지 성격 구조

그는 자신이 침대에서 메리앤에게 사랑한다 말하던 모
습을 계속 떠올렸다. 사랑해. 마치 자신이 끔찍한 범죄
를 저지르는 모습을 CCTV 화면으로 지켜보는 것처럼
등골이 오싹했다. 곧 그녀가 책가방을 챙겨, 슬며시 미
소를 지으며, 아무것도 모르는 채로, 학교에 올 터였다.
너는 착한 사람이고 모두가 너를 좋아해. 그는 고통스
러울 만큼 깊이 숨을 들이마셨다가 토해냈다.

샐리 루니, 『노멀 피플』, arte(아르떼), 2020, p.73

샐리 루니Sally Rooney의 장편 소설 『노멀 피플Normal People』에

는 결코 평범하지 않은 두 남녀가 등장합니다. 가족의 학대와 방임으로 마음속 깊은 곳에 상처를 입고 살아가는 메리앤과 그의 소울메이트 코넬이 그들이지요. 메리앤은 학교에서 친구들에게 미움을 받습니다. 이상한 소문의 주인공이 되어 따돌림을 당하지요. 코넬은 메리앤의 집에서 일하는 가정부의 아들로, 둘은 같은 학교를 다니고 있습니다. 그는 모든 아이들이 좋아해서 인기가 많지만, 가난한 미혼모의 아들이지요. 두 사람은 이중적인 관계를 가지고 있습니다. 코넬과 메리앤은 학교에서는 서로 알은체를 하지 않습니다. 하지만 집에서는 누구보다 끈끈한 관계입니다. 친구 사이라고 하면서도 육체적 관계를 가지며 서로를 탐닉하지요. 그 과정에서 코넬은 끊임없이 갈등합니다. 사랑하는 메리앤을 학교에서 보듬어주지 못하는 자신이 혐오스럽지만, 친구들 앞에서 그녀와 가까운 사이라는 사실을 밝히는 것은 두렵습니다. 착한 사람으로 보이고 싶기도 하고, 인기 많은 학생으로 남고 싶기도 합니다. 코넬은 자신의 내면에 이기적이고 성적인 욕망이 숨겨져 있다는 것을 인정하지 않을 수 없지요.

이렇게 앞뒤가 다른 위선자처럼 보이기도 하고 음흉한 변태 같기도 한 이들의 관계를 이야기하면서, 왜 작가는 소설의 제목을 '노멀 피플', 즉 '평범한 사람들'이라고 했을까요? 어쩌면 우리 모두에게 그런 모습이 있다는 말을 하려는 것은 아니었을까요?

고객에게 치이고, 상사에게 혼나서 유난히 힘겨웠던 어느 날,

저는 지친 몸을 이끌고 집으로 향하고 있었습니다. 만원 버스에 몸을 욱여넣고 손잡이에 매달린 채 버티고 있었지요. 그런데 이게 웬일, 바로 제 앞에 앉아 있던 사람이 벨을 누르는 것이었어요. 이건 하늘이 준 선물이라는 생각으로 그 사람이 내리기만을 기다렸습니다. 그리고 그의 엉덩이가 의자에서 떨어지는 순간 미끄러지듯 자리를 차지했지요. 눈을 감고 창에 머리를 기대 한숨 돌리려던 그때였습니다. 정류장에 선 버스 안으로 할머니 한 분이 지팡이를 짚고 천천히 올라오셨지요. '아아, 앞쪽에 경로석 있어요. 제발 제 앞으로 오지 말아주세요.' 하지만 제 간절한 마음에도 할머니는 천천히 제 쪽으로 다가왔습니다. 버스 안 승객들은 모두가 한마음으로 저의 양보를 격려하며 할머니께 길을 터주었지요. 구급차가 지나가도 이런 '모세의 기적'은 일어나기 힘든데 말입니다. 그 짧은 순간 저는 고민에 빠졌습니다. '자는 척할까?'

우리는 살면서 많은 갈등 상황에 놓입니다. 옳은 것이 무엇인지 명확히 알지만, 하고 싶지 않은 일들이 있습니다. 횡단보도가 딱 한 쪽만 없는 사거리에서는 세 번의 신호를 기다려 길을 건널 것인가, 무단횡단을 할 것인가 고민하게 되지요. 다 먹어가는 테이크아웃 커피 잔을 집까지 들고 갈 것인가, 길거리에 살포시 두고 갈 것인가를 두고도 갈등합니다. 5분만 더 자면 지각인데 침대를 박차고 일어날 것인가, 오늘 수업을 땡땡이칠 것인가? 식당에서 나온 뒤에 음료수 값 계산이 안 되었음을 알게 됐다면 그냥 갈 것인가, 돌아가서 돈을 더 낼 것인가? 이런 것들은 모두 우리를 고민하고 갈등하게 합니다.

옳은 답을 아는데 선택하지 못하는 이유는 무엇일까요? 그 이유는 '내 속에 내가 너무 많아서'입니다. 시인과 촌장의 노래 「가시나무」는 이런 가사로 시작합니다. "내 속에 내가 너무도 많아 당신의 쉴 곳 없네." 내 속에 내가 너무 많다니, 다중인격도 아니고 가사가 특이하다고 생각할지도 모릅니다. 하지만 우리도 노래 속 주인공과 마찬가지입니다. 우리 속엔 우리가 너무 많습니다. 아니, 그렇게 많지 않더라도 적어도 세 명의 내가 존재하지요.

정신분석학자 지그문트 프로이트Sigmund Freud에 따르면 그렇습니다. 그는 우리 안에 '원초아id', '초자아superego', '자아ego'가 있다고 했지요. 원초아는 태어날 때부터 나를 지배하는 성격입니다. 이름에 걸맞게 원초적이고 본능적이고 이기적이지요. 갓 태어난 아기의 성격은 원초아가 지배적입니다. 덕분에 자고 싶으면 자고, 싸고 싶으면 싸고, 짜증나면 소리 지르고, 먹고 싶으면 젖 달라고 울부짖습니다. 아기가 천사처럼 착하고 순수하다고 말하는 사람들은 사실 아기의 실체를 잘 모르는 것입니다. 딱 하룻밤만 같이 지내보면 생각이 바뀔 거라 장담할 수 있습니다. 사실 아기는 작은 악마와도 같지요. 물론 아주 소중하고 사랑스러운 악마지만요.

———

무럭무럭 자라나서 자기 손을 스스로 쓰게 되면 아기는 이제 이래저래 사고를 치기 시작하지요. 이즈음 새로 취미를 개발하게 되는데, 그건 바로 '음식 집어던지기'입니다. 엄마가 열심히 차려놓은 밥을 손으로 집어서 바닥에 퍽 던지지요. 그러고선 꺄르르 웃습니다. 처음엔 엄마도 같이 웃지요. "너어, 자꾸 안 먹고 던져어?" 혼나는 건지 같이 노는 건지 구분이 되지 않으니 꼬마 악마는 더 신나게 음식을 집어던집니다. 머리는 밥풀로 범벅이 되고 바닥은 반찬으로 난리가 납니다. 엄마는 더 이상 참을 수 없습니다. "누가 이랬어? 자꾸 장난칠 거면 먹지 마!" 그러고는 밥그릇을 눈앞에서 치워버립니다. 처음 보는 엄마의 반응에 아기는 깜짝 놀랍니다. 이런 건 하면 안 되는 행동이라는 걸 깨닫게 되지요. 이런 일이 하나둘 늘어가면서 아기는 옳고 그름에 대해 배우게 됩니다. 세상이 인정해주는 좋은 행동과 용인하지 않는 나쁜 행동을 하나하나 습득해가면서 좋은 사람이 되고자 하는 성격을 발달시키기 시작합니다. 이 성격을 초자아라고 하지요.

초자아가 발달해도 원초아는 사라지지 않습니다. 마음이라는 방 안에는 두 명의 내가 함께 살게 되는 것입니다. 원초아와 초자아는 궁합이 잘 맞지 않는 룸메이트가 됩니다. 원초아가 쾌락을 추구한다면, 초자아는 이상을 추구합니다. 원초아는 내 즐거움을 우선으로 생각하지만, 초자아는 타인의 시선을 더 중요하게 생각하지요. 원초아는 "지금 당장!"을 외치지만 초자아는 한 번 더 참아보자고 합니다. 원초아는 내가 이겨야 한다고 우기지만, 초자아는 양보하라고 이야기합니다. 그러니 둘은 항상 티격태격 싸울 수밖에 없지요.

　원초아와 초자아가 본격적으로 갈등하는 시기는 청소년기입니다. 이때가 질풍노도의 시기라고 불리는 건 마음이 두 성격의 전쟁터로 돌변하기 때문입니다. 이 시기에는 엄마와의 싸움이 잦아집니다. 공부하라는 잔소리에 짜증이 납니다. 원초아가 말하죠. '야야, 대들어! 엄마가 뭔데 맨날 이래라저래라 하냐?' 그 목소리에 귀 기울인 아이는 버럭 화를 냅니다. "공부 소리 좀 그만하라고! 지겨워!" 발을 구르며 방으로 들어오는데 그 순간 바람이 붑니다. 문이 의도했던 것보다 세게 닫힙니다. 쾅! 이때 초자아가 이야기합니다. '엄마 속상하겠다. 문 닫히는 소리에 엄마 상처받았을 거야.' 초자아의 목소리를 들은 아이는 죄책감이 생깁니다. 엄마가 차려준 밥, 엄마가 다려준 옷, 엄마의 다정한 손길과 눈길이 주마등처럼 스쳐갑니다. '왜 그랬을까. 나는 왜 이것밖에 안 될까.' 엄마에게 사과해야겠다고 마음먹는 그 순간, 엄마가 문을 벌컥 열고 들어옵니다. "너 누가 버릇없이 문을 그렇게 닫으래?" 그 소리를 듣자 원초아가 또 한마디 합니다. '네가 닫았냐? 완전 어이없네. 참지 마, 참지 마.' 아이는 다시 화를 냅니다. "내가 닫은 거 아니라고! 그리고 내 방에 이렇게 맘대로 들어오지 말랬잖아! 엄마가 뭔데!" 당황한 엄마는 말문이 막혀 방문을 닫고 나갑니다. 엄마의 뒷모습을 보고 다시 초자아가 등장합니다. '엄마 상처받았나 봐. 어떻게 해.' 아이는 갑자기 눈물이 차오릅니다. 지금 이 순간 가장 슬픈 영화 속 주인공처럼 가슴이 미어집니다. 내가 왜 그랬을까 후회하며 말이지요.

이렇게 싸우다 하나의 성격이 주도권을 잡게 되면, 그 성격이 그 사람을 지배하게 됩니다. 원초아가 주도적인 성격으로 자라나면 제멋대로인 어른이 되지요. 화가 나면 화를 내야 하고 분노조절이 힘듭니다. 정확하게 말하면, 분노조절을 왜 해야 하는지 모르는 것이죠. 참을성 없고 욕심 많고 자기만 생각하니까요. 몸만 큰 아기처럼 본능에 충실합니다. 주위 사람은 피곤하지만 자기 자신은 편안하지요. 반면에 초자아가 주도적인 성격으로 자라나면 완벽주의적이고 이상을 좇는 사람이 됩니다. 규칙을 잘 따르고 최선을 다해 노력하는 반듯한 어른이 되는 것이지요. 그런데 너무 반듯한 게 문제입니다. 이렇게 하면 사람들이 싫어하지 않을까? 이렇게 해야 칭찬을 받지 않을까? 남들에게 잘 보이고 싶고, 좋은 사람으로 인정받고 싶은 마음이 너무 큽니다. 무리한 부탁도 거절하지 못하지요. 착한 아이처럼 보이지만 실은 착한 아이 콤플렉스에 걸렸을 뿐입니다.

한 성격이 주도적으로 발현되다 보면 불편한 일이 벌어지기도 합니다. 가끔 참고 있던 다른 성격이 폭발하기도 하거든요. JTBC 드라마 「청춘시대」에는 은재라는 대학생이 나옵니다. 착하고 순수해서 하우스메이트 언니들에게 이용당하기 십상인 성격이지요. 하루는 하우스메이트 중 하나인 예은이 도서관에 가는 은재를 부르더니, 금방 따라갈 테니 자리를 맡아달라고 합니다. 도서관에서 자리를 맡아주는 것은 규칙에 어긋나지만 은재는 부탁을 거절하지 못합니다. 그래서 도서관에 도착해 자기 앞자리를 예은의 자리로 맡아두지요. 하지만 조금만 있다가 온다던 예은은 오지 않습니다. 시간이 지나 누군가 도서관 직원에게 문제를 제기하는 사태가 발생하고, 직원은 예은의 가방과 책을 자리에서 치워버립니다. 당황한 은재는 예은에게 빨리 오라고 메시지를 보내지만, 남자친구와의 데이트에 여념이 없는 예은은 무시해버리죠. 결국 은재는 직원에게 싫은 소리를 듣고 도서관에서 쫓겨나게 됩니다. 매일 참고 견디며 살아온 은재가 폭발하는 순간입니다. 집에 도착하자마자 은재는 예은을 노려봅니다. 그리고 예은의 가방을 창밖으로 던져버리지요. 말 잘 듣던 동생의 폭주를 본 예은은 참지 않습니다. 급기야 둘은 머리끄덩이를 잡고 싸우기에 이릅니다.

착한 은재가 왜 이렇게 돌변한 걸까요? 은재는 애초에 착한 것이 아니었습니다. 초자아 주도적인 성격이었을 뿐이지요. 자기가 원해서 남의 부탁을 들어준 것도, 진심으로 주변 사람들의 말을 들었던 것도 아닙니다. 잘 보이고 싶고 인정받고 싶어서 그랬던 거지요. 하지만 그런 행동이 오히려 자기 자신을 어려움에 빠트리자, 꾹 참고 있던 원초아가 모습을 드러낸 것입니다. '거봐, 남들한테 잘해줘 봤자 하나도 소용없다니까?' 하면서 말이지요.

원초아와 초자아의 갈등에서 벗어날 수는 없는 것일까요? 다행히 우리 마음엔 또 다른 성격이 존재합니다. 바로 자아입니다. 자아는 원초아와 초자아의 중재자입니다. 어느 한 편에 서지 않고 둘의 이야기에 귀를 기울여주는 지혜로운 선생님이지요. 갈등하고 있는 둘 사이에 끼어들어 각자의 입장을 들어줍니다. 원초아가 바라는 것은 지금 생긴 욕구를 충족하고 싶다는 것 하나뿐입니다. 화가 나면 화를 내고 싶고, 배가 고프면 먹고 싶고, 졸리면 자고 싶은 것이죠. 원초아는 이게 뭐가 잘못되었는지 모르겠다고 말합니다. 이때 옆에 있던 초자아가 말합니다. 자기는 남들에게 인정받는 좋은 사람이 되고 싶다고요. 원초아가 하고 싶은 대로 내버려 두면 내 이미지는 엉망이 될 거라고 합니다. 그래서 원초아의 결정에 사사건건 방해하며 잔소리를 할 수밖에 없다고 하지요. 둘 다 틀린 말을 하는 것 같진 않습니다. 그러니 자아는 모두가 만족할 수 있는 방법을 찾아야 합니다. 원초아의 욕구를 충족시켜주되, 사람들에게 밉보이지 않는 매너 있는 사람이 되는 길을 말이지요.

하루 종일 굶어서 배가 고팠던 어느 날 오후에 친구 집에 놀러 간 적이 있습니다. 친구가 잠시 기다리라며 씻으러 간 사이에 찬장에서 분홍색 박스 하나를 발견했지요. 제가 가장 좋아하는 초코 과자였습니다. 원초아가 속삭입니다. '그냥 먹어! 너 배고프잖아.' 그러자 초자아가 끼어듭니다. '친구 음식에 함부로 손대면 안 돼! 참아. 다 큰 어른이 그것도 못 참니?' 자아는 누구의 편을 들어줘야 할까요? 건강한 자아는 둘의 손을 꼭 잡고 새로운 방법을 찾아냅니다. 배고픔의 욕구는 충족시키면서 자존심을 지키는 방법을 말이지요. 방법은 생각보다 간단했습니다. 친구에게 허락을 구하면 되는 것이지요. 저는 친구에게 먹어도 좋다는 답을 받아 급한 허기를 채우고 이미지도 지킬 수 있었습니다. 자아의 활약으로 모두가 승리할 수 있었던 거지요.

자아가 건강하게 발달한 사람은 원초아의 욕구를 무조건 억압하지 않으면서도 초자아의 자존심을 지키는 방법을 찾아냅니다. 「청춘시대」의 은재가 처한 상황을 생각해볼까요? 은재는 언니들에게 잘 보여서 좋은 관계를 유지하고 싶은 초자아와 무시당하고 이용당하기 싫은 원초아의 갈등을 경험하고 있습니다. 그러니 잘 보이면서도 무시당하지 않는 방법을 찾아야겠지요. 어떻게 하면 좋을까요? 어른스럽게, 상대방이 상처받지 않는 선에서 진심을 전하면 됩니다. "언니, 저도 자리 맡아주고 싶은데 요즘 도서관에서 자리 맡다 걸리면 쫓겨난대요. 혹시 언니가 왔을 때 자리 없으면, 같이 카페 가서 공부해요!" 이런 은재의 반응에 화를 낸다면, 그건 은재의 문제가 아닙니다. 예은의 문제인 것이죠. 다른 사람의 문제까지 내가 떠안을 이유는 없습니다. 상대에게 문제가 있을 땐 어차피 초자아가 원하는 바를 이루지 못합니다. 즉, 인정받고 사랑받지 못하죠. 그러니 역시 자아가 시키는 대로 하는 게 좋습니다.

영화 「어벤저스Avengers」 시리즈에는 이런 성격들의 갈등을 상징적으로 보여주는 캐릭터가 나옵니다. 바로 헐크이지요. 평소 착하고 지적인 성격의 브루스 배너는 화만 나면 돌변합니다. 몸이 거대하게 커지고, 입고 있던 옷이 다 뜯어지면서 초록색 괴물로 변하는 것이죠. 프로이트식으로 해석했을 때 헐크는 원초아, 브루스 배너는 초자아입니다. 우리 안에도 헐크와 배너가 같이 살고 있지요. 평소엔 초자아가 나를 지배해 배너처럼 교양 있고 매너 있는 모습을 보입니다. 하지만 어느 순간 욕구가 올라오면 원초아가 전면에 나서 괴물로 돌변하곤 합니다. 항상 친절하게 웃음 짓다가도, 배가 고프면 예민해지고 짜증이 올라오는 것처럼 말이지요.

배너는 자신의 모습에 괴로워합니다. 참고 억눌러도 어느 순간 나타나버리는 헐크의 모습에 자괴감을 느낍니다. 언제 나타날지 모르는 헐크를 억누르며 사람들과 동떨어진 곳에 숨어 살기도 하지요. 그런 헐크를 있는 그대로 인정하고 받아주는 어벤저스 팀을 만나기 전까지 말입니다. 팀에 들어가면서 배너는 점차 헐크가 가진 힘을 이용하기 시작합니다. 악당들을 쳐부숴야 하는 순간이 오면 헐크를 소환하지요. 헐크의 등장에는 많은 피해가 따르긴 하지만, 그래도 팀은 헐크 덕분에 지구를 지킬 수 있게 됩니다.

이런 헐크에게 실망스러웠던 때가 있습니다. 「어벤저스: 인피니티 워Avengers: Infinity War」를 보았을 때이지요. 이때는 악당들이 쳐들어와 지구가 위험에 처한 순간에도 헐크가 나올 기미를 보이지 않습니다. 아무리 화를 돋궈 봐도 초록색으로 변하는 듯하다가 이내 쏙 사라져버립니다. 배너가 헐크에게 애원해도 단칼에 거절하지요. 겁이 나서 그런 걸까요? 그렇지 않습니다. 원초아적인 헐크는 필요할 때만 자신을 찾는 배너가 미워서 도움을 거절하고 숨어버린 것이죠. 하지만 「어벤저스: 엔드게임 Avengers: Endgame」에서는 헐크가 아주 성숙한 모습으로 등장합니다. 몸집은 산만 한 초록색 괴물이 옷을 갖춰 입고 지적인 안경까지 쓰고 나옵니다. 헐크와 배너가 하나가 된 것이지요. 배너는 여태껏 질병이라고만 생각하던 자기 안의 헐크를 인정합니다. 그러자 헐크가 가진 힘이 오히려 장점이 되고 치료제가 되지요. 이 과정을 겪고 마침내 둘은 조화를 이루어 덩치 큰 초록색 '매너남'을 탄생시킵니다. 눈을 흘기거나 두려워하던 사람들도 이제 헐크이면서 배너이기도 한 이 존재에게 먼저 다가옵니다. 함께 사진을 찍어달라고 요청하고 사인도 받아 가지요. '배너×헐크'는 비로소 행복을 찾고 남들에게도 사랑을 받게 된 것입니다.

원초아는 누가 봐도 나쁜 성격처럼 보입니다. 또 초자아는 누가 봐도 좋은 성격처럼 보이지요. 하지만 좋고 나쁜 성격은 없습니다. 모두 다 나의 일부인 거죠. 원초아의 욕구를 무조건 억압할 수는 없습니다. 욕구란 우리를 살게 하는 원동력이기도 하니까요. 그렇다고 초자아의 역할을 간과해서는 안 됩니다. 초자아는 더불어 사는 세상에서 살기 위해 꼭 필요한 성격이거든요. 원초아와 초자아가 함께 살아갈 방법은 자아를 건강하게 발달시키는 것입니다. 처음엔 어렵지만 노력해봐야겠죠. 욕구를 인정하되 매너 있게 행동하기. 우리도 배너×헐크가 될 때, 나 자신도 진정한 행복을 느끼며 남들과도 조화를 이룰 수 있는 여유를 누리게 될 것입니다.

하지 말라니까 더 하고 싶네!

_ 리액턴스 효과

제가 어렸을 때 개그맨 이홍렬 씨가 진행하는 코미디쇼가 있었습니다. 콧구멍이 크기로 유명했던 그는 50원짜리, 100원짜리, 500원짜리 동전을 차례로 콧구멍에 넣어가면서 사람들을 웃겼습니다. 화면 밑에는 이런 문구가 나왔지요.

"절대 따라 하지 마세요."

하루는 잠을 청하려고 침대에 누웠는데 갑자기 그 장면이 떠올랐습니다. 그리고 계속 맴도는 그 말. "절대 따라 하지 마세요……." 아아아! 생각할수록 해보고 싶은 겁니다. 불을 켜고 콧구멍에 넣을 만한 것이 뭐가 있을까 찾았습니다. 두리번거리다가 끊어진 진주 팔찌를 발견했지요. 콧구멍보다 약간 작고 동그란 가짜 진주알은 무리 없이 콧구멍에 들어갈 것 같았습니다. 설레는 마음으로 진주알을 콧구멍 속에 넣던 저는 긴장한 나머지 숨을 강하게 들이마셨습니다. 크흡! 호흡이 얼마나 강력했던지 진주알은 순식간에 콧구멍 깊은 곳으로 쏙 들어가 버렸습니다. 급하게 먹던 음식이 코로 넘어갈 때 느껴지는 끔찍한 고통이 이어졌습니다. 엄마한테 말하면 혼날 것이 뻔하고 그냥 있기에는 너무 겁나고 아팠지요. 이러지도 저러지도 못한 채 숨죽여 흐느꼈습니다. 한참을 울어 눈물과 콧물로 얼굴이 엉망이 되었을 때, 코를 팽 풀었더니 코에서 진주알이 튀어나왔습니다. 이후 저는 진주알이 코로 넘어가는 악몽을 몇 번이나 꾸었답니다. 하지 말라면 안 하면 그만인데, 참 하고 싶지요. 도대체 왜 이러는 걸까요?

"조금만 기다려 봐. 인사나 총무 쪽에 티오가 나면 계나 씨를 1순위로 추천해줄게."
그런데 그런 일은 없었지. 나중에 사표 쓴다고 하니까 팀장이 따로 불러서 고기를 사주더라. 삼겹살이랑 항정살. 나한테 두 달만 버티라고 했던 거 같아. 자기 아랫사람이 별 이유 없이 퇴사하면 인사고과 평가가 낮아지잖아. 그래서 평가 지나갈 때까지만 버텨달라고 했던 거 같아. 지금 생각해보면 더 버틸 수도 있었을 거 같은데 그때는 '왜 이래? 넌 내가 말하는 거 하나도 안 들어주

고.' 그렇게 생각했지. 그래서 매몰차게 "싫은데요" 이
러고 그만뒀어. 이제 와서 생각해보니 두세 달 더 다닐
걸 그랬나 싶기도 하다. 그 사람한테는 나름 중요한 문
제였을 텐데.

장강명, 『한국이 싫어서』, 민음사, 2015, p.21~22

　　장강명 작가의 장편소설 『한국이 싫어서』의 한 장면입니다.
주인공 계나는 직장에서 자기가 속한 부서가 마음에 들지 않습
니다. 부서를 옮겨달라고 몇 번이나 요청하지만 그 요청은 수락
이 되지 않지요. 그래서 결국 직장을 그만두기로 결심합니다. 하
는 일이 엄청 힘든 것도 아니고, 당장 그만두지 않으면 안 되는
것도 아닙니다. 그저 그만두긴 해야겠다는 생각이 들 정도였지
요. 하지만 상사가 자기 사정을 내세우며 몇 달만 더 다니면 안
되겠냐고 하니, 갑작스럽게 당장 그만두겠다고 하지요. 다들 이
런 경험 있지 않으신가요? 그만두지 말라니까 그만두고 싶고, 따
라 하지 말라니까 따라 하고 싶은 생각이 들었던 경험 말이에요.
굳이 안 해도 되는 일인데 하지 말라고 하면 더 하고 싶은 마음이
들죠. 반대로 하라고 하면 더 하기 싫어지기도 합니다.

　　회사에서 지금 하던 일만 처리하고 책상 위를 청소할 생각이
었는데, 갑자기 상사가 "책상 정리 좀 하지 그러나?" 하는 순간,
청소하고 싶은 생각이 싹 사라집니다. 안 그래도 안부 전화해야

지 하고 있는데, 집에 전화 좀 하라는 부모님의 잔소리를 들으면 어쩐지 전화하고 싶은 맘이 달아나지요. 어차피 사려고 한 옷인데 "사세요! 이거 진짜 좋아요!" 하는 옷 가게 점원의 호객행위를 마주하니 왠지 모르게 사기가 싫어집니다. 심지어 내비게이션에 반항하고 싶을 때도 있지요. "100미터 앞에서 직진하세요"라며 낯선 길로 안내하면 "싫은데?" 하면서 내가 알던 길로 우회전을 합니다. 물론 그렇게 하자마자 그 길이 사고로 엄청나게 정체된다는 사실을 깨닫고 가슴을 치며 후회하지만요.

누군가가 내가 가지고 있는 것을 갑자기 빼앗으면 어떨까요? 길을 걷는데 내 가방을 소매치기해 간다거나, 글씨를 쓰고 있는데 펜을 확 낚아챈다거나, 밥 먹는데 숟가락을 빼앗아간다면 말이죠. 굉장히 화가 나겠죠. 뭐든지 내 거라고 생각하면 빼앗기고 싶지 않은 것이 당연합니다. 우리가 소중하게 지키고 싶어 하는 것 중 가장 빼앗기기 싫어하는 것이 바로 선택권입니다. 우리에게는 스스로 의사결정을 하고 내 인생을 자유롭게 통제하고 싶어 하는 욕구가 있습니다. 일의 순서, 오늘 입을 옷, 저 사람에게 하고 싶은 말, 물건 구매 여부 등을 모두 내 자유의지로 결정하고 싶어 하는 거죠. 그런데 누군가 나에게 이래라저래라 하면 나의 선택권을 박탈당했다는 느낌이 들게 됩니다. 누군가가 나의 자유를 위협한다는 느낌을 받으면 반발심이 생기게 되고, 자유를 지키기 위해 상대방의 의사와 반대되는 선택을 하게 됩니다.

이처럼 하지 말라면 더 하고 싶고, 하라고 하면 더 하기 싫어지는 청개구리 심리를 '리액턴스 효과reactance effect[1]'라고 부릅니다.

이 효과가 가장 극명하게 드러나는 때는 보통 사랑을 반대당하는 경우입니다. 이루어질 수 없는 사랑과 주변 사람들의 반대로 인한 고통. 우리는 『로미오와 줄리엣Romeo and Juliet』의 한 장면에서 봤던 감동적인 장면을 기억합니다. 대체 사랑이 무엇이기에 목숨을 걸고 가족을 버리는 걸까요? 사실 그건 사랑 때문이 아닐 수도 있습니다. 그저 반대에 대한 반대일 뿐일 수도 있지요. 내가 사랑하는 사람을 선택할 수 있는 자유를 박탈당했다는 기분에서 오는 반발심일 수 있다는 얘기입니다. 그런 반발심은 사랑을 더욱 불타게 만듭니다. 리액턴스 효과가 이런 상황에서 자주 일어나다 보니, 소유할 수 없는 것을 소유하고 싶어 하는 욕망이 생기는 심리를 '로미오와 줄리엣 효과Romeo and Juliet effect'라고 부르기도 한답니다. 김연수 작가의 장편소설 『파도가 바다의 일이라면』에서도 이 효과의 사례를 찾아볼 수 있습니다.

그날 우리가 도서실에서 키스한 건 사실이었으니까. 하지만 그건 정말 우연한 것이었어. 절대로 의도된 것도 아니고, 서로 그만큼 절실한 마음이 있었던 것도 아니

---

1 'reactance'는 물리학 분야에서 전기의 유도저항을 의미합니다.

야. 그건 부주의하게 길을 가다가, 아마도 울고 있거나 뭐 암튼 다른 곳에 신경을 쓰고 있다가 두 사람이 서로 부딪치는 것과 같았다고나 할까. 하지만 이제는 단순히 키스의 문제를 넘어섰지. 소문도 소문이지만, 선생님의 마음이 변하기 시작한 거야. 교장실에 불려가서 주의를 받게 되자, 더욱더 자신은 나를 사랑하는 것이라고 믿게 된 거야. 교장이 남자라면 그럴 수도 있지만 선생은 그래서는 안 된다고 말하니까 오히려 그 말에 반발심이 생겼고, 선생님은 그걸 비극적 사랑이라고 생각했던 모양이야.

김연수, 『파도가 바다의 일이라면』, 문학동네, 2015, p.164

고등학생인 주인공은 젊은 남교사와 부끄러운 일을 저지르게 됩니다. 하지만 우연한 사고였을 뿐이라며 의미를 부여하지 않고 넘어가요. 문제는 남교사에게 일어납니다. 소문은 금세 퍼지게 되고 교장선생님 귀에까지 들어가게 되죠. 남교사는 교장실에 불려 가 질책을 당합니다. 교사로서 부적절한 행동이었음을 지적당한 것이죠. 그 순간 남교사에게 반발심이 생기고 맙니다. 자신의 자유로운 사랑을 억압하는 자가 나타나니 반항하고 싶어진 거죠. 그러면서 자신의 행동이 진짜 사랑으로 인한 것이라고 생각하게 되지요. 그것도 슬프고 아름답고 비극적인 사랑이라고요.

인간에게는 자유의지가 있고, 이를 침해당하지 않으려는 본능이 있습니다. 그래서 누군가가 설득하면 할수록 저항하고 반대로 가려고 합니다. 그렇다면 상대방을 설득하고 싶을 때 어떻게 하면 좋을까요? 방법은 간단합니다. 반발 심리를 역으로 이용하면 됩니다.

한번은 MBC 예능 프로그램 「마이 리틀 텔레비전 V2」에서 배우 김수미 씨가 고민 상담을 해준 적이 있습니다. 그때 이런 사연이 올라왔지요. "다이어트 하는데 마음이 안 잡혀요. 도와주세요." 그러자 김수미 씨는 의외로 다이어트를 하지 말라고 합니다. 세상 사람들이 다 개미허리면 살맛이 나겠냐며 실컷 '처먹고' 허리 한 40인치가 되라고 하지요. 이태원에 가면 빅사이즈 옷을 파니까 양푼에 밥 두 그릇씩 먹고 고지혈증, 당뇨병에나 걸리라고도 합니다. 심지어 빨리 가서 당장 라면을 열 개 끓여 먹으라는 말까지 하지요. 이렇게 조언인지 독설인지 저주인지 모를 말을 퍼붓고는 갑자기 "며칠 후, 며칠 후 요단강 건너가 만나리……" 하며 장례식에서나 부를 법한 찬송가를 부르기 시작합니다. 댓글창에서는 '지금 먹고 있던 과자 버렸다', '다이어트 하겠다', '안 먹겠다'라는 메시지들이 폭주했습니다. 맘껏 먹으라고 하니까 오히려 안 먹어도 될 것 같다는 거죠.

만약 건강 프로그램에 의학전문가가 나와서 고민 상담을 했다면 어땠을까요? "이 음식을 먹으면 고지혈증에 걸립니다. 비만은 만병의 근원입니다"라며 권위 있게 말했다면 말이죠. "누가 몰라서 다이어트 안 하나?", "그렇게 먹고 백 살까지 사느니 맛있는 거 먹고 일찍 죽겠다"라고 빈정대지 않았을까요?

　연애를 반대하고 싶을 때는 마음껏 연애하라고 내버려 두세요. 반대하는 바로 그 이유로 알아서 헤어지기 마련이니까요. 어떤 사람은 빨리 깨닫고, 어떤 사람은 뜨겁게 데인 후에 정신을 차립니다. 데기 전에 도움을 주겠다는 생각은 버리세요. 어차피 자유를 박탈하면서 설득하는 것은 불가능한 일입니다. 오히려 사랑을 더 불타게 만들 뿐이죠. 이것은 연애뿐만 아니라 모든 선택의 기로에서 적용할 수 있는 이야기입니다. 내가 더 잘 알고 있더라도, 내가 생각하는 그 방향이 더 옳다고 생각해도, 그 사람의 인생은 그 사람의 선택으로 만들어지는 것입니다. 때로는 가시밭길이 될 수도 있지만, 그것도 그들 스스로가 책임져야 하는 삶이지요. 조언은 받고자 하는 그 사람이 원할 때에만 영향력을 가질 뿐이니까요.

어느 날
외계행성에 떨어진다면

_ 인간의 세 가지 유형

꿈을 꾸었습니다. 꿈속에서 제가 외계행성에 떨어져 있었죠. 중력 때문인지 몸이 말을 듣지 않았습니다. 할 수 있는 거라곤 눈을 끔뻑거리며 주위를 살피는 일뿐이었지요. 그렇게 멀뚱멀뚱 누워있는데, 저기서 외계인이 다가오는 겁니다. 오지 말라고 소리를 질러도 들은 척도 하지 않습니다. 덩그러니 누워 있는 저를 유심히 쳐다봅니다. "뭐! 뭐?" 소리 질러도 가지 않습니다. 참 희한한 생명체였지요. 우리는 한참 동안 서로를 노려보는 대치 상태로 있었습니다. 시간은 점점 흐르고 배에서 꼬르륵 소리가 나기 시작합니다. 그래서 저는 소리를 질렀죠. "배고파! 먹을 것 좀 줘!" 외계인은 전혀 알아듣지 못하는 눈치입니다. 호기심 많은 강아지처럼 고개를 갸우뚱거리더니 제 몸에 나뭇잎 하나를 덜렁 올려놓습니다. '뭐야, 춥다고 알아들은 거야?' 어처구니가 없어진 저는 다시 소리 지릅니다. "배고프다고! 먹을 것 좀 달라고!" 그러자 이번엔 어디선가 열매 하나를 따 와서 제 입에 넣어주었지요. 향긋한 열매를 먹고 있자니 기분이 좋아집니다. 열매를 먹는 저를 보는 외계인도 어쩐지 기분이 좋아 보입니다. '이 외계인 생각보다 쓸모 있는데? 내 편인가?' 저는 이런 생각을 하다가 꿈에서 깨어났습니다.

며칠 후, 태어난 지 얼마 안 된 조카를 보고 오는 길에 불현듯이 꿈이 떠올랐습니다. 어쩌면 아기들은 꿈속의 저와 같은 기분이겠다는 생각이 들었지요. 엄마 배 속에서 잘 지내다가 어느 날 외계행성에 떨어진 기분. 그럼 엄마는 외계인이 되나요? 제가 외계인과 관계를 만들어나갔듯이, 아기들도 엄마와 관계를 만들어나가니 비슷하다고 할 수 있겠네요. 그럼 말이 나온 김에, 이런 유대감 맺기를 통해 나뉘는 우리 인간의 유형에 대해 알아보도록 하지요.

1. 사랑받은 티가 나는 너 _안정 애착

엄마 배 속에서 나와 세상에 불시착한 아기는 모든 것이 불편합니다. 일단 배가 고프거나 아프고, 몸이 춥거나 덥습니다. 엉덩이를 둘러싸고 있는 펄프덩어리는 몹시 답답한 느낌입니다. 시시때때로 축축해지기까지 하니 짜증이 절로 납니다. 팔다리는 제멋대로 움직여서 자다가 발작을 하지 않나, 도무지 마음에 드는 게 하나도 없습니다. 그렇다고 할 수 있는 것도 딱히 없지요. 내 손으로 먹을 걸 구해 먹을 수도 없고, 이불을 덮을 수도 없고, 몸을 움직여 다른 곳으로 갈 수도 없습니다. 할 줄 아는 거라곤 우는 것뿐이죠. 그래서 일단 울고 봅니다.

배가 고파도 울고, 아파도 웁니다. 추워도 울고, 더워도 웁니다. 기저귀를 채우면 싫다고 울고, 기저귀가 젖으면 짜증난다고 웁니다. 그러면 어떤 사람이 달려와 "왜 우는 거지? 여보! 얘가 뭐가 불편한 걸까?" 하며 발을 동동 구릅니다. 이불도 덮어줘 보고 기저귀도 확인해봅니다. 한 번에 맞추는 법은 없지만, 이것저것 시도하면서 기어코 이유를 알아냅니다. 아기는 생각합니다. '이곳이 어딘진 모르겠지만 저 사람과 함께하면 되겠네. 적어도 굶어 죽거나 얼어 죽진 않겠어.' 세상의 빛을 처음 본 아기는 이런 식으로 '저 사람'에게 의지하게 되는데요, 그가 바로 보통 '엄마', '아빠'라고 부르게 될 양육자입니다.

이렇게 아기가 세상에 태어나 자신의 손과 발이 되어줄 누군가에게 의지하고 돈독한 연결고리를 만드는 것을 '애착 형성'이라고 부릅니다. 양육자는 서툴지만 아기의 울음을 그칠 방법을 찾아내고, 아기는 그런 양육자의 태도에 만족감을 느끼지요. 양육자가 해주는 것은 젖 물리기, 이불 덮어주기, 부채질해주기, 기저귀 갈아주기와 같은 일입니다. 이뿐만이 아니지요. 아기를 보고 미소도 지어줍니다. 아기는 양육자의 그런 표정을 보면 왠지 기분이 좋아집니다. 양육자는 아기를 번쩍 들어 안고 아기가 몸을 기대면 등을 토닥여줍니다. 아기는 마음이 편안해집니다. 특히 엄마라는 사람이 안아주면 배고플 때 먹는 하얀 액체의 냄새가 솔솔 나는데, 그 냄새를 맡으면 기분이 아주 즐겁습니다. 따뜻하고 포근하고 기분 좋은 느낌, 바로 사랑입니다. 그렇습니다. 아기는 사랑을 받는 거죠.

어설프지만 노력하는 양육자를 보고 있자니 꽤 든든해 보입니다. 더욱 의지하고 싶어지지요. 아기는 이렇게 양육자에게 '안정 애착secure attachment'을 형성하게 됩니다. 이제 궁금한 건 만져봐도 괜찮을 것 같습니다. '혹시 내가 위험에 처해도 엄마라는 저 생명체가 구해주겠지?' 이런 마음이 들거든요. 그래서 집 안 곳곳을 기어 다니며 탐색해봅니다. 물티슈를 뽑아보고 기저귀를 던져봅니다. 아무 일도 일어나지 않네요. 양육자와 함께하는 이 세상은 꽤나 믿을 만해 보입니다.

하루는 엄마하고 비슷하게 생긴 생명체가 집에 왔습니다. 머리는 조금 하얗습니다. '할머니'라고 부르라네요. 엄마랑 닮은 사람이니 어쩐지 믿음이 갑니다. 이번에는 엄마랑 비슷한데 조금

몸집이 큰 생명체입니다. 이건 또 '이모'라고 부르라네요. 헷갈리긴 하지만 뭐 엄마랑 비슷하게 생겼으니 믿어보기로 합니다. 그렇게 아기는 고모, 삼촌, 할아버지 등 점점 더 많은 생명체를 알아갑니다. 그중에 이모는 왜 이렇게 많은지, 저 사람도 이모고 이사람도 이모랍니다. 어느 날은 수많은 이모들이 또 다른 생명체를 데리고 옵니다. 조그만 게 나와 닮았습니다. 이것들은 '친구'라고 하네요. 뭐가 이렇게 복잡한지 모르겠지만, 아무튼 다 엄마가데려온 사람이니까 믿을 만할 겁니다. 이렇게 양육자와의 애착은 세상에 대한 믿음을 형성합니다. 엄마에서 할머니로, 할머니에서 이모로, 이모에서 친구들로 믿음이 확장되는 것이지요. 아기는 이제 확신할 수 있습니다. '이 동네, 생각보다 괜찮은데?' 낯설고 두려운 세상이 재미있는 놀이터로 변한 거지요.

　　양육자와의 관계는 '나는 어떤 사람인가?' 하는 질문에도 답을 줍니다. 아기는 사실 백지 상태로 태어나서 자신이 어떤 사람인지 잘 알지 못합니다. 경험을 통해 하나하나 습득해나가지요. 어느 날은 속이 불편해 방귀를 뿡 꿰었는데 엄마, 아빠가 '와하하' 웃어줍니다. 아기는 느낍니다. 나는 지독한 방귀를 꿰고도 사랑받는 존재다! 손을 뻗어 처음으로 장난감을 집은 날 엄마, 아빠가 뛸 듯이 기뻐합니다. 아기는 생각합니다. 나는 뭔가 유능한 존재구나! 이런 경험이 쌓이고 쌓이면 '나는 사랑받는 사람이고 뭐든지 잘해낼 수 있는 존재다'라는 믿음이 생깁니다. 스스로에 대한 믿음이지요. 이를 '내적 작동 모델internal working model'이 생겼다고 표현하는데, 앞으로 아기는 이 내적 작동 모델을 토대로 삶을 이어갑니다.

사랑받는 데 익숙해진 아기는 사랑받아본 티가 납니다. 자신감이 넘치고 사랑스럽게 행동하지요. 아이는 친구들에게도 선생님들에게도 사랑받는 존재가 되어줍니다. 사랑스러운 행동은 사랑을 받게 만들고, 그 경험은 다시 아이의 내적 작동 모델을 강화시킵니다. '역시 난 사랑받을 만한 존재야!' 그 자신감은 앞으로 만나게 될 사람들에게도 고스란히 전해집니다. 그렇게 아이는 계속 사랑받게 되는 것이죠.

무언가를 해낼 때마다 응원받고 칭찬받는 아이는 '자기 효능감self-efficacy'을 가지게 됩니다. 자기 효능감은 목표를 달성할 수 있을 거라는, 자신에 대한 믿음이지요. 자기 효능감이 생긴 아이는 두려워하지 않고 새로운 도전을 하게 됩니다. 실패할 때도 있지만 워낙 많은 도전을 하다 보니 성공할 때가 더 많습니다. 그중 대부분은 얻어걸린 거지만요. 그래도 내적 작동 모델은 또 강화되지요. '역시 난 잘해!' 이런 과정은 선순환됩니다. 믿음은 그에 맞는 행동을 이끌어내고, 그 행동은 기대했던 결과를 이끌어냅니다. 믿음은 더욱 굳건해지지요. 이렇게 양육자로부터 형성된 내적 작동 모델은 일생 동안 아이의 삶에 큰 영향을 미칩니다.

물론 모든 아기가 이런 평탄한 삶을 사는 것은 아닙니다. 아기가 이번 생이 처음이듯 양육자도 양육자로의 삶이 처음이니까요. 미숙하고 서툰 양육자로 인해 불안정한 애착이 형성되기도 하는데, 이때 형성된 부정적 내적 작동 모델 역시 한 사람의 인생에 지대한 영향을 주게 됩니다.

2. 동굴에 갇혀 사는 모범생 _회피 애착

여기 한 남자가 있습니다. 그에게는 뭐든지 다 해줄 수 있을 것 같은 사랑하는 아내가 있지요. 힘들 때나 아플 때나 지켜주고 싶습니다. 하지만 그녀는 그 사랑을 받으려 하지 않습니다. 조금도 기댈 줄 모르지요.

어느 날, 그는 아내가 요리하는 소리에 기분 좋게 아침을 맞이했습니다. 똑똑똑 도마에 칼 부딪히는 소리, 보글보글 찌개 끓는 소리. 아내의 사랑이 담긴 기분 좋은 소음이었습니다. 그런데 기지개를 한껏 펴고 거실로 나가려는 순간, 적막이 흘렀습니다. 가스레인지 점화되는 소리도, 물 트는 소리도, 조리도구 부딪히는 소리도 나지 않았죠. 의아한 마음으로 주방을 빼꼼 쳐다보니, 아내가 싱크대에 배를 기대고 손을 움켜쥔 채 가만히 서 있었습니다. "뭐 해?" 그녀 곁으로 다가간 그는 화들짝 놀라고 맙니다. 싱크대에 피가 흥건히 고여 있고, 그녀의 손가락에서 살점이 떨어져 나가 덜렁거리고 있었죠. 식칼에 손이 베인 모양입니다. 당황한 그는 얼른 옷을 갈아입고 응급실에 가자고 재촉했습니다. 하지만 그녀는 그저 웃고 맙니다. 이렇게 꾹 누르고 있으면 곧 지혈이 될 테니, 걱정 말고 출근 준비를 하라는 것이었죠. 심지어 그녀는 아침 준비가 늦어 미안하다며 사과까지 했다지 뭡니까.

세상엔 이런 사람도 있습니다. 힘들어도 내색하지 않는 사람, 어려운 일에 도움을 청하지 않는 사람, 아프다고 티 내지 않는 사람, 괜찮다는 말을 입에 달고 사는 사람. 언제나 태연해서 이해가 되지 않는 사람이지요. 왜 모든 일을 혼자 감당하려는 걸까요? 그 사람의 어린 시절로 돌아가 보면 아마 답을 찾을 수 있을 겁니다.

이제 막 태어난 아기에게 세상은 불시착한 외계행성처럼 낯설고 두려운 곳입니다. 하지만 자신을 보살펴주는 사람, 즉 양육자를 만난다면 불안한 마음도 누그러지겠지요. 앞서 말했듯, 이때 아기와 양육자 사이에는 애착이라는 유대감이 형성됩니다. 서로 사랑하고 신뢰할 수 있는 건강한 애착을 갖게 된다면 안정 애착이 형성된 것이지요.

안정 애착을 형성하기 위해서는 두 가지 조건이 충족되어야 합니다. 다시 말해, 두 가지 조건 중 하나라도 충족되지 않는다면 안정적인 애착을 형성하기가 어려워지는 것이죠.

첫 번째 조건은 '민감성sensitivity'이라고 부릅니다. 민감성은 아기의 부름에 예민하게 반응하는 것을 말합니다. 아기가 울면

달래주고, 웃으면 함께 웃어주고, 손을 뻗으면 번쩍 들어주고, 소화가 안 되는 것 같으면 트림이 나올 때까지 등을 두드려주는 행동을 하는 것이죠. 즉, 필요한 것이 무엇인지 파악해서 요구에 예민하게 반응해주는 경향입니다. 민감한 양육자를 보고 아이는 배웁니다. '아, 내가 필요한 것을 해결해주는 든든한 내 편이 있구나. 세상은 참 따뜻하구나!' 그렇게 의지하고 기대면서 살아가게 됩니다.

하지만 현실에는 아이를 방치하는 듯한 양육자도 있습니다. 그것이 아이를 위하는 길이라고 판단하기 때문인 경우도 있지요. 혹시 '손 탄다'는 말 들어보셨나요? 이건 말 그대로 아이가 양육자의 손에 익숙해지는 것을 말합니다. 옛 어른들은 손을 타서 버릇이 나빠지지 않도록 아이들을 엄하게 키워야 한다고 했습니다. 아이가 원하는 대로 뭐든 다 해주다 보면, 매번 칭얼거리고 더 많은 것을 요구하다가 버릇없는 아이로 자라난다는 것이죠. 그래서 아이가 울거나 보채도 못 본 척하는 것이 좋다고 했습니다. 물론 여섯 살, 일곱 살이 되도록 밥을 떠먹여달라고 하고, 신발을 신겨달라고 하면 곤란하겠지만, 아기들의 상황은 다릅니다. 아기는 태어나고 일 년이 지나도록 제대로 할 수 있는 것이 없는 존재입니다. 스스로 할 수 있는 것이 없으니 도움이 필요하지요. 그래서 웁니다. 아이들에게 울음은 일종의 SOS 신호입니다. 나를 이 불쾌한 상황에서 벗어날 수 있게 도와달라는 간절한 구조 요청입니다. 이 구조에 응해주는 양육자의 '손'이 필요합니다. 손을 타야 하지요. 그런데 양육자가 무반응이라면 아기는 어떤 마음을 가지게 될까요? 아마 이렇게 생각하겠지요. '세상은 믿을 만한 곳이 아니구나. 내가 도와달라고 소리쳐도 아무도 오지 않아. 세상은 나 혼자야.'

재난 영화 속 한 장면을 떠올려보세요. SOS 신호를 보내도 구조대원이 오지 않을 때 주인공은 어떻게 하나요? 도움받기를 포기하고 스스로 상황을 개척해나갑니다. 아기도 마찬가지예요. 양육자의 반복되는 무반응이 마음에 새겨지면 도움받는 것을 포기합니다. 더 이상 양육자를 신뢰하지 않아서, 애착이 불안정하게 형성됩니다. 민감성이 떨어지는 양육자에게 의지하지 않는 방향으로 '회피 애착avoidant attachment'이 형성되는 것이지요. 그리고 아기는 이 애착 유형을 토대로 부정적인 내적 작동 모델을 가지게 됩니다. 자신은 아무에게도 사랑받지 못하는 사람, 도움받지 못하는 사람이라고 믿게 되는 것이지요.

부정적인 내적 작동 모델을 내재한 아이들은 색안경을 쓴 채 세상으로 나갑니다. 평범한 선생님을 날 도와주지 않을 선생님으로, 평범한 친구를 내 부탁을 들어주지 않을 친구로 바라보는 것이죠. 회피 애착을 형성한 사람들에게 세상은 도움을 주고받는 곳이 아닙니다. 홀로 서야 하는 곳이고 스스로 이겨내야 하는 곳입니다. 그래서 아플 때 아프다고 말할 수 없고, 힘들 때 도와

달라고 부탁하지 못하지요. 남과 같이 하는 일보다 혼자 하는 일이 편하고, 어쩔 수 없이 여럿이 일을 할 때에도 '독박'을 쓰는 위치에 서는 경우가 많습니다. 그래서 더욱 개인주의적이고 독립적인 사람이 되어가지요.

이들은 모범생으로 자라납니다. 내 인생은 내가 개척하고 책임져야 하니까 치열하게 삽니다. 세상에 의지할 데라고는 자기 자신뿐이니 열심히 살아야 하겠지요. 마치 영국인 탐험가 베어 그릴스Bear Grylls가 정글에서 서바이벌 프로그램을 찍듯 목숨 걸고 살아가는 것이죠. 대학을 못 가면 먹고살 길이 없으니 공부하는 수밖에요. 돈을 벌지 못하면 누가 나를 먹여 살리나 싶어 열심히 벌고 아껴 씁니다. 게임 캐릭터처럼 기술은 점점 늘어가고 능력치도 올라갑니다. 이렇게 살다 보니 좋은 성과를 낼 수밖에 없고, 한 분야의 전문가로 성장할 가능성이 큽니다.

싸움도 하지 않습니다. 원래 싸움이라는 것은 기대가 전제되어야 생기는 것이니까요. 우리는 왜 울고 소리치고 따지는 걸까요? 내 이야기를 들어달라고, 내 마음을 이해해달라고, 나를 위해 변해달라고 하는 거잖아요. 하지만 기대가 없다면 싸우려 하지도 않습니다. 연인 사이에서도 싸움이 없어지는 순간 이별이 성큼 다가왔다는 걸 알 수 있지요. 서로에게 더 이상 바라는 것이 없어진 상태니까요. 기대 없는 관계에선 싸움이 있을 수 없습니다. 회피 애착을 형성한 사람들은 모든 사람에게 별 기대를 하지 않습니다. 그래서 싸움의 필요성을 느끼지 않죠. 굳이 에너지를 소모하고 싶지 않은 거예요. 갈등은 피하고 그냥 좋게 넘어가는 척합니다.

이렇게 보니 회피 애착이라는 거, 나름 괜찮게 생각되지 않나요? 자기 분야에서 성공하는 성실하고 독립적인 모범생에다 싸움도 일으키지 않는 사람이라니, 부럽기까지 합니다. 실제로 회피 애착을 가진 사람들은 다른 이들의 부러움을 사지요. 웹툰을 원작으로 한 tvN 드라마 「치즈인더트랩」의 주인공 홍설은 전형적인 회피 애착 유형입니다. 그녀는 혼자서 뭐든 완벽하게 해냅니다. 공부도 잘하고 옷도 잘 입고 아르바이트를 틈틈이 하면서 장학금까지 독차지하지요. 친구들은 그런 그녀를 시샘하면서도 부러워합니다. 그녀의 과제를 베끼고 머리스타일, 옷차림, 액세서리까지 따라 하는 스토커 같은 친구가 생겨날 지경이지요.

회피 애착을 가진 사람들은 정말 겉으로 보이는 것처럼 태연한 걸까요? 메리 애인스워스Mary Ainsworth라는 발달심리학자는 '낯선 상황 실험Strange situation test'이라는 연구에서 아기들을 낯선 공간에 두고 양육자가 사라졌을 때 반응을 살펴보았습니다. 이 때 회피 애착을 형성한 아기는 그러거나 말거나 식의 태도를 보입니다. 양육자가 나가는 것을 봐도 눈이나 끔뻑거리고는 조용히 주위를 탐색하지요. 장난감이 있으면 가지고 놀고, 양육자가 돌아와도 시큰둥합니다. 마치 눈빛으로 "어, 왔냐? 쉬어라"라고 말하는 것 같습니다. 그런 아기를 보고 부모님은 말하죠. "우리 아이는 참 순하고 착해요." 그런데 무덤덤한 태도를 유지하던 아기의 '코티솔cortisol'을 측정해본 결과는 가히 충격적이었습니다. 코티솔은 급성 스트레스에 반응해 분비되는 스트레스 호르몬이지요. 아기가 겉보기와 같이 진짜 마음도 덤덤한 상태라면 코티솔 수치가 낮게 나와야 합니다. 하지만 코티솔 수치는 놀랄 만큼 높았습니다. 겉으로만 멀쩡해 보일 뿐 속은 곪아 있는 것이었지요.

「치즈인더트랩」의 홍설에게는 가슴 아픈 사연이 있습니다. 그녀의 아버지는 남아선호 사상에 찌들어 있는 사람이어서, 남동생을 위해 누나 홍설이 희생하도록 강요했습니다. 딸의 요구에 민감하지 않은 정도가 아니라, 오히려 딸에게 집안의 가장 역할을 떠넘기는 무책임한 양육자였던 겁니다. 늘 씩씩해 보이던 그녀는 결국 폭발해버립니다. 자신이 남동생을 위해 얼마나 더 희생해야 하느냐고 혼자 울분을 토하지요. 왕복 네 시간의 통학 거리를 견디고 아르바이트를 해가면서 장학금을 받아 공부해왔고 동생의 학비를 보태기 위해 자취방을 뺀 적도 있는데, 이제는 휴학까지 하라는 부모에게 혼잣말로나마 원망을 쏟아냅니다. 자신에게만 부담을 떠안기고 불만을 쏟아내니 너무 힘들다고, 지치고 상처받은 마음을 드러내지요. 그리고 이렇게 말합니다. "그럼 난……, 누굴 의지해?"

뭐든지 척척 해내는 모범생, 혼자서도 잘하는 능력자, 겉으로 보기에 대단하기만 한 그들. 사실 그들은 웃는 얼굴의 가면을 쓴 지친 광대입니다. 아프지 않다고 말할 뿐 아프고, 괜찮다고 말할 뿐 괜찮지 않은 사람이지요. 씩씩하고, 모두의 부러움을 받고, 때로 샘이 날 정도로 완벽해 보이는 그들은 사실 견디고, 버티고 있을 뿐입니다. 어쩌면 홍설처럼 속으로 외치고 있을지 모르지요. "나는 누굴 의지해? 나도 칭찬받고 싶고, 위로받고 싶어!"

3. 이제 그만하자고? 확 죽어버릴 거야! _불안/양가 애착

안정 애착을 형성하기 위해서는 두 가지 조건이 충족되어야 한다고 말했지요. 그중 첫 번째 조건이 민감성이라면, 두 번째 조건은 '일관성consistency'입니다. 일관성이란 언제나 어디서나 한결같은 태도를 유지하는 것을 말합니다. 어제 아이에게 엄격했다면 오늘도 엄격하게 대하고, 오늘 다정했다면 내일도 다정하게 대하는 것이죠. 사람은 본래 일관성을 갖추고 싶어 합니다. 오락가락하는 모습을 보이는 것을 좋아하지 않지요. 그래서 보통의 양육자라면 대부분 아이에게 일관적인 태도를 유지하기 위해 노력합니다.

하지만 안타깝게도 그렇게 할 수 없는 상황이 찾아옵니다. 낮에는 에너지 넘치게 아기와 놀아주다가도 밤이 되면 피로감이 몰려옵니다. 그러면 아기의 울음을 못 들은 척하고 싶어지기도 하지요. 쌓여 있는 설거짓거리와 바닥을 구르는 먼지를 보면 아기를 혼자 남겨둔 채 집안일에 매진할 수밖에 없습니다. 아기가 보채도 잠깐만 기다려달라고 애원해봅니다. 잠시도 혼자 있기 싫어하는 아기라면, 엄마가 화장실에 있는 동안에도 울어댑니다. 엄마는 볼일이라도 좀 편하게 보자 싶어 문을 살포시 닫고 외면해봅니다. 기저귓값, 분윳값이 거저 생기는 것은 아니라서, 돈도 벌어야 합니다. 바쁜 시기에는 주말에도 일거리를 잔뜩 싸서 집으로 가져옵니다. 때로는 몸살로 앓아누워 좀처럼 살갑게 대해주기가 어려울 때도 있습니다. 어서 쉬고 싶은데 재워도 자지 않고 보채는 아기의 엉덩이를 찰싹 때리고 이내 후회하기도 합니다. 너무 지치는 날엔 엄마만 찾는 아기를 할머니에게 맡겨봅니다. 이렇게 일관성을 지키는 것은 여간 어려운 일이 아닙니다. 마음만은 한결같지만 몸은 그렇지가 않은 것이죠. 이런 양육자를 바라보는 아기의 마음은 어떨까요?

　한 번도 고기를 먹어본 적이 없는 사람은 고기가 먹고 싶다는 생각을 하지 않습니다. 모르는 맛을 원할 수는 없는 노릇이니까요. 고기 맛을 아는 사람만이 고기를 좋아하고 원하는 법입니다. 문제는 고기의 진가를 이미 아는 사람이 배불리 먹지 못했을 때 생깁니다. 감질나게 먹은 고기는 사람을 더욱 애타게 합니다. 배부르게 먹을 때까지 갈망하게 만들지요. 양육자의 관심도 고기와 같습니다. 양육자가 한결같이 무관심하다면 아기는 관심을 필요로 하지 않게 됩니다. 관심을 받아본 적이 없으면 관심받는 것이 좋은지 어떤지 알지 못하니까요. 하지만 관심을 보이던 양육자가 가끔 무심해질 때 아기는 아쉬움을 느낍니다. 어제 받았던 달콤한 사랑을 오늘도 맛보고 싶어 합니다. 오늘 받았던 따뜻한 관심을 내일도 느끼고 싶어 하지요. 애정을 맛본 상태에서 성에 차지 않는 관심을 받으면 아기는 간절해집니다.

아기는 한결같지 않은 양육자를 좀처럼 이해할 수 없습니다. 어제까지만 해도 잘해주던 엄마가 오늘은 왜 이렇게 화가 나 있지? 집에 오자마자 방에 들어간 아빠는 왜 나와서 놀아주지 않는 걸까? 혼란스럽고 애가 탑니다. 그래서 관심을 갈구하게 됩니다. 방글방글 웃으며 귀여운 목소리를 내봅니다. 옹알옹알하는 모습을 보고 미소를 짓는 양육자의 반응을 기대하면서요. 하지만 기대하는 일은 도통 일어나지 않습니다. 아기는 잠시 자신에게 눈길을 주었다가 곧장 하던 일로 돌아가는 양육자들의 뒷모습을 보게 되지요. 애교는 효과가 없다는 사실을 알게 되면 새로운 방법을 모색합니다. 생떼를 부려보는 거죠. 울어봅니다. 엄마가 쳐다보네요. 소리를 빼액 지르니, 방에 있던 아빠가 달려 나옵니다. 성공이네요. '아하, 울고불고 소리를 질러야 등장하는군요? 잘 알겠습니다.' 아기는 앞으로 이 효과적인 방법을 사용하기로 결정합니다.

아기는 양육자를 이렇게 생각합니다. 한결같이 나를 사랑해주지 않으니 보채고 떼를 써야 하는 사람. 이렇게 불안정하게 형성된 애착을 '불안/양가 애착Anxious-ambivalent attachment'이라고 합니다. 불안/양가 애착을 갖게 된 아기는 자신의 변덕스럽고 즉흥적인 모습이 양육자의 관심을 불러일으킨다는 사실을 알게 됩니다. 이렇게 해서 원하는 것을 얻기 위해 수단과 방법을 가리지 않게 되지요.

불안/양가 애착을 형성한 아기가 어린이가 되면 어떤 모습일까요? 엄마와 아이가 마트에 갑니다. 장난감 코너를 구경하던 아이는 고가의 로봇 장난감에 마음을 빼앗기게 됩니다. "엄마, 나저 로봇 사주면 안 돼?" 엄마는 단호합니다. "엄마 돈 없어." 가질 수 없다는 사실을 알게 되니 간절함이 배가 되어 떼를 쓰기 시작합니다. "저거 갖고 싶어. 사줘!" 엄마는 마음이 약해지지만 꾹 참아냅니다. "안 돼. 네 생일 때 사줄게." 아이는 간절함이 서운함으로, 서운함이 분노로 변하는 단계를 맞습니다. "○○이는 로봇도엄청 많고 아빠가 자동차도 사주는데, 나는 맨날 똑같은 장난감만 갖고 놀고!" 엄마는 아이가 원하는 장난감을 '쿨'하게 사줄 수없는 형편에 미안해집니다. 한편으로 자기 마음을 몰라주는 아이가 원망스럽지만 동시에 이런 원망을 느끼는 자신에게 화가나고 죄책감을 갖게 됩니다. 감정이 널을 뛰는 것이죠. 그때 아이는 최종 병기를 꺼내듭니다. "이거 안 사주면 집에 안 갈 거야! 사줘, 으앙!" 엄마는 바닥에 드러누워 대성통곡을 하는 아이를 바라봅니다. 아이와 자기를 흘겨보는 사람들의 시선이 느껴집니다. 미안함과 민망함, 분노와 좌절감, 불편한 시선에 판단력이 흐려지고 빨리 이 상황에서 벗어나고 싶은 마음이 간절해집니다. "이번 한 번만이야." 엄마의 말은 귓등으로 흩어지고 아이는 이렇게 생각하게 됩니다. '우리 엄마는 바닥에 드러누워야 내 말을 들어주는구나.' 그때부터 아이는 원하는 게 있을 때마다 떼를 씁니다. 바닥에 눕는 것을 1단계로 놓고, 원하는 결과가 나올 때까지 강도를 올립니다. 소리를 지르고, 화를 내고, 침을 뱉고, 대성통곡을 하다가 기도가 막혀 토하는 시늉을 하고, 심지어 바지에 오줌을 싸기까지 하지요. 폭주에 놀란 엄마는 하는 수 없이 요구를 들어줍니다. 아이는 앞으로도 원하는 것을 얻기 위해 이런 행동을 반복하게 되지요. 이렇게 본의 아니게 점차 강화되는 나쁜 행동을 '울화 행동tantrum'이라고 부르는데, 불안/양가 애착을 형성한 아이들은 이 행동을 통해 욕구를 충족해나갑니다.

어린 시절 울화 행동의 효과를 몸소 체험한 아이는 성인이 되어서도 이 패턴을 유지합니다. 비슷한 방식으로 사람들을 '조련'하는 것이지요. 물론 바닥에 눕고 바지에 오줌을 싸는 것은 아닙니다. 좀 더 어른스러운 방식으로 상대방을 극한에 몰아넣습니다. 이를테면, 헤어지자는 애인 앞에서 자해를 하거나 자살 시도를 하겠다고 협박하는 것처럼 말이지요. 처음부터 이렇게 극단적인 행동을 하지는 않습니다. 조심스럽게 원하는 바를 주문하는 것으로 시작해보지요. 아이 때 로봇을 갖고 싶다고 쭈뼛거리며 말했던 것처럼 떠나지 말라고 매달려봅니다. 첫 단계에서는 이렇게 나름의 품위를 지키지요. 하지만 원하는 대답을 얻지 못하면 점점 극단적 행동을 하게 됩니다.

때로는 포기할 줄도 알아야 하지만 그럴 수 없습니다. 어떻게든 얻어내야만 한다고 생각해 멈추지 않지요. 이제 단계를 올려야 할 타이밍이라고 판단합니다. 곁에 남아달라고 울고불고 애원합니다. 상대방의 마음이 불편해지고 죄책감을 느끼도록 아픈 말을 꺼내기도 합니다. 하지만 이미 떠나간 마음을 다시 붙잡기에는 역부족입니다. 이제 마지막 단계에 진입할 때가 되었습니다. 날 떠나면 죽어버리겠다고 협박합니다. 수면제를 복용하거나, 죽지 않을 정도로 손목을 긋기도 합니다. 생명이 달린 문제이기 때문에 상대방은 그 사람의 곁을 지키게 됩니다. 이번에도 역시 원하는 것을 얻게 되는 것이죠.

불안/양가 애착 유형의 사람들이 모두 이렇게 극단적이라면 세상은 정말 살벌할 것입니다. 다행히도 대부분의 사람은 이 정도까지는 아니고, 보통 약한 형태로 저항을 하지요. 불안/양가 애착을 가진 사람은 다른 사람에게 의존하는 경향이 강합니다. 그래서 기대치가 높고, 그만큼 돌아오지 않을 때 불안해합니다. 불안감은 그 사람을 저항군으로 만들어버리지요.

———

연애를 시작하는 순간을 상상해볼까요? 사랑에 빠진 순간에는 서로만 보입니다. 일도 제쳐두고 가족도 친구도 필요 없는 것 같이 온전히 서로에게 집중하지요. 하지만 시간이 흐르고 관계가 안정되면 각자 자신의 자리를 찾아갑니다. 업무 시간에는 메시지를 확인하지 못한 채 일에 몰두합니다. 주말에는 가족과 함께 시간을 보내고, 가끔 저녁에 친구와 약속을 잡습니다. 자연스러운 현상입니다. 마음이 줄어든 것이 아니라 제자리를 찾은 것이죠. 하지만 불안/양가 애착 유형의 사람들은 이 변화를 받아들이는 것이 어렵습니다. 일관적이지 않았던 양육자의 모습이 떠오르기 때문이지요. 어제는 잘해주던 엄마가 오늘은 왜 이럴까 하는 마음처럼, 어제는 날 사랑하던 저 사람이 오늘은 왜 변한 걸까 하며 혼란을 느낍니다. 일거수일투족을 확인하고 집착하기 시작하지요. 물론 의식적인 행동은 아닙니다. 자연스럽게 형성된 내적 작동 모델로 인해 불안을 느끼기 때문이지요.

불안/양가 애착 유형은 이제 이 불안감을 해소하기 위해 해결 방법을 모색합니다. 문자를 보냅니다. 답장이 바로 오지 않으면 고작 몇 분밖에 지나지 않았지만 불안감은 최고조에 다다릅니다. 연락이 올 때까지 전화를 하고 메시지를 줄기차게 보내며 저항합니다. '뭐해?', '어디야?', '왜 답장 안 해?', '누구랑 있어?', '당장 연락 안 해?' 문자 폭탄으로 내가 얼마나 화가 났는지 경고합니다. 이런 경고에도 원하는 수준의 반응이 오지 않으면 상처를 주기로 마음먹습니다. 당장 헤어지자고 이별을 고합니다. 물론 진심은 아닙니다. 내가 원하는 만큼의 사랑을 주지 않으니, 너는 감히 내 사랑을 받을 자격이 없다며 벌을 주려는 것이죠. 헤어지자는 말은 상대방을 겁주기 위한 하나의 울화 행동일 뿐입니다.

이때 상대방이 원하는 행동을 해준다면 안심하고 나아질까요? 그렇지도 않습니다. 불안/양가 애착 유형은 기본적으로 상대방을 불신합니다. 회피 애착 유형에게 불신이 '세상에 믿을 놈 하나도 없다'라는 의미라면, 불안/양가 애착 유형에게는 '저 사람이 지금 잘해줘도 언제 변할지 모른다'라는 의미가 됩니다. 그러니 변하기 전에 상황에 대비하려 합니다. 방심하는 순간 모든 것을 잃을까 봐 불안해하면서 말이지요. 불안/양가 애착을 가진 이들은 이래서 늘 신경이 곤두선 상태로 상대방을 의심하고 원망하며 그에게 집착하게 되는 것입니다.

우리는 정말 인연이 아닐까?

_ 애착과 사랑

앞서 세상에 존재하는 서로 다른 인간의 유형에 대해 이야기
해보았지요. 사랑을 믿는 안정 애착, 사랑을 믿지 않는 회피 애착
그리고 사랑에 매달리는 불안/양가 애착으로 나뉘는 세 가지 유
형이 있었습니다.[2] 이들 중 가장 어울리지 않는 한 쌍은 누구일
까요? 쉽게 예상할 수 있듯, 회피 애착 유형(이하 회피)과 불안/양
가 애착 유형(이하 불안/양가)입니다. 이 두 유형의 특징은 양극단
에 대칭을 이루어서 어울리려야 어울리기가 쉽지 않지요.

---

2 애착 이론에 따르면 회피 애착과 불안/양가 애착의 특징이 섞여 있는 혼란 애착
    (disorganized attachment) 유형도 있어요. 하지만 얘기가 너무 복잡해지지 않도
    록 이 책에서는 이 세 가지 유형에 대해서만 알아보도록 하겠습니다.

회피와 불안/양가, 두 사람이 만나 사랑을 시작한다면 어떤 일이 벌어질까요? 먼저, 함께하는 시간에 대해 부딪히기 시작합니다. 회피는 독립적인 성향이 강해 혼자 있는 것을 좋아합니다. 생필품이 떨어지면 혼자 마트에 다녀오고, 식사도 혼자 합니다. 하지만 불안/양가는 다릅니다. 뭐든지 함께하고 싶어 합니다. 같이 쇼핑하고, 같이 밥을 먹고, 시간이 날 때마다 같이 있고 싶어 하지요. 회피는 이런 불안/양가를 이해하지 못합니다. 어른스럽지 못하다고 느끼고, 쓸데없는 시간 낭비를 하는 것 같습니다. 각자가 시간을 보내고 필요할 때 만나면 더 효율적인데, 왜 저러는 걸까? 불안/양가도 회피를 이해하지 못합니다. 사랑한다면 당연히 시도 때도 없이 보고 싶은 것 아닌가? 뭐든 함께하고 싶어 하는 게 당연한데, 그렇지 않다니! 불안/양가는 회피의 마음을 사랑이 아니라고 판단합니다. 때로는 나 말고 딴 사람하고 시간을 보내는 거 아닐까 의심도 하게 됩니다.

연락 횟수도 문제입니다. 회피는 꼭 필요할 때가 아니면 굳이 연락을 하지 않습니다. 어딜 간다거나, 중요한 일이 생겼다거나, 알려야 하는 일이 있을 때 주로 연락을 합니다. 도움이 필요할 때는 연락하지 않고 혼자 해결하지요. 불안/양가는 반대입니다. 지금 뭐 하고 있는지, 뭘 먹고 있는지, 기분이 어떤지 모두 이야기하고 듣고 싶어 합니다. 회피는 이런 불안/양가의 연락이 불필요하다고 생각하고, 불안/양가는 회피의 무관심에 상처를 받습니다.

———

서로 마음에 들지 않는 점이 생길 때도 해결 방식이 다릅니다. 회피는 갈등을 싫어해서 자신이 변할 수 있는 것은 노력해서 바꿉니다. 상대방에게 큰 기대를 걸지 않고, 가능하면 불만을 말하지 않습니다. 참을 수 있는 만큼 참아보지요. 그러다 자신이 정해놓은 선을 넘어가는 순간 관계를 정리합니다. 하지만 불안/양가는 싸움을 겁니다. 사소한 일 하나라도 마음에 들지 않으면 그 자리에서 말해야 합니다. 상대를 고쳐놓고 말아야 하니까요. 화가 나면 나는 대로 표현하고, 지금 당장 사과를 받든 이별을 통보하든 오늘 내 감정에 솔직해야 합니다.

이런 두 사람은 서로에게 지쳐갑니다. 회피는 상대방의 사랑을 지나친 간섭과 집착으로 받아들이고, 불안/양가는 애정 부족으로 이해합니다. 회피는 도망가고 불안/양가는 쫓아가는 시간이 늘어납니다. 그러는 동안 사랑에 쓸 에너지를 모두 소진하고야 맙니다. 그렇게 서로 아픈 기억만 남겨둔 채 점점 멀어져가지요. 두 사람은 인연이 아닌 걸까요? 헤어져야만 할 슬픈 운명인 걸까요?

한 대학교에서 심리학개론 강의를 할 때였습니다. 애착에 대한 강의를 하고 한 주가 지났을 무렵, 쉬는 시간에 학생 하나가 환한 얼굴로 다가왔습니다. "교수님, 정말 감사합니다." 뭐가 감사한지 되묻는 제게 학생이 대답했습니다. "저 지난주에 남자친구랑 헤어졌어요!" 학생의 말투는 밝고 명쾌했습니다. 왜 헤어졌는지, 왜 그게 저에게 감사한 일인지 다시 물었습니다. 그러자 남자친구와 오래전부터 갈등이 끊이지 않았는데, 지난주 수업을 듣고 보니 서로 애착 유형이 맞지 않아 헤어지는 게 낫다는 결론을 내렸다고 했습니다. 아차! 제 강의 하나하나에 인간관계가 끊어질 수도 있다는 생각에 아찔했습니다. 심리학을 통해 관계가 회복되어야지 정리되어서는 안 되는 거니까요. 그래서 그다음부터는 애착 강의를 하기 전에 꼭 이 말을 합니다. "이 수업을 듣고 애인과 헤어지면 안 됩니다!"

불안/양가 애착 유형과 회피 애착 유형이 서로 잘 맞지 않는 것은 사실입니다. 서로가 바라는 것과 살아온 습관이 반대 방향을 향하고 있기 때문에 갈등이 잦을 수밖에 없습니다. 하지만 그런 삶의 패턴이 사랑을 가늠하는 잣대가 될 수는 없지요. 전화를 더 많이 한다고 더 사랑하는 것도 아니고, 혼자 모든 것을 해결하려 한다고 상대방을 덜 사랑하는 것도 아닙니다. 사랑의 크기는 같아도 사랑의 모양이 다른 것이지요. 모양이 다르니까 헤어져야 하는 것 아니냐고요? 한 사람이 한 가지 모양만 가지고 살아간다면 그럴 수도 있습니다. 맞지 않는 자물쇠와 열쇠처럼 평생을 삐거덕거리며 살 순 없으니까요. 하지만 한 가지 모양이 아니라면, 모양이 변할 수 있다면 어떨까요?

애착을 연구한 심리학자들은 내적 작동 모델이 한 사람의 인생 전체에 영향을 준다고 했습니다. 그야말로 '요람에서 무덤까지' 말이지요. 그렇다고 해서 한번 형성된 애착 유형이 영원히 돌이킬 수 없는 것은 아닙니다. 다행히도 여러 연구에 따르면, 애착 유형은 변할 수 있다고 합니다. 또 한 사람이 단 하나의 애착을 가지는 것도 아닙니다. 인생에 중요한 타인이 열 명이라면, 그 중 다섯 명에게는 주 애착 유형으로 다가가지만 나머지 다섯 명에게는 또 다른 애착 유형으로 다가간다는 얘기지요. 50퍼센트라는 수치는 어떻게 보느냐에 따라 의미가 달라질 수 있습니다. 주 애착이 내 인생의 반이나 지배한다고 볼 수도 있지만, 내 인생의 반이나 다른 애착으로 살 수 있다고 볼 수도 있지요. 결국 우리는 상대방이 어떤 사람이냐에 따라 다른 나를 만들어갈 수 있고, 내가 어떤 사람이 되느냐에 따라 상대방을 다른 유형으로 만들어줄 수도 있는 것입니다.

어린 시절 양육자로부터 민감하고 일관적인 사랑을 받지 못했다 하더라도 세상과 사람에 대한 신뢰를 다시 가질 수 있습니다. 안정 애착 유형의 상대를 만나면 가능하지요. 도움을 전혀 받지 못하고 자란 사람이 안정 애착 유형을 만난다면, 서로 도움을 주고받으며 세상을 살아가는 경험을 할 수 있습니다. 다른 사람에게 의지해도 된다는 것을 깨닫고, 자신이 가진 신념이 틀릴 수도 있다는 사실을 인정하게 되지요. 한편, 불안/양가 애착 유형이 안정 애착 유형을 만나면, 애쓰고 투정 부리지 않아도 저 사람은 한결같이 내 곁에 있어준다는 믿음을 갖게 됩니다. 그리고 더 이상 울화 행동을 하지 않고도 사랑받을 수 있다는 사실을 알게 되지요.

제가 애착 유형에 대해 이야기할 때 '엄마', '아빠'가 아닌 '양육자'라는 표현을 쓰고 있는 걸 눈치채셨나요? 양육자는 아이를 보살피는 사람이라는 뜻이지요. 생물학적 엄마, 아빠가 아니더라도 아이를 보살펴 주는 존재는 모두 양육자가 될 수 있습니다. 양육자와의 교류는 아이가 애착 유형을 형성하는 밑바탕이 되지요.

우리는 성인이 되어서도 아이와 양육자의 관계를 맺는 만남을 하게 됩니다. 물론 지금은 그때와 달라진 점이 있습니다. 이제는 어린아이 역할만을 할 수는 없으며, 때로는 양육자의 역할도 감당해야 한다는 것이지요. 성인이 된 뒤에도 어린아이 때 상처난 마음 위에서 살아간다면 우리는 여전히 아이입니다. 하지만 서로가 서로를 보살펴 준다면 양육자가 될 수도 있지요.

성인이 되어서 맺는 관계는 상호적인 보살핌과 배려를 통해 이루어집니다. 강자와 약자가 있는 것이 아니고, 한 사람이 다른 한 사람을 '키우는' 것도 아닙니다. 어느 날은 아이였던 내가 양육자가 되고, 또 다른 날은 반대가 되지요. 서로가 서로의 마음속에 있는 어린아이를 품에 안아주고 서로를 양육자로 인정하여 신뢰할 때, 비로소 충실한 관계를 이룰 수 있습니다. 상대방이 남에게 의지할 줄 모를 때는 기댈 수 있는 어깨가 있음을 알려주고, 상대방이 불안해할 때는 따뜻하게 품어주는 양육자로 다가가는 것이지요. 그런 경험이 쌓여 서로에 대한 신뢰감이 단단해질 때, 비로소 건강한 애착을 형성한 독립된 인격체로 성숙할 수 있습니다.

애착 문제는 남녀 간의 갈등에만 적용되는 이야기가 아닙니다. 친구 사이, 선생님과 학생 사이, 부모 자식 사이, 형제자매 사이, 심지어 직장 상사와 부하 직원 사이에도 적용됩니다. 이 모든 인간관계 안에서 나와 맞지 않는 유형의 상대를 만날 때마다 인연을 끊어내며 살아갈 수는 없는 노릇이지요. 상대방이 특정한 패턴의 행동을 보인다면 그 마음속에 있는 내면의 어린아이를 바라보고, 그 사람의 양육자가 되어주세요. 그렇게 그 사람이 안정감을 느끼게 되면 나의 진심은 나에게로 돌아옵니다. 즉, 상대방이 나의 양육자 역할을 하게 되는 것이지요.

애착의 힘은 크고도 작습니다. 나를 지배할 수 있지만, 내가 지배할 수도 있지요. 어린 시절의 상처를 곱씹으며 현재의 삶을 유지할 수 있습니다. 안정감을 주는 양육자가 없었고, 어른이 되어서도 보살펴 주는 사람이 없다며, 분노하고 좌절할 수 있지요. 그런 불안감 속에서 어제와 같은 오늘을 살아도 됩니다. 하지만 내가 먼저 어른이 되어 양육자의 역할을 하고, 나를 사랑해주는 양육자와 함께 어제와 다른 오늘을 살 수도 있습니다. 어떤 인생을 선택하시겠어요? 여러분이 행복해지는 답을 택하기 바랍니다.

거시기가 거시기라 좀 거시기할 거여

_ 맥락 효과

저는 어렸을 때 김국환의 「아빠와 함께 뚜비뚜바」라는 노래를 참 좋아했습니다(이렇게 제 나이가 공개되는군요). 이 노래, 저와 나이대가 비슷한 분들이라면 다 알 거라 생각됩니다. 이 노래는 아빠와 아들의 대화 형식으로 흘러갑니다. 참 다정하고 사랑스러운 노래지요. 다음은 가사 중 제가 가장 좋아하는 부분입니다.

우린 항상 이해하는 건 아니지만 사랑해요. 쑥떡같이 말해도 찰떡같이 알아듣죠. 사랑해요!

쑥떡같이 말해도 찰떡같이 알아듣는다니, 얼마나 재미있는 표현인가요. 사랑한다면 상대가 애매하게 혹은 이상하게 말해도 그 의도를 제대로 파악하게 된다는 뜻이겠지요. 오랜 시간을 함께 지내온 사람들은 공유하는 기억이 많습니다. 그런 기억 때문인지 분명하지 않게 표현된 말의 뜻도 정확하게 이해하는 경우가 많지요.

예전에 친구들과 있다가 아빠와 마주친 적이 있습니다. 거의 100미터 정도 떨어진 거리였는데, 아빠는 저를 보고 손으로 밥을 먹는 시늉을 했습니다. 저는 "애들이랑 먹을 거야!"라고 대답했지요. 친구들은 저 수신호를 어떻게 알아보고 대답하냐며 깜짝 놀랐습니다. 저한테는 너무 당연한 것이었지만요.

아빠는 원래 얼굴을 볼 때마다 밥을 먹었냐고 물어보십니다. 그러니 밥 먹는 시늉을 밥 먹었는지 물어보는 것으로 알아들은 것이죠. 그런 일은 한두 번 일어난 게 아니었습니다. 거실에 앉아서 아빠가 "거시기 어딨지?" 하면 리모컨을 찾아주면 되고, 밥 먹다가 "거시기 좀 가져와라" 하면 물을 떠오면 됩니다. 개떡같이 말해도 찰떡같이 알아듣는 거죠.

유시민 작가의 『유시민의 글쓰기 특강』에는 이런 '거시기 화법'과 관련된 재미있는 사연이 소개되어 있습니다. 평소 붕어 낚시를 좋아하는 고우영 만화가에게는 단골 낚시터가 있답니다. 그 낚시터 사장님은 '거시기 사장님'이라고 불리는데, 그 이유는 항상 이런 식으로 말하기 때문이라고 하지요.

"저기…… 오늘 거시기가 좀 거석해서 많이 거시기하긴

거슥할 텐데……. 그래도 잘 거시기해서 거슥하면 거시

기할 거여!"

유시민, 『유시민의 글쓰기 특강』, 생각의길, 2015, p.206

도대체 무슨 소린지 이해가 되시나요? 저희 아빠가 저에게 한 말이라면 저는 이해했을까요? 유시민 작가는 작문을 할 때 문맥이 얼마나 중요한지 강조하기 위해 거시기 사장님 이야기를 했습니다. 이런 '거시기한' 문장은 상황에 따라 다르게 해석될 수 있다는 것이지요. 기온이 급격히 떨어진 날씨라면, 추워서 많이 낚기는 어렵겠지만 자리 선정을 잘 하라는 뜻이 될 테고, 바람이 세게 부는 날씨라면, 채비 던지기가 어렵겠지만 바람이 덜 타는 자리를 찾아 짧게 공략하라는 뜻이 될 거라고 설명합니다. 이렇게 맥락이 주어지면 애매한 문장의 의도를 파악할 수 있게 됩니다. 문제는 대화를 주고받는 사람들이 서로 다른 맥락을 마주하고 있는 경우에 일어나지요. 사장님은 낚시터에서, 나는 집에서 통화를 하는 상황을 상상해볼까요?

"사장님, 전데요. 오늘 낚시하러 가도 될까요?"

"오늘 날씨가 거시기해서 거슥할 텐데……. 그래도 거시기하면 거시기할 거여!"

자, 날씨라는 힌트가 주어졌습니다. 창문을 열어보니 오랜만에 해가 쨍한 게 몹시 더울 것 같습니다. 사장님의 말은 햇볕이 내리쬐는 곳에 앉아 있다 보면 머리도 아프고 지칠 테지만, 그래도 그늘에 자리를 잡으면 괜찮을 거라는 뜻 같습니다. 그래서 시원한 차림으로 채비를 하고 낚시터로 향합니다. 그런데 이게 어쩐 일이죠? 낚시터에 가까워질수록 하늘의 먹구름이 짙어지더니, 결국에는 폭우가 쏟아지는 게 아니겠습니까? 비에 옷은 젖고, 날은 쌀쌀하고, 저는 난감합니다. 사장님의 거시기는 해가 아니라 비였던 겁니다.

애매한 메시지를 해석할 때는 주위 상황이라는 맥락을 살펴봐야 합니다. 같은 메시지라도 맥락에 따라 다르게 해석될 수 있기 때문입니다. '7시 7분'이라는 구문은 꽤나 명백한 뜻을 가진 것처럼 보입니다. 보통 이것은 시간을 의미하지요. 하지만 그렇지 않을 때가 있습니다. 바로 음식점의 예약란에 적혀 있는 경우지요. 그땐 7시에 일곱 명의 손님이 올 것이라는 의미가 됩니다. 읽을 때도 '일곱 시, 일곱 분'이라고 해야 하지요. 이처럼 서로 다른 맥락은 하나의 대상을 다르게 바라보게 합니다.

최근 한 외국인 인플루엔서는 동영상 끝에서 인사를 하면서 이렇게 말했습니다. "여러분, 모두 안녕히 주무세요! 동양인은 빼고요!" 이 멘트를 한 그는 자기 말이 인종차별적으로 들릴까 봐 당황하며 곧장 한마디 덧붙였습니다. "동양은 지금 아침일 테니까요!" 이처럼 같은 순간에도 우리는 서로 다른 맥락에서 살아갑니다. 지금이 아침인 사람도 있고, 저녁인 사람도 있습니다. 누군가는 아파트에 살고, 다른 누군가는 주택에 삽니다. 더운 여름을 살아가는 사람과 추운 겨울을 살아가는 사람이 있습니다. 치열하게 사는 사람과 여유 있게 사는 사람이 있습니다. 사랑에 빠져 행복해하는 사람과 이별에 아파하는 사람이 있습니다. 성공한 사람이 있고, 실패한 사람이 있지요. 심지어 같은 가정에서 자라나도 첫째와 막내가 다른 삶을 살듯, 우리 모두는 다른 맥락 안에서 살아갑니다. 그러니 나에게 옳은 해석이 남에게는 틀린 해석이 되기도 하고, 같은 대상이 사람에 따라 다르게 보이기도 하지요.

우리는 세상을 보이는 그대로 받아들이지 않습니다. 주관적으로 해석하지요. 이때 이 주관에 강하게 개입하는 것이 맥락입니다. 맥락은 시간, 온도, 환경, 기분, 문화, 오늘 있었던 일, 그동안 살아온 경험 등 나를 둘러싸고 있는 모든 자극이 될 수 있습니다. 이렇게 각자가 처해진 맥락에 따라 동일한 세상을 다르게 보는 것을 '맥락 효과context effect'라고 부릅니다.

맥락 효과는 다양한 경우에서 찾아볼 수 있습니다. 에어컨이 빵빵하게 틀어져 있는 카페에 앉아 있던 사람은 바깥에 잠시만 서 있어도 불쾌감을 느낍니다. 반대로 밀폐된 공간에서 땀을 줄줄 흘리다 잠시 바람을 쐬러 나온 사람은 바깥 공기가 시원하고 쾌적하기만 합니다. 기분이 좋을 때는 'shake it(셰이크잇)'이라고 멀쩡하게 들리던 노래 가사가 화나는 날에는 '새끼'라는 욕으로 들리기도 하지요. 세상은 똑같고 달라진 것이 없는데, 내 마음이 다르게 보는 것이죠. 상대의 무표정이 내 기분에 따라 화난 것처럼 보이기도 하고 우울하게 보이기도 합니다.

세상을 바라보는 시선이 다르다 보니, 서로의 말을 오해하는 일도 부지기수입니다. 상대방은 그런 의도로 한 말이 아닌데, 마음껏 꼬아 듣기도 하지요. 여자친구가 한껏 꾸민 날, 남자친구는 눈이 동그래져서 기쁜 마음에 이렇게 말합니다. "우와, 오늘따라 날씬해 보이네!" 여자는 기분이 상해 버럭 화를 냅니다. "그럼 평소엔 뚱뚱했다는 거야?" 사실 그녀는 갑작스럽게 불어난 몸무게로 다이어트 중이었습니다. 그래서 남자의 말을 '오늘 말고 전에는 날씬하지 않았다'는 뜻으로 과잉 해석한 것이죠. 남자는 그저 칭찬을 했을 뿐인데 얼마나 당황스러웠을까요?

이런 식의 황당한 일은 생각보다 자주 일어납니다.

한 남자 영업사원이 있었습니다. 다정한 태도에 유쾌한 말재간으로 많은 사람들과 좋은 관계를 유지했지요. 그런데 그 사람을 유독 불편해하는 여자 사원이 있었습니다. 모두가 좋아하는 저 사람이 나는 왜 이렇게 싫을까 고민하던 그녀는, 원인을 그의 언어습관에서 찾아냅니다. 그는 조금 친해진 여성 직원들에게 '언니'라는 호칭을 사용했습니다. 여성편력이 심한 아버지 밑에서 자랐던 그녀는 그 호칭이 불쾌하게 느껴졌습니다. 아버지가 식당에 가면 꼭 직원을 언니라고 부르며 하대했는데, 자신을 그렇게 부르는 그 영업사원의 말투에서 그런 뉘앙스를 느꼈던 겁니다.

하지만 영업사원에게도 사연이 있었습니다. 그는 5녀 1남 중 막내로 태어났습니다. 첫째 누나와 무려 열다섯 살 차이가 났으니, 온 집안의 귀염둥이로 자랐겠지요. 가족들의 사랑을 독차지하며 자랐던 그는 다섯 명의 누나들 틈에서 언니라는 호칭에 익숙해졌습니다. 자기도 가끔씩 누나들을 언니라고 불렀지요. 가족들은 그가 언니라는 호칭을 쓸 때마다 귀엽다며 웃어주었습니다. 그에게 '언니'는 소중하고 친밀한 대상을 부르는 이름이었습니다. 그래서 자연히 친밀감이 생길 때마다 언니라고 불렀던 것이죠. 살아온 환경과 처한 맥락이 다르다 보니 누군가에게는 친밀함의 표현이 또 다른 누군가에게는 하대의 표현으로 다가온 것이지요.

말뿐만이 아니라 행동을 오해하는 경우도 있습니다. 우리나라와 달리 미국에서는 총기 소유가 가능하지요. 총기 사고도 종종 발생하는데, 원한 범죄보다 우발적으로 모르는 사람을 쏘는 경우가 많다고 합니다. 이 사람들에게 범행 동기를 물으면 대부분 이런 대답을 한다고 하지요. "저 사람이 총을 꺼내려고 해서 내가 먼저 총을 쏘았습니다. 정당방위였습니다." 하지만 놀랍게도 피해자의 주머니에서는 총이 발견되지 않습니다. 가해자들이 형량을 줄이기 위해 거짓말을 하는 걸까요? 아닙니다. 대부분 오해에서 비롯된 행동으로 사람을 죽이게 된 것일 뿐이죠.

———

총을 지니고 있는 사람은 '총기 소유'라는 맥락 속에 있게 됩니다. 내가 총기를 가지고 있으니까 저 사람도 총기를 가지고 있을 것이라는 생각을 기반으로 상대방을 해석하게 되지요. 피해자는 그저 오늘 지갑을 가지고 나오지 않은 걸 깨달은 상태에서 인상을 찌푸리며 주머니를 뒤적거리고 있었을지도 모릅니다. 하지만 총을 가지고 있던 사람은 이 모습을 보고 불안감을 느껴, 피해자가 총을 꺼낼 준비를 한다고 착각하게 된 것이지요.

사람이 죽을 만큼 심각한 정도는 아니지만, 우리도 이런 식의 오해를 하는 경우가 있지 않나요? 길거리를 걷다가 누군가 내 어깨를 치고 갈 때가 있지요. 내가 기분이 좋을 때는 그냥 '뭐지? 바쁜 일 있나' 하고 생각하지만, 기분 나쁜 상황에서는 '저 사람이 시비 걸려고 치고 가나?' 하며 으르렁거리게 됩니다. 내 기분이라는 맥락이 상대방 행동의 의도를 오해하게 만드는 것입니다.

우리는 착각합니다. 상대방의 의도를 명확하게 판단할 수 있다고 말이죠. 하지만 우리는 독심술사가 아니고, 우리의 판단은 정확하지 않은 경우가 많습니다. 상대방의 애매한 표현이나 표현력 부족이 일부 원인이 될 때도 있지만, 그 표현을 바라보는 나의 맥락과 상대방의 맥락이 다를 때 오해가 더 심해집니다. 내 기분, 주변 환경, 가치관, 살아온 문화, 경험해온 일들이라는 맥락을 통해 그 사람의 마음을 읽기 때문입니다. 마치 창문을 통과하며 빛이 한번 꺾이는 것처럼 그의 의도가 나의 맥락을 통해 왜곡

되기도 하지요.

자신의 판단을 너무 믿지 마세요. 우리가 맥락의 영향을 받는 존재라는 사실을 늘 기억하세요. 상대방을 이해할 때는 힌트한두 개로 속단하지 말고, 더 많은 힌트를 요구하세요. 질문하고 대화하고 이야기를 나누는 것이 좋습니다. 그 사람의 맥락 또한 유심히 봐주고, 나의 맥락과 너의 맥락이 다르다는 걸 인정합시다. 우리가 상대방을 온전히 이해할 수 없다는 사실을 받아들일 때, 비로소 상대방을 진정으로 이해할 수 있는 계기가 마련될 테니까요.

내겐 너무 무서운 그 노래

_ 고전적 조건 형성

딘딘한테 누나가 두 명 있는데, 어릴 때 누나들이 부모님 못 듣게 하려고 「네모의 꿈」 크게 틀어놓고 딘딘 팼다는 게 너무 인상적으로 웃김.

ㄴ 근데 얼마 전에 라디오 진행할 때 누가 그 노래 신청곡으로 보내서 잊고 있던 전주 듣자마자 무서웠대.

한 인터넷 커뮤니티 게시물에 달린 이 댓글들을 보고 엄청나게 웃었습니다. 한편으론 충격적이기도 했습니다. 「네모의 꿈」은 제 '인생 노래' 중 하나거든요. 알록달록 화려한 걸 좋아했던 저는 TV 채널을 돌리다 우연히 음악방송에서 「네모의 꿈」 무대를 보게 되었습니다. 멜빵바지를 입은 사람들이 줄지어 행진하면서 탬버린을 흔들고 트럼펫을 불어댔고, 인형 탈을 쓴 댄서들은 흥겹게 몸을 흔들었지요. 마치 동화 속 한 장면 같았습니다. 저에게는 이런 즐거운 추억의 노래가 누군가에게는 공포의 노래일 수 있다니 믿어지지가 않았습니다.

래퍼 딘딘 씨의 「네모의 꿈」 이야기는 재미있는 사연으로 많은 팬들의 입에 오르내렸지만, 사실 웃을 일만은 아닙니다. 많은 사람들이 공포증을 갖게 되는 계기가 이와 많이 비슷하거든요.

사람들은 저마다 무서워하는 것이 있습니다. 그것 때문에 일상생활에 불편함을 느낄 정도라면 '공포증'이라고 부르지요. 고소 공포증, 폐소 공포증, 뱀 공포증, 모서리 공포증, 거미 공포증 등 공포증의 종류는 세상에 존재하는 자극의 수만큼이나 많습니다.

우리는 태어날 때부터 막연히 두려워하는 대상을 가지고 있습니다. 불 꺼진 캄캄한 방, 천둥소리, 굉음, 귀신 사진 등이 그 대상입니다. 아무도 알려주지 않아도 무서워합니다. 마치 디폴트 값으로 설정된 것처럼 날 때부터 그렇지요. 실제로 이런 두려움의 대상은 인간의 생존에 위협이 됩니다. 어두운 곳에서는 보호받기가 어렵고, 천둥을 피하지 않으면 벼락을 맞아 죽을 수 있죠. 굉음은 주변에 사고가 일어났다는 암시고, 귀신은 뭐…… 무섭잖아요. 그러니 이런 것들은 최대한 피하는 게 상책입니다.

그런데 말입니다, 별것도 아닌데 누군가에게 공포의 대상이 되는 것들도 있습니다. 영화 「트랜스포머Transformers」로 유명한 할리우드 스타 메건 폭스Megan Fox는 종이 공포증을 가지고 있다고 합니다. 만지면 손을 벨 것 같다는 공포감 때문에 종이에 손을 댈 수조차 없다고 하지요. 대본 또한 만지기 어려우니 배우로서 얼마나 힘들지 짐작하기도 어렵습니다. 세계적인 모델이자 배우 타이라 뱅크스Tyra Banks는 돌고래 공포증이 있다고 합니다. 어린 시절 돌고래가 나오는 악몽을 꾼 뒤로 돌고래가 무서워졌다고 하지요. 그래서 바닷가 근처엔 얼씬도 않는다고 합니다. 달걀을 깨지 못하는 사람도 있습니다. 달걀 껍질을 깨면 그 속에서 병아리가 나올 것만 같다는 거예요. 그래서 다 큰 어른이 될 때까지 달걀 프라이 한번 만들어본 적이 없다고 합니다.

생리학자 파블로프Ivan Pavlov는 이런 현상을 '고전적 조건 형성classical conditioning'으로 설명했습니다. 고전적 조건 형성이란 자극과 자극의 연합으로 어떤 반응이 일어나는 원리를 말합니다. 세상에는 좋은 노래, 따뜻한 온도, 맛있는 음식처럼 기분 좋은 자극이 있는가 하면, 불, 어두움, 굉음, 썩은 내와 같이 불쾌한 자극도 있습니다. 때로는 두루마리 휴지, 플라스틱 컵과 같이 아무런 느낌이 없는 자극도 있지요. 그런데 이런 자극들이 동시에 제시될 때 연합이라는 현상이 일어납니다. 쉽게 말해 짝이 지어지는 것이죠. 하나의 자극이 나타날 때 다른 자극도 함께 나타난다는 기대가 생기면, 한 자극에서 일어날 수 있는 반응이 다른 자극에서도 일어납니다.

> 한국인이 인사말을 낭독하면 일본인이 답사를 낭독하
> 고, 다시 한국인이 환영 노래를 부르면-그가 매일 저녁
> 들었던 「할아버지의 시계」였다. 저녁을 먹을 때마다 들
> 었던 터라, 그는 파블로프의 개처럼 노래를 듣자 허기
> 를 느꼈다.- 이제 일본인이 답가를 불렀다.
>
> 최정화, 『지극히 내성적인』 중 「오가닉 코튼 베이브」,
> 창비, 2016, p.66

최정화 작가의 단편소설 「오가닉 코튼 베이브」의 한 장면입
니다. 소설 속에서 약사인 주인공은 매일같이 건강보조 제품을
사러 오던 여성 손님이 어느 날 임신테스트기를 달라고 하자 이
유 모를 질투심을 느낍니다. 그는 그렇게 사랑에 빠지게 되고 결
국엔 그녀와 결혼을 하게 되지요. 그녀는 어딘가 하나에 빠지면
미친 듯이 몰두하는 성격인데, 한번은 일본 지방 생협과의 교류
회 행사를 준비하게 됩니다. 그때부터 매일 저녁 식사를 차릴 때
마다 행사 때 부를 「할아버지의 시계」라는 노래를 틀어놓지요.
남편인 약사도 밥을 먹을 때마다 자연히 그 노래를 듣게 됩니다.
행사일에 「할아버지의 시계」가 흘러나오자 그는 마치 저녁 시간
이 된 것처럼 배가 고프다는 생각을 합니다. 그리고 이때 자신의
허기진 모습을 '파블로프의 개처럼'이라고 표현하지요.

———

파블로프는 침 반응을 연구하기 위해 개 한 마리를 특수 장치에 고정시켰습니다. 그리고 하루에 몇 차례씩 찾아가 간식이나 사료를 주었습니다. 사료를 먹으면 침이 얼마나 나오는지, 또 어떻게 나오는지 등을 알아내려 한 것이지요. 그러기 위해서는 사료를 먹은 후에 침 반응을 살펴봐야 하는데, 문제가 생겼습니다. 이 개가 사료를 주기도 전에 이미 침을 질질 흘리지 뭡니까? 조금 아픈 개인가 싶어서 다른 개를 데리고 왔지만, 똑같은 일이 반복되었습니다. 개들은 한결같이 사료를 먹기도 전에 침을 흘렸습니다. 결국 이 연구는 시작도 하기 전에 실패하고 말았지요.

　다른 연구자라면 여기에서 연구를 접었을 겁니다. 시간 낭비했네 하고 말이지요. 하지만 파블로프는 멈추지 않았습니다. 다른 연구를 시작하기로 한 겁니다. 사료를 주지도 않았는데 왜 침을 흘렸을까? 이 질문에 대한 답을 찾기로 한 거죠. 그리고 마침내 답을 알아냈습니다. 개는 파블로프가 오면 사료가 나온다는 사실을 학습하고, 미리 기대하기 시작한 겁니다. 그래서 파블로프의 발자국 소리만 들어도 침이 고였던 것이지요. 파블로프의 발자국 소리는 아무런 느낌도 없는 자극이었지만, 배부름과 맛이라는 좋은 반응을 일으키는 사료와 연합되어 기대되는 자극으로 변하게 된 겁니다. 이 연구가 유명해지면서, 어떤 자극과 연합되어 자동 반응이 나타날 때 우리는 '파블로프의 개처럼 행동한다'는 표현을 사용하게 되었습니다.

우리도 그렇잖아요. 음식 배달부가 벨을 누르면 딩동 소리에 이미 몸이 먼저 반응하지요. 아직 음식을 먹은 것도 아닌데 입에 침이 고이고 어서 먹고 싶은 마음에 발을 동동 구릅니다. 미리 문 앞에서 '치느님'을 영접할 준비를 하는 것이지요. 배달부의 벨소리는 곧 음식을 먹게 된다는 기대를 불러일으킵니다. 파블로프의 등장과 먹을 것을 연관 짓고 발소리에 반응하게 된 개와 같이, 우리도 벨소리에 반응하게 된 것입니다. 우리도 파블로프의 개와 같은 기대감을 가지게 된 것이지요.

우리 생활 속에서 이런 현상은 종종 일어납니다. 별생각 없던 자극에 반응하게 되는 경우가 있지요. 좋아하던 사람이 어떤 향수를 즐겨 뿌린다면, 그 향수 냄새만 맡아도 마음이 설렙니다. 아무 감흥 없던 향수 냄새가 좋아하는 사람과 연합되니, 그 냄새만 맡아도 설렘이라는 반응이 나오는 것이죠. 가장 행복했던 시기에 자주 듣던 노래는 추억의 노래가 됩니다. 그래서 우연히 그 노래를 듣게 되면 아련한 기억이 떠오르며 행복감에 빠지게 되지요.

감흥 없던 자극이 좋아지는 것과 반대로 싫어지는 경우도 있습니다. 털 달린 동물을 좋아하던 아이가 우연히 사나운 개에게 물린다면 동물에 대한 생각이 달라지겠죠. 아이는 동물과 물림 사고를 연합하고, 동물이 나를 물지 모른다는 불안감을 학습합니다. 그래서 개에게 물린 이후로는 개라는 동물을 싫어하게 되지요. 이게 바로 공포증이 생겨나는 과정이에요.

제가 어릴 적 좋아하던 어떤 언니가 있었습니다. 그 언니는 키가 크고 늘씬해서 마치 인형 같았습니다. 하루는 언니에게 물었습니다. "언니! 어떻게 하면 언니처럼 키 크고 멋진 사람이 될 수 있어?" 언니는 대답했습니다. "당근을 먹어봐. 밥 대신 당근을 먹으면 언니처럼 될 수 있어." 그 말을 들은 저는 당장에 엄마에게 달려갔습니다. "엄마! 나 당근 썰어줘!"

저는 그 자리에서 당근을 두 개나 먹어치웠습니다. 꼬마에게 당근 두 개는 적은 양이 아니었지요. 아니나 다를까, 잠시 후 무언가 잘못되었다는 느낌이 들었습니다. 배가 콕콕 쑤시고 살살 아리는 것이, 처음 느껴보는 불편함이었습니다. 어디에 말도 못하고 끙끙거리다 잠이 들었지요. 그날 밤, 술에 거나하게 취한 아빠는 제 상태도 모른 채 잠자고 있는 제 얼굴에 턱을 비비적거리기 시작했습니다. 사랑스러운 눈으로 저를 보던 아빠는 참지 못하고 저를 번쩍 들어 올렸죠. 바로 그 순간, 일은 벌어지고 말았습니다. 꾸역꾸역 먹은 당근을 모두 게워낸 것이죠.

그 경험은 저에게 몹시 충격적이었습니다. 하루 종일 불편했던 복통, 아끼는 이불에 당근 토사물을 쏟아버린 당혹감. 이후로 저는 꽤 오랫동안 당근을 먹지 못했습니다. 당근에서 나는 풋풋한 흙냄새를 맡으면 배가 쑤시고 속이 아려오고 무언가가 역류할 것만 같은 역겨운 느낌이 고스란히 떠올랐어요. 누구나 한 번쯤 이런 경험이 있지 않을까요? 어떤 음식을 먹고 심하게 체하거나 배탈이 나고 나서, 다시는 그 음식을 먹지 않게 되는 일 말이죠. 좋아하던 음식이 싫어지는 건 한순간입니다. 끔찍한 경험과 짝지어지는 순간, 세상에서 가장 혐오하는 음식이 되어버리죠. 이를 심리학에서는 '가르시아 효과 Garcia effect'라고 부릅니다.

누구에게나 유난히 거부감이 드는 무언가가 있습니다. 무섭거나 두렵거나 싫은 것들이 있지요. 어떤 음식을 못 먹거나, 어떤 물건을 보면 소름이 끼치기도 합니다. 어떤 동물을 보면 공포심이 생기고, 어떤 장소에는 죽어도 가고 싶지 않지요. 이런 거부감의 대상은, 기억나지 않아도 기분 나쁜 경험과 연합되어 있을 가능성이 큽니다. 그러니까 불길한 예감에 피하고 싶어지는 것이죠. 그렇지만 피한다고 능사는 아닙니다. 다 피할 수도 없는 노릇이고요.

우리의 삶은 그리 녹록하지 않습니다. 사랑하는 사람은 상처를 주고, 기대했던 일은 실망감을 안겨줍니다. 목표하던 일이 실패하기도 하고, 좋았던 것이 싫어지기도 합니다. 그럴 때마다 눈을 감고 귀를 막고 모든 것을 등지고 살아갈 순 없습니다. 세상은 언제나 불완전하고, 오늘의 기쁨이 내일의 슬픔이 될 수 있으니까요. 모든 걸 피하다 보면 결국에 혼자만 남게 됩니다.

그럼 어떻게 하는 게 좋을까요?

다행히도 해결 방법이 있습니다. 좋아하던 무언가 혹은 아무렇지도 않던 무언가가 싫어진 것처럼, 싫어하는 무언가가 다시 좋아질 수도 있으니까요. 그렇게 만들면 됩니다. 똑같은 고전적 조건 형성 원리로 말입니다. 좋은 자극과 나쁜 경험이 연합되면, 좋은 자극만 봐도 나쁜 일이 일어날 것처럼 두려워집니다. 그럼 반대로 나쁜 자극에 좋은 경험을 연합한다면, 나쁜 자극을 봐도 좋은 일이 일어나길 기대하게 되지 않을까요?

여기 사랑하는 사람의 배신으로 상처를 받은 한 여인이 있습니다. 시간이 흘러 그 사람을 잊었다고 생각했지만, 끈질기게 그녀를 괴롭히는 것이 있었지요. 다름 아닌 냉면이었습니다. 냉면은 그녀가 가장 좋아했던 음식으로, 남자친구와 즐겨 먹었던 메뉴였지요. 어느 날, 여자는 남자친구의 카드 내역에서 둘이 함께 가던 냉면집 이름을 발견하게 됩니다. 대수롭지 않게 넘어가려 했지만 여자의 촉은 틀리는 법이 없지요. 그가 한눈을 팔던 다른 여자와 같이 냉면을 먹으러 갔던 겁니다. 그것도 그녀가 가장 좋아하는 맛집으로 말이죠. 구체적인 증거는 상처를 더욱 악화시켰습니다. 내가 가장 좋아하는 음식을 딴 여자와 하하호호 먹었을 모습을 상상하니 배신감은 분노로 변했지요. "내가 좋아하는 음식을 딴 여자랑 처먹으니까 맛있냐? 그렇게 나를 기만하니 스릴 있고 재밌디?"

그날 이후 그녀는 냉면의 '냉' 자만 봐도 역겨움을 느꼈습니다. 길거리를 거닐다 냉면집 간판만 봐도 심장이 쿵쾅쿵쾅 뛰고, 텔레비전에서 냉면 먹는 장면만 봐도 분노가 치밀었지요. 혹시

나 냉면이라도 먹게 될까 여름이면 가족들과 외식 나가기를 거부했고, 친구들과도 약속을 잘 잡지 않았습니다. 그러다 문득 그런 생각을 하게 되었습니다. 내가 잘못한 것도 아닌데, 왜 내가 이렇게 힘들어야 하지? 그리고 용기를 냈습니다. 더 이상 그 상처를 붙들고 있지 않기로 결정한 것입니다. 그래서 함께 있을 때 가장 행복한 친구들 몇 명과 약속을 잡고 냉면집에 갔지요. 가기 전부터 긴장감에 체기가 올라오는 것 같았지만 견뎌냈습니다. 냉면을 시키고 친구들과 서로 근황 이야기를 주고받으며 기분 좋은 경험을 유지하려 했습니다. 그날따라 드라이가 잘된 친구의 머리 스타일을 칭찬하고 함께 추억의 사진을 찍었습니다. 냉면집에서 좋은 추억을 만든 거죠. 여전히 힘들었지만 그녀는 멈추지 않았습니다. 좋아하는 사람들, 사랑하는 가족들과 함께 냉면을 먹으러 다녔습니다. '도장 깨기'를 하듯 구석구석 맛집을 찾아다녔지요. 그러다가 그녀는 냉면을 보고도 화가 나지 않는 자신을 발견하게 됩니다. 냉면의 맛이 느껴지기 시작했습니다. 정말 유명한 가게의 냉면 맛을 볼 수 있게 되자 벅차기까지 했습니다. 냉면은 더 이상 그녀에게 나쁜 기억을 주는 자극이 아니었던 겁니다.

딘딘 씨의 이야기를 다시 한번 해볼까요? 그는 「네모의 꿈」의 전주만 나와도 무서운 기분을 느꼈습니다. 그렇다고 그 노래를 피하거나, 자기를 때린 누나들을 원망하지도 않았습니다. 오히려 당당하게 방송에 대고 이야기했죠. 자신은 누나들에게 맞고 산 장난꾸러기라고 말입니다. 그 방송을 본 누나들은 기억이 안 난다며 깔깔댔고, 팬들은 말재간이 넘치는 그를 더욱 사랑하게 되었습니다. 트라우마로 남을 수 있던 사건이 재미있는 에피소드가 되어 인기를 더해주었지요.

세상에는 마음속 어두움을 붙들고 살아가는 이가 많습니다. 아물어가는 흉터를 뜯어서 덧나게 하듯 아픔을 곱씹고 아픔에 물을 주어 더 키우기도 하지요. 하지만 이런 방식은 우리에게 아무것도 남기지 않습니다. 우리는 다른 길, 즉 '행복하기'를 선택해야 하지요. 어떤 장소가 나에게 아픔이었다면 기쁨으로 덮는 것을 선택하면 됩니다. 어떤 동물이 나에게 공포의 대상이었다면 신비함과 귀여움으로 덮으면 되는 겁니다. 어떤 사건이 좌절감으로 가득 찼었다면 희망과 기대감으로 덮으면 되지요. 모든 자극은 연합될 수 있으니까요.

우리의 마음은 비 온 뒤 곰팡이 핀 지하실 같습니다. 비는 막을 수도 없고, 왜 오냐고 원망할 수도 없습니다. 그 일은 이미 벌어지고 말았으니까요. 우리는 할 수 있는 일을 찾아야 합니다. 방치해두면 냄새가 날 겁니다. 지하실에 물이 스며들도록 놔두면 곰팡이가 더욱 심해지고 말 겁니다. 그러니 이제 곰팡이를 깨끗이 닦아내는 것이 어떨까요? 그리고 밝은 색의 페인트로 벽을 칠하고, 예쁜 화분을 가져다놓는 거예요. 그 후에 전등도 달아 불을 켜면 더 좋겠지요. 그럼 어두웠던 방이 환해질 겁니다. 이미 상한 마음에 물을 주지 마세요. 상처가 무럭무럭 자라나도록 방치하지도 말고, 상처를 키우지도 마세요. 이제 그곳을 더 아름다운 것들로 덮어보세요. 향기로운 것들로 채워서 가꾸는 거예요. 어느 날 돌아보면 여러분의 마음이 아름다운 정원으로 변해 있을 겁니다.

칭찬이 고래를 춤추게 한다고?

_ 자기결정 이론

"슈웅! 볶음밥 기차가 터널로 들어갑니다아, 휘잉!"

한 옥타브는 높아진 이모의 목소리와 함께 볶음밥을 가득 담은 숟가락이 공중제비를 돌며 조카의 입속으로 들어갑니다.

"이렇게 잘 먹을 수가? 완전 형님이 따로 없네! 우리 조카 완전 멋지네!"

겨우 밥 한 숟갈 먹었을 뿐인데, 저를 포함한 온 식구가 온갖 오버를 하며 칭찬합니다. 그러면 조카의 통통한 볼이 기분 좋게 씰룩거리고 입이 다음 숟가락을 받아들이기 위해 쩍 벌어집니다. 입 짧은 조카에게 밥 먹일 때마다 연출하게 되는 풍경이지요.

아이들이 무언가를 하지 않으려 할 때 가장 효과적인 방법은 칭찬해주면서 분위기를 띄우는 것입니다. 인상을 팍 쓰고 "당장 입에 밥 넣고 씹어! 웅얼거리지 말고 삼켜!"라고 화를 내는 것보다 훨씬 기분도 좋지요. 칭찬하는 것도 화를 내는 것도 에너지가 들기는 마찬가지지만, 효과는 전자가 훨씬 긍정적입니다.

밥을 먹지 않는 아이에게 '너무 잘 먹는다', '멋지다', '이렇게 먹다가 아빠보다 더 커지겠다' 등의 칭찬을 하면 아이들은 기분이 좋아져 적극적으로 밥을 먹습니다. 아이들의 마음은 참 단순하다는 생각이 드시나요? 하지만 이 단순한 법칙은 비단 아이들에게만 해당되는 게 아닙니다. 집안일을 돕고 칭찬을 받은 청소년은 신경 쓰지 않는 척하면서도 더 도울 것이 없나 두리번거립니다. 발표를 하고 선생님께 칭찬을 받은 학생은 자신감이 넘쳐 또 다른 질문에도 손을 번쩍 듭니다. 상사로부터 칭찬을 받은 직장인은 뿌듯함을 느끼며 더 신나게 일하게 됩니다. 이렇게 칭찬이 가지고 있는 힘은 실로 놀랍지요.

2007년, 『칭찬은 고래도 춤추게 한다』라는 책이 출간되면서 우리나라에 엄청난 '칭찬 붐'이 일었습니다. 칭찬과 격려가 상대방을 얼마나 기분 좋게 만들고 열정적이고 생산적이게 만드는지 알 수 있었죠. 예쁜 말로, 때로는 툭툭 두드려주는 격려의 몸짓으로, 또 선물이나 보너스 같은 보상으로 칭찬을 받으면 더 열심히 하고 싶은 마음이 생기는 게 사람입니다.

언변이 뛰어난 유명 강사나 권위 있는 전문가 강연을 듣고 나면, 우리는 당장이라도 무언가 해낼 수 있을 것만 같은 마음이 솟구쳐 오릅니다. 당장 서울대에 갈 수 있을 것 같고, 자격증 시험에 합격할 수 있을 것 같고, 부자가 될 수 있을 것 같고, 잃어버렸던 꿈을 이룰 수 있을 것 같지요. 그들이 우리에게 동기를 부여하기 때문입니다. 그래서 그들을 '동기부여 전문가'라고 부르기도 하지요. '동기'란 어떤 행동을 하게끔 만드는 욕구나 바람을 뜻하는데, 칭찬의 힘은 바로 이 동기를 이끌어내는 데 있습니다. 칭찬은 고래에게 춤을 추는 동기를 부여하고, 아이에게 밥을 먹는 동기를 부여하고, 학생에게 공부를 하는 동기를 부여하고, 직장인에게 더 열심히 일하는 동기를 부여하지요.

하지만 과연 칭찬이 언제나 효과적일까요?

제가 대학생 때였습니다. 그때도 지금처럼 저는 심리학을 참 좋아했습니다. 책 속에 파묻혀 살았지요. 수업 시간 전에는 도서관에서 오늘 배울 내용을 미리 읽었습니다. 한 번 읽어 익숙해진 내용을 교수님을 통해 다시 들으니 머릿속에 더 잘 들어왔지요. 집에 가서는 책상에 앉아 또 책을 봤습니다. 시간이 남으면 심리학 교양도서를 빌려보기도 했지요. 저는 그냥 심리학 자체가 너무 좋았습니다. 공부를 이렇게 열심히 했더니 좋은 일이 생기더군요. 바로 장학금이었죠. 대학생이 받을 수 있는 최고의 보상인 장학금을 즐겁게 공부만 했을 뿐인데 받게 된 겁니다. 장학금을 받자 부모님은 저보다 더 기뻐하셨습니다. '우리 딸 기특하다',

'똑똑하다', '널 믿는다.' 이런 칭찬은 순간적으로 저를 춤추게 했습니다. 하늘로 날아가는 기분이었지요.

하지만 춤출 일은 계속되지 않았습니다. 한 학기, 두 학기 장학금을 받다 보니 점점 스트레스를 받기 시작한 겁니다. '이번 학기에 장학금을 받지 못하면 어떻게 하지? 부모님이 실망하면 어떻게 해. 성적을 유지하지 못할 거라면 처음부터 못하는 게 낫지 않았을까?' 이런 생각이 꼬리에 꼬리를 물었습니다. 그러자 심리학 공부가 싫어졌습니다. 예습과 복습은 당연히 하지 않았고, 수업 시간에도 꾸역꾸역 억지로 강의를 들었습니다. 시험 기간이 되자 문제가 생겼습니다. 예습, 복습으로 실력을 단련하던 제가 벼락치기로 시험을 보려고 하니, 정말 미칠 것 같더군요. 다 때려치우고 싶었습니다. 눈물이 자꾸 나고 가슴이 쿵쾅쿵쾅 뛰고 짜증이 밀려와서 머리를 쥐어뜯었지요. 자고 일어나서 새벽에 하려고 누워봐도, 예민해진 마음에 잠을 청하기도 쉽지 않았습니다. 그렇게 공부를 하는 것도 아니고 안 하는 것도 아닌 채 시간을 보내고 시험을 보게 되었지요. 결국 시험을 크게 망치고 말았습니다. 그러니까 저는 칭찬을 받아서 시험을 망친 것입니다. 왜일까요?

동기에는 두 가지 종류가 있습니다. 내 안에 진심으로 즐거움이 있어 무언가 하고 싶어지는 '내재적 동기intrinsic motivation'와 보상과 같은 외부적 이유 때문에 하게 되는 '외재적 동기extrinsic motivation'입니다. 장학금을 받기 전에 저는 심리학을 사랑해서, 공부하는 것이 즐거웠습니다. 심리학 자체가 저에게 내재적 동기가 되었던 것입니다. 하지만 장학금이 주어지고 가족들과 친구들의 칭찬을 받게 되자, 다음에도 시험을 잘 보고 장학금을 받고 싶은 마음이 점점 강해지게 되었습니다. 공부를 해야 하는 이유가 내 안의 즐거움이 아니라 외부의 반응이 된 것이죠. 바로 외재적 동기가 생긴 것입니다.

아무런 동기도 없는 상태에서 칭찬을 받을 때, 즉 외재적 동기가 생길 때는 하고자 하는 마음이 강해집니다. 그래서 할 생각이 없던 행동을 열심히 하게 되지요. 마치 밥 먹기 싫은 아이가 밥을 먹는 것처럼 말입니다. 하지만 즐겁게 잘하고 있는 상태에서 보상이 주어지면, 즉 내재적 동기가 있는 상태에서 외재적 동기가 주어지는 순간에는 두 동기의 우선순위가 뒤바뀌게 됩니다. 즐거움을 위해 하던 행동이 칭찬을 받기 위한 노력으로 바뀌어버리죠. 결국 칭찬에 대한 욕망이 행위 자체의 즐거움을 빼앗아 버리는 꼴이 됩니다. '천재는 노력하는 자를 이길 수 없고, 노력하는 자는 즐기는 자를 이길 수 없다'는 말처럼, 외재적 동기가 생겨버린 현재의 나는 내재적 동기가 있었던 과거의 나를 이길 수 없었습니다.

책을 읽지 않는 아이에게 책을 읽을 때마다 칭찬을 해주면 책을 읽는 외재적 동기가 생깁니다. 안 읽던 책을 열심히 보게 되는 거지요. 하지만 책 읽는 것을 이미 좋아하는 아이에게 칭찬을 해주면, 아이는 칭찬을 의식하게 됩니다. 그 뒤부터 책을 읽는 도중에도 칭찬을 바라며 엄마, 아빠를 슬쩍슬쩍 바라봅니다. '오늘은 왜 칭찬 안 해주지?' 심지어 칭찬을 받지 못하는 날에는 책을 읽기가 싫어지게 됩니다. 칭찬에 대한 기대가 책 읽는 즐거움을 삼켜버리고 마는 것이죠.

남편과 연애를 하던 시절, 중학교 때 일을 이야기한 적이 있습니다. 제가 한동안 테트리스에 중독됐었다는 이야기였지요. 네, 그 기다란 막대는 죽어도 안 나오는 게임 말입니다. '10분만 더 해야지' 하다 보면 어느새 새벽 5시, 6시가 되어 있었죠. 당시 저와 함께 심각한 중독에 빠진 친구들은 학교를 나오지 못하는 지경에 이르렀습니다. 그 얘기를 하자 남편이 웃으면서 이렇게 말했습니다. "중고등학생들 게임 끊게 하는 방법은 참 쉬운데, 다들 그걸 못해. 게임하는 애들한테 매일매일 과제를 내는 거야. 하루에 레벨 몇까지 올려오라고. 올리면 상을 받고 못 올리면 두드려 맞는다고 하면 돼. 애들은 억지로 시키는 건 아무튼 다 하기 싫어하거든."

그때는 그 이야기가 그냥 우스갯소리로 들렸는데, 지금 들어보니 정확한 방법이네요(물론 때리는 건 안 됩니다). 게임을 끊게 하려면 게임 자체가 재미있는 애들에게 시험 보듯이 게임을 잘해야 보상을 받을 수 있다, 게임 순위를 매겨서 상장을 주겠다고 하면 되겠습니다. 내재적 동기가 외재적 동기로 바뀌는 순간 게임에 대한 흥미를 잃어버리고, 게임을 숙제하는 기분으로 꾸역꾸역 하게 될 테니까요.

왕년에 대학가요제를 통해 큰 명성을 떨쳤던 한 가수가 돌연 방송 활동을 접은 사연을 들은 적이 있습니다. 자신은 음악이 너무 좋아서 즐기면서 했을 뿐인데, 대상을 받고 유명해지고 인기를 얻다 보니 그 모든 게 다 재미가 없어지더라는 겁니다. 무언가 허망하고 내가 이걸 왜 하고 있나 하는 생각이 드니까, 실력도 늘지 않고 그냥 다 싫어지더라는 거죠. 이 이야기를 들은 많은 사람들이 배부른 소리 한다며 비난을 했지요. 그날 그 가수의 인터뷰 기사에는 엄청난 악플이 달렸습니다. 하지만 내재적 동기와 외재적 동기의 힘겨루기를 안다면, 우리는 그 마음을 조금은 이해할 수 있을지도 모릅니다.

칭찬은 고래를 춤추게 합니다. 아니, 정확히 말하면 '가만히 있는' 고래를 춤추게 합니다. 우리는 기억해야 합니다. 즐겁게 춤추고 있는 고래에게 칭찬은 독이 될 수도 있다는 걸 말이죠.

CHAPTER 2
나도 내가 싫을 때가 있습니다

타인의 불행은 내 삶의 원동력?

우리는 평생 '나는 누구인가'라는 질문에 답을 찾으며 살아가는 존재입니다. 하지만 내 안에서 그 답을 찾기란 도무지 쉽지가 않습니다. 그 답을 내가 아닌 다른 사람을 통해 찾으려고 하지요. 다시 말해서, 우리는 옆 사람과 나를 비교하면서 나 자신을 정의합니다. '이 사람보다 나은 사람이다', '저 사람보다 부족한 사람이다'와 같은 생각을 하며 말이지요. 이번에는 나보다 부족한 사람과 나를 비교하면서 나에 대한 정의를 내리는 우리 모습을 돌아보는 시간을 가져볼까 합니다.

'내가 그래도 쟤보다는 돈이 많아', '쟤보다는 그래도 괜찮게 생겼지', '쟤가 졸업한 학교보다는 우리 학교가 낫지', '쟤가 결혼한 사람보다는 그래도 내 배우자가 더 낫지' 등등 우리는 자기보다 못한 (또는 못하다고 생각하는) 사람과 나를 비교하며 안심합니다. 이렇게 나보다 부족한 사람과 나를 비교하는 것을 '하향 비교downward social comparison'라고 하지요. 하향 비교는 자존감을 지켜주는 데 큰 몫을 합니다. 스스로를 제법 괜찮은 사람으로 인정할 수 있게 되기 때문이지요.

그런데 하향 비교에 온전히 좋은 점만 있을까요?

"아프리카에는 굶어 죽는 아이들도 많대. 우리는 감사하며 살아야 해." 부모님이 아이들에게 감사함을 가르치기 위해 자주 하는 말입니다. 얼핏 보면 교훈을 주는 소리지요. 하지만 저는 이런 얘기를 그렇게 좋아하지 않습니다. 감사하며 살아야 한다는 것은 맞는 말이지만, 그 앞 문장은 오묘한 의미를 가지고 있기 때문입니다. '저 사람들은 가난하다'는 전제 그리고 그 전제에서 도출된 '우리는 감사해야 한다'는 결론은, 비교 대상으로 삼은 누군가를 무의식적으로 비하하는 표현이 될 수 있습니다.

김금희 작가의 장편소설 『경애의 마음』에는 이런 장면이 나옵니다.

삼 년 전에 여자는 역 계단에서 구걸을 하고 있었다. E는 경애와 함께 그 앞을 지나면서 마치 중요한 비밀을 가르쳐주듯이 "아이가 있어"라고 말했다. 과연 옆을 보니 작

은 이불을 덮은 아이의 발이 보였다. 경애는 그 발이 지
하도의 찬 기운 속에 나와 있는 것이 마음에 걸려서 지나
가는 말로 "불행하네"라고 했는데, E가 문득 경애의 팔
을 잡으면서 "니가 뭔데"라고 따졌다. "니가 뭔데 그렇게
말해"라고.

김금희, 『경애의 마음』, 창비, 2018, p.73

경애는 친구 E와 함께 지하철역을 지나다가 구걸 중인 노숙
자를 보게 됩니다. 그리고 그 노숙자 옆에 아이가 있다는 걸 알고
는 무심결에 그 노숙자를 보고 불행하다고 말해버립니다. 물론
객관적으로 그렇게 볼 수 있는 상황입니다. 집도 없고 먹을 것도
없어 구걸하며 아이까지 돌봐야 하는 상황이니 얼마나 열악한가
요. 그런데 순간 E가 버럭 화를 냅니다. 네가 뭔데 그렇게 말하느
냐는 거죠. 그렇습니다. 우리가 뭔데 남을 불행하다고 말할 수 있
을까요? 우리는 누군가의 불행을 함부로 정의할 자격이 없습니
다. 사람들은 각자 나름의 삶을 살고 있습니다. 그리고 그 안에서
행복을 누리고 있을 수도 있지요. 그러니 우리가 마음대로 남을
불행하다고 단정 지을 수는 없는 것이죠.

SBS 드라마 「복수가 돌아왔다」에서도 이런 생각을 하게 만
드는 장면이 나옵니다. 주인공 손수정은 기초수급자입니다. 학
창 시절, 수정은 수치심 때문에 이 사실을 친구들에게 숨기지요.

친구들은 제멋대로 수정이 좋은 집안 출신이라고 오해합니다. 그러다 기초수급자라는 사실을 알게 되지요. 수정은 자신의 집안에 대해 어떤 말도 한 적이 없지만, 친구들의 오해를 바로잡지 않았다는 이유로 거짓말쟁이가 되어 따돌림을 당합니다. 그 후 성인이 된 수정은 어린 시절의 상처를 떠올리며 의외의 말을 꺼냅니다. 기초수급자라는 것을 알고 나서 변해버린 친구들의 태도에도 상처를 받았지만, 멸시하고 욕하는 것보다 자신을 더 비참하게 만든 것은 불쌍히 여기고 동정하는 시선이었다고 말이죠. 이렇듯 동정을 바라지 않는 사람을 불쌍히 여기는 것은 오히려 그 사람을 더 비참하게 만드는 일입니다.

우리는 타인의 불행을 쉽게 정의해버립니다. 입장을 바꿔놓고 생각한다면, 그건 그렇게 유쾌한 일이 아니지요. 누군가 내 허락도 받지 않고, 내 입장에 대해 들어보지도 않고, 내 삶에 '불행'이라는 판결을 내린다면 어떨까요?

최근 인터넷에서 본 글이 생각납니다.

삼성 이재용 딸은 예쁘고 가족이랑 사이도 좋은 것 같고 돈도 많고, 행복하겠지? 부럽다.

  ┗ 베네수엘라 판자촌 딸내미한테는 네가 이재용 딸이다.

  ┗ 어, 그럼 이재용 딸내미한테 나는…….

  ┗ 당신은 베네수엘라 판자촌 자녀입니다.

웃기고도 씁쓸한 뒷맛이 있는 내용이지요. 한번 상상해봅시다. 우리나라에서 손꼽히는 재벌가의 3세가 이렇게 이야기합니다. "오늘 김 셰프가 차린 만찬이 왜 이렇게 맛없어? 짜증나!" 그러자 할아버지가 자신의 사랑스러운 손자를 달랩니다. "우리 강아지, 잘 들어봐요. 저기 평범한 서민들은 한 끼에 10000원도 안 되는 떡볶이 같은 음식을 먹거나 여러 번 사용한 기름으로 튀긴 치킨 같은 걸 먹으면서 살아가요. 재료도 썩 좋지 않아서 먹고 나면 배가 아플 때도 있대요. 우리는 이렇게 최고급 식재료로 셰프가 해주는 음식을 먹으니 얼마나 좋아요. 우리 감사하면서 먹어요."

자, 어떤가요? 하향 비교의 대상이 우리가 된다고 생각해보세요. 저는 이런 말을 들으면 너무 슬플 것 같습니다. 나보다 나은 삶을 사는 누군가가 나를 보며 감사함을 느낀다면 비참할 것 같지 않나요? 떡볶이를 먹고 치킨을 먹는 것이 나에게는 행복인데, 누군가에게는 불행의 조건이 된다니 말이에요. 조건이란 상대적이어서 나에게 만족스러운 상황이 누군가에겐 상당히 불만족스러울 수 있습니다. 우리도 언제든 하향 비교의 대상이 될 수 있다는 것이죠.

하향 비교는 우월감을 가지게 만듭니다. 어떤 이들은 봉사활동을 통해 그런 감정을 느낍니다. 순수하게 도움을 제공하는 것이 아니라, 어려운 사람을 도와줌으로써 자신이 더 나은 사람이고 더 대단한 사람이라는 사실을 대내외적으로 입증하는 것이지요. 은유 작가의 책 『글쓰기의 최전선』에는 이런 이야기가 나옵니다.

"동정은 쾌락을 포함하고 우월함을 적게나마 맛보게 하는 감정으로서, 자살의 해독제가 된다. 그것은 우리 자신을 잊게 해주고 우리의 마음을 충만하게 해주며 공포와 무감각을 쫓아버리고 말을 하게 하고 탄식하게 하며 행위를 하도록 자극한다. 동정에는 무언가 고양하고 우월감을 주는 점이 있다."

니체의 말대로라면, 동정의 수혜자는 불쌍한 사람이 아니라 동정하는 자 자신이다. 나는 사보 일을 할 때 미담 취재를 주로 다녔다. 윤리 경영이라는 트렌드에 따라 사보에는 미담 기사가 꼭 들어갔다. 봉사하는 직원이나 일반 시민들을 만날 기회가 많았다. 그때 만난 사람들은 말한다. 봉사는 마약이라고. 처음엔 의무적으로 했지만 이젠 봉사하는 낙에 산다고 마치 사랑에 빠진 사람처럼 말한다. 저마다 봉사에 임하는 자세는 다르겠지만 동정이 우월감을 준다는 사실은 부정할 수 없다. 실제로 어떤 분은 "봉사를 하고 오면 그래도 나는 행복하다는 생각이 든다"며 "크고 작은 불평불만이 싹 없어진다"고 고백하기도 했다. 이를테면 장애아 시설에 다녀

　　불쌍한 사람을 동정할 때의 수혜자는 '동정 받는 사람'이 아닌 '동정하는 나 자신'이라는 겁니다. 동정하는 마음으로 누군가를 안타까워하고 돕는 행위가 사실은 자신의 행복감을 증명하는 기회가 될 수도 있다는 거죠. 타인의 불행을 기준 삼아 나의 행복을 확정하고, 도움이 필요한 사람들에게 도움을 주면서 자기도 모르는 사이에 우월감을 느끼는 경우지요. 타인의 불행을 자신의 어려움을 극복하는 원동력으로 삼기도 합니다. 내가 힘들 때 나보다 더 힘든 사람을 보며 버텨낼 수 있다는 희망을 얻는 것이지요. 이렇게 볼 때 어쩌면 순수한 이타성은 존재하지 않는지도 모릅니다. 이타적인 행위로 자신의 만족감을 추구하는 것 또한 이기적인 행위일 수 있으니까요.

　　타인의 인생을 존중하고 그 사람을 소중한 인격체로 생각하면, 그를 결코 하향 비교의 대상으로 삼을 수 없습니다. 예를 들어, 가족 중 한 명이 몸에 장애를 가지고 태어났거나 큰 병에 걸렸다고 생각해볼까요? 동생이 장애를 가진 형을 보며, 나는 멀쩡한 몸을 가졌으니 감사해야겠다고 할 수 있을까요? 부모가 난치병에 걸린 자식을 두고, 그래도 나는 아픈 곳이 없으니까 감사하다고 생각하지는 않을 것입니다. 절대 그렇게 못하죠. 감사는커녕 마음이 너무 아파 그 불행이 차라리 내 몫이길 바랄지도 모릅니다. 그들의 삶을 존중하고 그들의 존재를 소중하게 여기니까요.

봉사와 선행으로 잘 알려진 할리우드 배우 안젤리나 졸리Angelina Jolie는 한 난민 어린이를 도우며 이렇게 말했다고 합니다. "네가 불쌍해서가 아니라 이 나라의 미래이기 때문에 도움이 필요한 거야." 그녀가 누군가를 돕는 것은 자신이 부와 명예를 가지고 있어서도, 도움받는 이들이 불행하고 비참한 삶을 살고 있어서도 아니었습니다. 그들을 한 사람, 한 사람 인격체로 존중하고, 그들의 삶을 응원하기 때문이었지요.

한 유치원생 어린이는 이런 숙제를 받았습니다. 영양실조에 걸린 듯한 몸으로 바닥에 떨어진 빵 부스러기를 주워 먹는 아이의 사진을 보고, 질문에 답하는 것이었죠. "나 자신을 그림 속의 아이와 비교해봅시다. 난 얼마나 행복한 사람인지 이유를 들어서 설명해봅시다." 아이는 이런 답을 썼습니다. "남의 아픔을 보고 내가 얼마나 행복한지 아는 것은 별로 좋지 않다고 생각한다. 같이 아픔을 해결해주려 하고 같이 잘 먹고 잘 살아야 될 것이다." 남의 아픔을 보고 나의 행복을 생각해보자는 어른들을 부끄럽게 하는 대답입니다. 여러분의 생각은 어떤가요?

그 사람을 통해 내 마음을 보는 거예요

_ 투사

'욜로YOLO'라는 말이 있습니다. 'You Only Live Once(당신 삶은 한 번뿐이다)'라는 문장의 줄임말로, '하고 싶은 대로 하고 살며 현재를 즐기라'는 의미죠. 요즘 많은 젊은이들이 욜로의 삶을 추구합니다. 미래를 위해 현재를 희생하지 않는 것이죠. 노력으로 얻을 수 있는 것이 많지 않은 세대거든요. 그렇기 때문인지 현재를 즐기느라 맡은 일에 최선을 다하지 않는 사람들도 있습니다. 회사를 다닐 때 한 후배가 있었습니다. 한 번 사는 인생 편하게 살아야 한다며, 지각과 실수를 일삼으며 팀 전체에 피해를 주었지요. 그 친구는 좋아하는 연예인을 위해 한 달 동안 번 돈을 시원하게 털곤 했습니다. 그 연예인의 굿즈를 사고, 그 연예인을 보기 위해 휴가를 내고, 그 연예인의 생일을 기념해야 한다며 회사에 케이크를 사들고 오는 식이었죠. 전 그 모습이 너무 싫었습니다. 다 큰 성인이 뭐하는 짓이냐며 마음속으로 비난했지요.

그 친구를 계속해서 미워하다 보니, 어느 날은 그 친구가 저를 괴롭히는 악몽을 꾸기까지 했습니다. 너무 힘들었습니다. '왜 저렇게 저 친구가 싫을까. 쟤가 뭘 그렇게 잘못했을까?' 고민 끝에 깨달았습니다. 사실 저도 그런 삶을 꿈꿨다는 것을 말이죠. 책임감이 강한 편이어서 늘 참고 희생하며 살다 보니 지쳐 있었거든요. 매일 저만 손해 보는 것 같다고 생각했죠. 저도 오늘을 즐기는 삶, 좋아하는 것을 위해 돈을 펑펑 쓸 수 있는 여유를 누리는 삶, 책임감에서 벗어나 행복을 추구하는 삶을 살고 싶었던 거예요. 그런데 제가 그렇게 못하니까 그렇게 할 수 있는 그 친구가 꼴 보기 싫었던 겁니다. 그 모습을 비난하며 마음에 위안을 삼았던 거지요.

우리 마음속에는 성격, 감정, 욕구 등 다양한 것들이 있습니다. 그런 것들 중에는 '공부를 잘하고 싶다', '어려운 사람을 돕고 싶다', '좋은 사람이 되고 싶다'처럼 올바른 마음이 있는가 하면, '애인이 있는 저 사람을 갖고 싶다', '상사가 죽이고 싶을 만큼 밉다', '친구가 망했으면 좋겠다'처럼 인정하고 싶지 않은 마음도 있기 마련입니다. 인정할 수 있는 마음은 누구 앞에서도 당당히 드러낼 수 있습니다. 내가 이렇게 괜찮은 사람이라고 생색내며 자랑스럽게 말이죠. 하지만 들키기 싫은 마음은 꽁꽁 숨겨둡니다. 청소가 귀찮다고 냉장고 속에 있는 오래된 반찬통을 외면하듯이 말이죠. 하지만 안쪽으로 깊숙이 밀어 넣는다고 오래된 반찬통이 없는 것이 될까요? 아닙니다. 눈에 잘 띄진 않지만 시간이 지나면서 점점 진한 악취를 발산합니다. 버리지 않으면 계속 불쾌한 냄새를 풍기게 되지요. 우리의 마음도 똑같습니다. 숨겨놓은 마음도 눈에 보이지는 않지만 어딘가에서 느껴지거든요.

정신분석학에서는 자기가 인정하고 싶지 않은 속마음이 있을 때 들키지 않으려 방어기제defense mechanism[3]를 사용한다고 하는데, 그중 하나가 바로 '투사projection'입니다. 투사는 죄의식, 열등감, 공격성과 같은 부정적인 감정을 타인에게 돌림으로써 자신의 마음을 무의식적으로 부정하는 방어기제지요. 조금 어렵나요? 쉽게 말해, 방귀를 몰래 끼고는 옆 사람에게 무슨 냄새 나지 않냐며 너 방귀꼈냐고 묻는 것과 같습니다. 즉, 인정하기 싫은 자신의 욕구를 내 것이 아닌 양 남에게 떠넘기는 것이지요.

영화관에 가면 벽 뒷면 높은 곳에서 빛과 함께 영상이 쏟아져 나옵니다. 우리가 보는 것은 영화관 앞면의 스크린이지만, 실제 영상이 존재하는 곳은 영화관 뒤 벽에 있는 작은 기계지요.

---

3 방어기제란 자아가 위협받을 때 자기 보호를 위해 무의식적으로 행하는 의식이나 행위를 의미합니다.

이것은 프로젝트project, 즉 투사를 하는 기계로 프로젝터projector 라고 부릅니다. 투사란 물리적으로 소리나 빛의 파동을 다른 곳에 이르게 하는 것을 뜻하는데, 정신분석학에서는 내 마음을 다른 곳에 투영하는 방어기제를 뜻하는 말로 사용됩니다.

우리 마음속에도 프로젝터가 있다고 상상해볼까요? 우리는 마음속에 있는 나쁜 욕망을 무의식 속에 숨겨놓지만, 아무리 꼭꼭 감추어둔다 한들 그 욕망은 어디선가 삐져나옵니다. 그러면 그 마음을 들키기 싫어 무의식적으로 남에게 돌리지요. 프로젝터의 영상을 스크린에 쏘는 것처럼 내 마음에 있는 욕구를 내가 아닌 다른 사람의 마음에 투영합니다. 그리고 저 사람 마음에 있는 거라고 확신합니다.

최은영 작가의 소설집 『내게 무해한 사람』 중 「고백」이라는 단편의 이야기를 소개해드리겠습니다. 이 소설은 미주와 주나 그리고 진희라는 세 친구의 이야기입니다. 진희는 셋 중 가장 착하고 순하고 배려가 깊은 친구입니다. 미주는 그런 진희를 아끼고 사랑하며, 자신에게 상처 주지 않는 소중한 사람이라고 생각합니다. 그녀를 자신에게 '무해한 사람'이라고 표현하면서 말이죠. 어느 날, 진희가 미주와 주나에게 자신이 레즈비언이라는 충격적인 고백을 합니다. 그 고백을 듣자 주나는 정색을 하고 역겹다는 폭언을 내뱉은 후 그 자리를 떠나버립니다. 미주는 그랬구나 하고 이해하는 모습을 보이려고 하지만 실망감을 숨기는 데 실패합니다. 미주의 눈빛과 표정에는 커밍아웃한 진희를 경멸하는 마음이 고스란히 드러났지요. 그런 미주를 보고 진희는 미소를 지으며 자리를 뜹니다.

다음 날, 진희는 유서 한 장 남기지 않고 시체로 발견됩니다. 왜 죽었는지는 미주와 주나만 알고 있는 거겠죠. 학교 친구들은 그 착하고 순하던 진희가 왜 갑작스럽게 그런 선택을 한 거냐며 의문을 품습니다. 그래서 많은 친구들이 미주에게 묻습니다. 진희에게 도대체 무슨 일이 있었던 거냐, 너는 친했으니 다 알고 있지 않냐고 말이죠.

> 충격이 지나가고 나서 슬픔이 밀려왔다. 미주는 자신이 진희에게 버림받았다고 믿었다. 네가 이런 식으로 나에게 상처를 주다니. 이런 차가운 방식으로 네가 나를 버리다니, 나를 떠나다니, 아무 말도 없이, 유서 한 줄도 없이, 쓰고 또 써도 채울 수 없는 공백을 주다니, 나에게 너의 유서를 쓰게 하는 벌을 주다니. 가지 말라고, 한 번 붙잡을 기회조차 주지 않았다니.
>
> 최은영, 『내게 무해한 사람』 중 「고백」, 문학동네, 2018, p.200

미주는 자살한 진희가 자신을 버렸다고 생각해버립니다. 그렇게 무해했던 진희가 말도 없이 떠나서 자신에게 상처를 주었다고, 친구들과 어른들의 질문 세례를 받으며 유언을 대신 말해야 하는 잔인한 역할을 맡게 만들었다고 원망하기까지 합니다. 그런데 정말 진희가 미주를 버린 건가요? 진희의 자살 이전에 무슨 일이 있었는지 생각해봅시다. 실망과 경멸의 눈빛을 보내며 진희를 먼저 버린 것은 미주가 아니었나요?

이런 모습이 바로 투사입니다. 미주에게는 인정하기 싫은 마음이 있었을 겁니다. 소중하게 생각했던 친구가 레즈비언이라는 사실에 경멸하고 싶은 마음, 그동안 나를 이성으로 생각한 건 아닌가 하며 불쾌해하는 마음, 주나처럼 역겹다고 대놓고 말하고 싶은 마음, 내가 준 상처가 진희를 죽였다는 것을 인정하는 마음 등 모두 받아들이기 어려운 마음이지요. 그래서 그런 마음을 진희에게 투사한 것입니다. 네가 나를 버렸다, 네가 나에게 상처를 주었다고 비난하면서 말이죠. 사실은 상처 준 것도 자기 자신이고, 버린 것도 자기 자신인데 말입니다.

다행히도 시간이 지난 후 미주는 성숙한 마음을 가지게 됩니다. 자신이 인정하고 싶지 않았던 마음을 바라보게 되지요.

미주는 그 사건으로부터 일 년 반이 지나서야 솔직히 인정할 수 있었다. 진희가 자길 버린 게 아니라 자기가 진희를 버렸다는 사실을 미주는 그제야 참담한 마음으로 바라보았다. 아무것도 몰라서 그런 짓을 했다는 말

은 변명이 될 수 없었다. 후회로 울어 자기 마음을 위로

하는 짓은 하고 싶지 않았다. 어쩔 수 없이 쏟아지는 자

신의 눈물이 미주는 역겨웠다.

최은영, 『내게 무해한 사람』 중 「고백」, 문학동네, 2018, p.202

가장 친한 친구가 자살한 이유가 자신에게 있다는 사실을 인정하기 어려웠던 미주는 진희가 자신을 버렸다고 생각하며 현실을 무의식적으로 왜곡했습니다. 왜곡을 정당화하기 위해 죽은 진희를 비난했지요. 하지만 시간이 흐르고 자신의 진짜 마음을 인정하고서야 죄책감에 직면합니다.

조금 무거운 주제였나요? 이렇게 크나큰 사건이 일어난 경우가 아니더라도, 우리는 크고 작은 상황에서 투사를 사용합니다. 인정하고 싶지 않은 내 마음을 다른 사람이 가지고 있는 마음이라고 생각해버리는 것이지요.

최근 코로나-19 사태에 많은 연예인들이 기부를 하는 모습을 보여주었습니다. 재미있는 사실은 그들을 칭찬하는 사람들과 함께 기부하지 않는 연예인들을 비난하는 사람들도 늘어났다는 겁니다. 새로 산 가방 자랑이나 여행하는 모습을 SNS에 올리면 그 밑에 댓글을 달기도 합니다. "기부는 하셨나요?" 왜 이렇게 득달같이 달려들어 확인하려 하는 걸까요? 어쩌면 그들의 마음 한편에는 '나는 기부하고 싶지 않다'는 생각이 숨겨져 있는지도 모릅

니다. 그 마음이 이기적이어서 인정하기 싫을 뿐이지요. 그들은 기부하지 않는 누군가의 모습에서 인정하기 싫은 내 모습을 보고 분노하는 것입니다. 사실은 자기 자신에게 화가 난 것인지도 모른 채 말입니다.

물론 이렇게 말할 수도 있습니다. "쟤네는 광고 하나만 찍어도 몇 억씩 번다며. 나도 그 정도로 돈 벌면 기부하지. 지금은 나 먹고살기도 힘들잖아." 얼핏 보면 맞는 말 같습니다. 하지만 잘 생각해보세요. 우리 주변에는 우리보다 어려우면서도 자신의 것을 나누는 사람들이 많습니다. 장애가 있어 자주 외출하지 못한다고 자신의 마스크를 경찰서에 두고 온 사람, 정성껏 손바느질로 만든 마스크를 나누어준 사람, 폐지를 모아 번 돈을 기부한 사람 등. 이분들이 나도 이렇게 힘들게 기부했는데, 넌 왜 기부 안 하냐는 말을 할까요? 그렇지 않습니다. 기부하지 않는다고 비난하는 사람은 기부하지 않는 사람뿐입니다.

일을 마치고 집에 돌아온 배우자가 한숨부터 푹 쉰다면, 그리 기분이 좋지는 않겠죠. 그 모습이 보기 싫고 이유를 몰라 답답할 것입니다. 하지만 자신은 너그러운 사람이 되고 싶습니다. 힘들게 일을 하고 들어온 사람에게 그런 마음을 품고 있다는 것을 인정하기가 싫습니다. 그래서 자기 마음을 그 사람에게 투사합니다. "당신은 나 보면 한숨밖에 안 나와? 내가 그렇게 꼴 보기 싫어?" 이렇게 되레 화를 내버립니다. 내가 당신한테 화가 난 게 아니라, 당신이 나에게 화가 난 것처럼 말이죠.

투사는 생각보다 많은 상황에서 볼 수 있습니다. 명품 가방을 사는 친구에게 사치스럽다고 하는 것, 해외여행을 다니는 친구에게 한심하다고 하는 것, 아이를 낳지 않는 젊은 부부에게 이기적이라고 하는 것, 애교가 많은 사람에게 '끼 부린다'고 하는 것, 활달한 친구에게 왜 이렇게 나대냐고 하는 것 등은 보통 다 투사인 경우가 많지요. 남에게 피해를 주지 않는 누군가를 유난스럽게 비난한다면, 사실은 자신의 무의식 속에 '나도 그러고 싶다'는 마음이 꽁꽁 숨겨져 있는 건지도 모릅니다. 나는 못하는데 혹은 나는 참고 있는데, 마음대로 하고 사는 것 같은 그 사람을 보니 화가 나는 거지요.

자신이 남의 단점을 빠르게 포착하는 능력이 있다고 말하는 사람들이 있습니다. 하지만 투사라는 방어기제를 생각하면, 그런 건 능력이 아니라 치부가 될지도 모르겠습니다. 다른 사람의 단점을 보는 것이 아니라 다른 사람을 통해 나의 단점을 보는 것일 수 있으니까요. 마술의 원리를 모르는 사람은 마술을 그저 신기하게 생각하지만, 마술을 공부한 사람은 그 트릭을 잘 파악합니다. 경찰은 범죄자의 심리를 잘 알지 못하지만, 같은 범죄자는 범행수법을 훤히 알아채는 것과 같은 원리입니다. 내가 모르는 마음 상태는 알기가 어렵습니다. 하지만 내 마음에 있는 상태는 너무나도 잘 볼 수 있는 것이죠.

———

투사는 무의식적으로 일어나며, 의식적으로 의도해서 일어나는 일이 아닙니다. 그래서 나조차도 내가 그런 마음을 가지고 있는지 모를 때가 많습니다. 인정하기 싫은 마음이니 그저 인정하지 않으려 하지요. 하지만 숨기면 숨길수록 냉장고 저 안쪽에 밀어둔 오래된 반찬통처럼 그 마음도 냄새를 풍겨댑니다. 그럴 때면 더욱 목청을 높여 내 냄새가 아니고 네 냄새라고 소리칩니다. 그렇게 한다고 나아지는 게 있을까요? 별로 없습니다. 남을 비난하면 할수록 힘들어지는 건 내 마음인걸요. 그러니 우리는 항상 우리의 마음을 경계해야 합니다. 내 마음을 잘 들여다봐야 하지요. 혹시 누군가의 모습이 유난히 꼴 보기 싫다면 다음 질문에 대한 답을 곰곰이 생각해봅시다.

'사실 그게 내 모습은 아닐까? 내 마음은 아닐까?'

저리 비켜요, 부정 타니까!

_ 마법적 전염 효과

어느 가을이었습니다. 아파트 엘리베이터에서 내리는데 발
밑에 무언가가 으적으적 밟혔습니다. 뭐지? 자세히 살펴보니 집
으로 향하는 복도에 굵은소금이 잔뜩 뿌려져 있었습니다. 불쾌
했습니다. 그 며칠 전, SBS 시사 프로그램 「그것이 알고 싶다」에
서 한 살인자가 살인을 저지른 날 자기 집 앞에 소금과 팥을 뿌렸
다는 이야기가 나왔거든요. 불안에 떨면서 소금의 의미를 찾기
위해 인터넷을 뒤지다 꽤 그럴싸한 가설을 세우게 되었습니다.
장례식을 다녀오면 집 앞에 소금을 뿌리는 미신이 있지요. 죽은
영혼이 집 안으로 따라 들어오는 일을 막기 위해서라고 합니다.
생각해보니 옆집 문 앞에 며칠 동안 택배가 쌓여 있었습니다. 장

레식으로 며칠 집을 비웠다가 돌아온 이웃이 소금을 뿌렸을 거라고 생각하니, 마음이 한결 나아졌지요.

안 좋은 기운이 나에게 옮아올 것 같다는 생각에 불안감이 몰려올 때가 있습니다. 이성적으로 말이 안 되는 걸 알면서도, 부정 타면 어쩌나 하는 불안한 마음에 크고 작은 미신을 믿게 되기도 합니다. 이것은 잘 알려지지 않은 심리 효과로, '마법적 전염 효과magical contagion effect'라고 부릅니다. 사실 오염될 리가 없는데도 오염될 것만 같은 불안감 때문에 어떤 대상을 회피하는 경향을 의미하지요.

마법적 전염 효과에는 한 가지 법칙이 있습니다. 만약 어떤 대상과 접촉을 하면, 그 특징이 자신에게 전염이 되어 소독하거나 세척해도 사라지지 않는다고 믿는다는 것입니다. 요즘엔 자원의 순환 차원에서도 중고 의류를 곧잘 입지요. 그런데 중고 옷을 절대 입지 않는 사람도 있다고 합니다. 물론 남이 입던 옷이 청결하지 않다고 생각해서 그런 경우도 있지만, 전 주인에 대해 알지도 못하는데 어떻게 그 옷을 입냐고 생각하는 경우도 많다고 하죠. 혹시라도 죽은 사람이 입던 옷을 입으면, 죽음의 기운이 자신에게 묻을 수 있다고 생각합니다.

유난스러운가요? 그럼 생각해보세요. 만약 살인 사건이 일어났던 집이 시세보다 50퍼센트 저렴한 가격에 나왔다면, 매매할 건가요? 누군가 스스로 목숨을 끊은 적이 있는, 별 다섯 개짜리 스위트룸을 초특가로 할인해준다고 하면, 그 방에서 묵을 건가요? 쉽지 않을 것입니다. 부정적인 사건이 벌어졌던 장소는 아무리 청소를 하고 시간이 지나도, 어쩐지 그 기운이 남아 있을 것만 같거든요. 아니라는 걸 알아도 찜찜한 건 어쩔 수 없지요.

마법적 전염 효과는 미신적인 것에만 해당되는 이야기가 아닙니다. 사람들은 자신이 좋아하지 않는 특성을 가진 사람을 곁에 두는 것도 피하려고 하지요. 그 특성이 자신에게 묻어날지도 모른다는 무의식적 불안 때문에 말입니다.

다음은 구병모 작가의 장편소설 『파과』의 한 장면입니다.

> "어머님, 손톱 다듬어드릴까요? 잠깐만 앉아서 기다려주시면 금방 되는데요."
> 매니저가 그렇게 말하자 교복 소녀가 조각을 돌아보더니 눈살을 찌푸리곤 엉덩이를 슬쩍 당겨 옆으로 피하듯 비껴 앉는다. 혹시라도 그녀가 제 옆에 앉아 노년의 냄새가 옮기라도 할 것을 염려하는 듯. 그런 정도야 지하철에 올라 착석하다 보면 젊은 사람들한테서 백이면 팔구십의 확률로 엿보이는 반사작용에 가까우니 일일이 불쾌해하기도 번거로울 뿐이고 다만 조각은 다른 이유로 망설인다.
>
> 구병모, 『파과』, 위즈덤하우스, 2018, p.53

이 소설은 할머니 주인공이 나이 듦에 따라 시들어가는 모습과 함께 변해가는 그녀의 심리를 그리고 있지요. 주인공인 조각은 할머니 킬러입니다. 청부 살인자지요. 지금 소개해드린 장면은 조각이 네일아트 숍에서 겪은 이야기입니다. 손톱을 정리하기 위해 자리에 앉으려 하니, 옆에 앉아 있던 어린 학생이 불편한 내색을 보이며 자리를 피합니다. 마치 노인의 냄새가 자신에게 옮을까 봐 불안하다는 듯이 말이지요. 그러자 조각은 그런 일이 자신에게 비일비재하게 일어난다는 사실을 떠올리며 대수롭지 않은 듯 넘겨버립니다.

비단 소설 속 이야기만은 아닙니다. 우리는 알게 모르게 더러운 사람, 나이 든 사람, 아픈 사람, 외모가 별로인 사람, 나와 다른 인종의 사람을 보면 물리적으로 거리를 두려고 합니다. 그 사람이 가진 부정적 특성이 자기에게 묻을까 봐 걱정되는 마음 때문이지요.

이런 비합리적 신념은 이성적으로 판단했을 때 잘못되었다는 걸 알면서도 벗어나기 힘듭니다. 몇 해 전 JTBC 「차이나는 클라스」라는 프로그램에서 본 정재승 교수의 강연이 기억납니다. 빨간색으로 이름을 쓰면 죽는다는 미신에 대한 이야기였지요. 이 미신이 시작된 역사를 거슬러 올라가 보면 진시황 시대에 다다릅니다. 당시 빨간색은 황제의 이름을 쓰는 색이었습니다. 감히 천민이 황제의 색을 쓰면 안 되겠죠? 실제로 빨간색으로 이름을 쓴 서민들은 처형을 당했습니다. 이 내용이 와전되어서 빨간색으로 이름을 쓰면 죽는다는 미신 아닌 미신이 생겨난 것이지요. 우리에게는 황제가 없으니 빨간색으로 이름을 쓸 수 있어야겠지요? 하지만 이 이야기를 듣고 난 후에도 프로그램 패널들은 여전히 빨간색으로 자신의 이름을 쓰지 못했습니다. 강의를 진행한 정재승 교수도 마찬가지였지요. 저도 미신을 많이 믿는 편은 아니지만, 빨간색으로 이름을 쓰는 건 여전히 꺼려집니다.

미신을 꼭 타파해야 하는 것은 아닙니다. 잘못된 신념을 바꾸겠다고 억지로 미신을 거스르는 행동을 하면, 그런 행동 자체가 불안감을 조성하게 됩니다. 예를 들어, 용기를 쥐어짜 빨간 펜으로 자기 이름을 썼다고 생각해봅시다. 그러고 나면 평소에 아무렇지도 않게 넘어갔던 일들에 예민하게 반응하게 되고, 그 예민함 때문에 오히려 화를 자초할 수 있습니다. 우연히 재수 없는 일이라도 생기면 역시 빨간색으로 이름을 써서 그렇다며 미신적 사고를 더 굳히게 되지요. 그러니 그냥 빨간색으로 이름을 쓰지 않고 마음 편히 살아가는 편이 더 나을지도 모릅니다. 징크스 jinx 도 마찬가지로 미신의 일종이지요. 징크스가 있는 사람들은 행운의 마스코트를 들고 다닌다거나, 특정 색깔의 속옷을 입는다거나, 음료수를 줄 맞춰 정렬하는 등의 행동을 하지요. 그런데 이런 행동이 자신의 마음을 편하게 해줄 수 있다면, 그래서 그 편안함으로 앞으로 해야 할 과제를 잘 완수할 수 있다면, 굳이 이성적

논리를 내세울 필요가 있을까요?

물론 미신으로부터 벗어나야만 하는 경우도 있습니다. 누군가에게 피해를 입히거나 상처를 주게 되는 경우이지요. tvN의 「하이바이, 마마!」라는 드라마에는 가슴 시린 한 장면이 나옵니다. 등장인물 현정과 유리는 가족처럼 막역한 사이였지요. 어느 날, 불의의 사고로 유리가 사망하게 되고 이 소식을 들은 현정이 울면서 장례식장으로 뛰어가려 합니다. 바로 그때, 시어머니가 그녀를 막아섭니다. 얼마 전 아이를 낳았다는 이유로 말이죠. 출산을 앞두고 있거나, 아이를 낳은 지 얼마 되지 않았거나, 결혼식 날짜를 잡았을 때는 조사에 참석하면 안 된다는 속설 때문이었습니다. 시어머니는 자신이 믿는 미신 때문에 며느리를 붙잡습니다. 그리고 자매 같았던 동생이 세상을 떠나는 마지막 길에 인사조차 하지 못하게 했죠. 현정에게는 이 일이 두고두고 상처로 남습니다. 이렇게 자신이 믿는 미신이 누군가에게 마음의 상처를 입혀서는 안 됩니다. 물리적 피해도 마찬가지입니다. 미신적 사고에 빠져 점쟁이를 찾아다니고, 아픈 자식을 병원에 보내지 않고, 복비로 과도한 지출을 해서 가정경제를 파탄으로 몰고 가는 일도 있어서는 안 되겠죠.

하지만 자신이 믿는 미신을 버리는 것은 보통 일이 아닙니다. 새로운 지식을 얻는 건 쉽지만, 이미 굳어진 신념을 바꾸는 건 쉬운 일이 아니거든요. 사람들에게는 자유에 대한 의지가 있습니다. 스스로 판단하고 결정하고 싶어 합니다. 만약 누군가가 제대로 된 정보를 주면서 기존에 알고 있는 사실을 잊으라고 하면, 왠지 자유의지를 빼앗기는 것 같은 위협감을 느끼게 되지요. 그래서 오히려 고집을 부리게 됩니다. 『뇌는 팩트에 끌리지 않는다Persuasion』의 저자 리 하틀리 카터Lee Hartley Carter는 이렇게 말합니다.

> 시대와 장소를 불문하고, 잘못된 정보를 믿고 있다는 사실을 마주하고는 "세상에. 네 말이 맞아. 난 정말 바보야. 알려줘서 고맙다"라고 말할 사람은 없다. 그런 일은 일어나지 않는다. 전투적인 감정을 느낄수록 사람들은 완강하게 자신의 입장을 고수하면서 반대를 통해 스스로를 규정하려 한다.
>
> 리 하틀리 카터, 『뇌는 팩트에 끌리지 않는다』, 비즈니스북스, 2020, p.136~137

그렇습니다. 누군가 내 생각과 반대되는 증거를 내밀면, 오히려 더 내 생각을 지키고 싶어집니다. 사실에 저항하는 '역화 효과backfire effect'가 나타나는 것이죠. 그래서 자신이 믿는 미신이 틀렸다고 지적당하는 순간, 오히려 미신이 옳다는 이유를 수십 가지 만들어냅니다. 장례식장에 못 가게 하는 시어머니에게 반발한다면, 시어머니는 아마 출산 후 장례식장에 다녀왔다가 화를

―――

당한 사례를 줄줄 읊을 겁니다. 살다가 조금이라도 안 좋은 일이 생기면, 그때 장례식을 가서 그렇다며 비난하겠죠. 잘못된 신념이 형성된 후에는 그걸 뿌리 뽑기가 정말 어렵습니다. 우리도 여전히 빨간색으로 이름을 쓰지 못하잖아요.

미신에서 벗어나는 방법은 많이 경험해보는 것뿐입니다. 미신적인 결과가 일어나지 않는 걸 충분히 경험해보는 수밖에 없지요. 제가 결혼하기 2주 전에 친한 친구의 결혼이 예정돼 있었는데, 많은 지인이 제게 참석 여부를 물었습니다. 결혼 전에 다른 사람의 결혼식을 가면 제게 와야 할 행복이 그 커플에게 간다고 하면서요. "응, 그렇구나" 하고 그냥 갔습니다. 그래서 저는 어떻게 되었을까요? 동화 속 결말처럼 오래오래 행복하게 사는 중입니다. 지금도 충분한데, 그 결혼식에 안 갔다면 혹시 로또라도 당첨되었을까요?

위험 부담을 안고 도전하기가 두려울 때도 있습니다. 그럴 땐 대리 경험을 통해 연습을 하는 것이 도움이 됩니다. 남들에게 아무 일도 일어나지 않는 것을 열심히 구경하면 되지요. 가끔씩 커뮤니티에 이런 질문이 올라옵니다. '결혼을 앞두고 있는데 친구 결혼식에 가도 될까요?' '아이가 아직 돌쟁이인데 장례식장에 데려가도 될까요?' 이때 가도 된다고, 가라고 하면 불안감과 위협감에 역화 효과가 나타납니다. 자기가 물어봐 놓고도 대답을 수용하려고 하지 않지요. 그래서 저는 이렇게 답변합니다. '전 다녀왔는데 아무 일도 없었어요!' 판단은 본인의 몫으로 남겨두고, 나에게는 아무 일도 일어나지 않았다는 사실을 말하는 겁니다. 우리는 남의 성공 경험을 보면서 효능감을 얻는 존재입니다. 만약 지인이 미신의 위협 속에서도 멀쩡하다는 것을 보게 된다면, 한결 마음이 편해지지요. '쟤도 했는데, 나도 해도 되겠지?' 하고 말입니다.

혹시 여러분도 어떤 비합리적 신념에 사로잡혀 있나요? 그것이 당신을 편안하게 하나요? 그럼 유지해도 괜찮습니다. 하지만 당신을 행복하지 못하게 하거나, 당신이 사랑하는 사람을 힘들게 한다면? 이제 벗어나기 위한 노력을 시작할 때입니다.

말실수는 은연중에 나오는 진심

— 프로이트의 말실수

친구가 남자친구와 다퉜다며 씩씩대며 전화를 했습니다. 사연은 이랬습니다. 남자친구와 기분 좋게 쇼핑몰을 구경하고 있는데, 한 여자가 다가와 다정하게 인사를 건네더랍니다.

"오랜만이야. 잘 지냈어? 여자친구신가 보다. 예쁘시다."

분명히 칭찬인데 왜 기분이 좋지 않은 걸까요? 친구는 남자친구의 팔짱을 끼고 경계하는 눈빛을 보냈습니다. 당연히 그 사람이 가자마자 누구인지 물어봤지요. 역시 여자의 촉은 틀리는 법이 없다고, 그녀는 남자친구의 전 여자친구였습니다. 남자친구는 진지한 사이는 아니었다고 덧붙였고, 이미 지나간 일을 문제 삼고 싶진 않았던 친구는 쿨한 척 넘어가려 했습니다. 물론 속으론 계속 신경이 쓰였지만요. 그런데 집으로 돌아가기 위해 차를 탔는데, 남자친구가 갑자기 노래를 흥얼거리기 시작했답니다.

"아프지 않니, 많이 걱정돼. 행복하겠지만 너를 위해 기도할게……."

토이의 「내가 너의 곁에 잠시 살았다는 걸」이라는 노래였죠. 헤어진 연인을 떠올리며 그리워하는 슬픈 사랑 노래 말입니다. 그 노래를 듣는 순간 하루 종일 참고 있던 친구는 폭발하고야 말았습니다. "그래? 그 여자가 그렇게 걱정이 됐어? 행복하길 바라?" 갑자기 소리를 질렀습니다. 남자친구는 황당해하며 노래 부른 거 가지고 예민하게 군다며, 이 정도면 병이라고 친구를 몰아세우기 시작했지요. 결국 남자친구는 길가에 차를 세우고 친구를 내려놓았고, 친구는 화가 난 채 혼자 터벅터벅 걸어 집에 오게 되었습니다.

자, 누구의 잘못인 걸까요? 노래를 부른 남자친구의 잘못일까요, 예민한 제 친구의 잘못일까요?

이 얘기를 하고 보니 KBS 드라마 「아버지가 이상해」의 한 장면이 떠오릅니다. 대학 선후배이자 연인 관계인 혜영과 정환의 기막힌 에피소드지요. 정환의 회사에는 정환을 짝사랑하는 연지라는 후배가 있었습니다. 연지는 아주 여우 같은 캐릭터로, 정환이 혜영과 연인 사이인 것을 알면서도 틈만 나면 정환을 좋아하는 티를 내고 대시를 했지요. 착하다 못해 미련한 정환은 단칼에 거절하지 못하고 있었고, 이 사실을 눈치챈 혜영은 연지를 못마 땅해합니다. 혜영과 정환은 동거 중이었는데, 혜영이 정환을 깨 우던 어느 아침에 끔찍한 사건이 일어납니다. 정환이 "몇 시야, 연지야?"라고 한 거죠. 바로 자신의 잘못을 깨달은 정환은 매일 함께 생활하는 후배라 무의식중에 실수를 했다고 변명합니다. 하지만 이 대목에서 혜영은 더 분노하게 되지요. 그리고 무의식 중에 그 여자 이름이 왜 나오느냐고, 그 여자가 선배 무의식의 세 계까지 지배하는 거냐고 쏘아붙입니다.

우리는 가끔 의도치 않게 말실수를 합니다. 그럴 때 우리는 보통 이렇게 변명합니다. "마음에도 없는 말이었어!" 정말일까 요? 마음에도 없는 말이 어떻게 갑자기 튀어나올 수 있을까요? 혀가 꼬여서 발음을 잘못한 것도 아니고, 분명한 의미를 지닌 말 이 아무런 이유도 없이 뇌를 거쳐 입으로 나오다니요. 의미 없는 말실수가 과연 존재할까요?

프로이트는 대부분의 사람들이 인정하고 싶지 않은 욕구나 원망을 무의식 속에 억압하고, 그 사실을 애써 부정하며 산다고 했습니다. 하지만 부정한다고 내 마음이 내 마음이 아닌 게 될 수 는 없겠죠? 무의식에 숨겨진 속마음은 꿈으로, 몸의 질병으로, 또 나도 모르게 나오는 행동으로 계속해서 자신을 드러내려 합 니다. 이런 속마음의 또 다른 표현이 바로 말실수입니다. 무의식 에 숨어 있던 욕구가 은연중에 말실수로 삐져나오는 것이죠. 마음에도 없는 말이라고 하기엔 너무 마음에 있는 말인 셈입니다. 인정하고 싶지 않을 뿐이죠. 이를 '프로이트의 실언Freudian slip' 혹은 '프로이트의 말실수Freudian mistake'라고 부른답니다.

　김소연 시인의 산문집 『나를 뺀 세상의 전부』에 프로이트의 말실수가 나오는 장면을 함께 보시죠.

> "이상해 보여?" 일행 중 누군가가 아이에게 말을 걸었
> 다. 아이는 눈을 깜박이다 고개를 가로저으며 웃었다.
> 그러곤 "상관 쓰여요" 하고 대답했다. 나는 애써 웃음을
> 참았다. 그리고 내내 아이의 말을 곱씹었다.
> 상관없다고 말해주고 싶은 의젓함과 실은 신경 쓰인다
> 고 고백하고 싶은 속내가 동시에 표출된 표현이었다.
> 나는 삐져나오는 웃음을 어쩌지 못한 채로, 그 아이가
> 무사히 밥을 다 먹을 수 있게 반찬을 챙겨주었다.
>
> 김소연, 『나를 뺀 세상의 전부』, 마음의숲, 2019, p.18

　식당 한편에서 밥을 먹던 아이는 지나가는 손님들을 구경하다가 미간을 찌푸립니다. 피어싱을 한 사람, 초록색으로 염색을 한 사람, 욕을 하는 사람 등은 어린아이가 보기에 조금 이상해 보였겠지요. 그 표정을 본 시인은 꼬마에게 어른들이 이상해 보이는지 물어봅니다. 그러자 아이는 아닌 척하며 "상관 쓰여요"라는

———

귀여운 말실수를 해버립니다. 상관없다고 말하려고 했지만, 신경이 쓰여서 결국 그 속마음이 드러나고 말았죠. 진심이 아니지만 옳다고 생각하는 마음과 진심이지만 숨겨야 한다고 생각하는 마음이 뒤섞여 새로운 말을 만들어낸 것입니다.

이렇게 실없는 농담이나 말실수에 우리도 알지 못하는 우리의 속마음이 담겨 있을 수 있습니다. 그러니 말실수를 했다면 별의미 없는 말이었다며 넘어갈 것이 아니라, 혹시 내 마음속에 이런 생각이 숨겨져 있는 게 아닌지 살펴보면 어떨까요? 그렇게 한다면 나도 모르는 내 마음을 알 수 있는 기회를 얻게 될 것입니다. 물론 다른 사람에게 의도치 않은 상처를 주지 않을 수도 있게 되고 말이죠.

말에 항상 진심이 담기는 건 아니다

— 점화 효과

앞서 우리는 말실수가 은연중에 나오는 진심이라는 주장을 살펴보았습니다. 혹시 그 주장을 근거로 지난 시절 나에게 말실수했던 누군가를 원망하거나, 말실수한 사람의 무의식을 추궁하며 싸우지는 않을까 걱정이 되기도 합니다. 프로이트가 심리학의 발전에 지대한 영향을 끼친 것은 자명한 사실이지만, 이론은 이론일뿐 과학적으로 증명된 진리는 아니지요. 사회과학에서는 언제나예외가 존재할 수 있습니다. 그래서 이번엔 말실수가 은연중에 드러나는 본심이 아닐 수도 있다는 이야기를 해볼까 합니다.

본론에 들어가기 전에, 무의식이라는 개념에 대해 짚어야 할것이 있습니다. 바로 고전 심리학에서 다루었던 무의식과 현대 심리학에서 다루는 무의식은 서로 다른 의미를 가지고 있다는 사실입니다. 먼저 고전 심리학에서 무의식이란 무엇일까요? 보통 프로이트의 정신분석 이론에서는 우리가 인정하고 싶지 않은, 공격적이거나 성적인 본능이 숨겨져 있는 마음의 상태를 '무의식'이라고 합니다. 이런 본능에는 질투, 미움, 시기, 욕구 등이 포함되지요.

하지만 현대 심리학에서는 더 인지적인 관점에서 무의식을 이해해야 합니다. 아침에 우연히 TV에서 들었던 음악을 하루 종일 흥얼거린 경험, 누구나 있을 것입니다. 우리는 그 노래를 무의식적으로 떠올린 것입니다. 이 노래를 불러봐야지 하고 의식하지 않았지요. 노래 가사에 의미를 둔 것도 아닙니다. 우연히 들었는데 머리에 맴돌아서 흥얼거린 것이죠. 현대 심리학에서는 이렇게 의식하지 않는 상태, 의도하지 않고 이루어지는 모든 정신 상태를 '무의식'이라고 합니다. 욕구, 욕망 이런 것과는 관계없이 말이지요.

잠시 간단한 퀴즈를 풀어볼까요? 다음 단어를 쭉 훑어보세요.

초코, 초콜릿, 갈색, 가루, 분말,

우유, 커피, 딸기우유, 거품, 컵

머그잔, 코코아, 브라운, 카카오, 생크림

바나나우유, 시럽, 카페, 빨대, 따뜻함

이제 다음 단어 중 목록에 없었던 것을 찾아볼까요?

갈색, 청바지, 초코우유, 생크림, 빨대

다들 단번에 맞추셨죠? 청바지! 그런데 하나가 더 있습니다. 잘 생각해보세요. 초코우유. 초코우유가 목록에 있었나요? 있었다고 확신하는 분들은 다시 올라가서 목록을 보세요. 어때요? 없었죠? 초코, 우유, 코코아는 있었지만 초코우유라는 단어는 없었지요. 왜 없었는데 있었던 것처럼 느껴졌을까요? 이게 바로 무의식의 힘이랍니다.

가만히 앉아서 이런저런 생각을 하다 보면, 생각이 꼬리에 꼬리를 물어서 '내가 왜 이 생각을 하고 있지?' 하고 의아해할 때가 있습니다. 바로 이 꼬리에 꼬리를 무는 과정은 무의식적으로 연결된 내 마음들이 동시에 떠오르는 과정이라고 볼 수 있지요. 초코, 우유, 브라운, 빨대와 같은 단어들을 떠올리면 초코우유라는 단어가 자동적으로 연상되어, 본 적도 없는 단어인데 봤다고 착각하기도 하지요. 하나의 생각을 떠올리면 그 생각과 연결되어 있는 생각들은 의식적으로 노력하지 않아도 떠오르게 됩니다. 오히려 의식적으로 떠올리지 않으려고 노력을 해도 억제할 수가 없죠. 이런 과정이 바로 무의식인 거예요.

우리의 마음속에는 여러 가지 개념이 저장되어 있습니다. 경험을 통해 생긴 추억도 하나의 개념이고, 공부를 해서 알게 된 지식도 하나의 개념이지요. 누군가에게는 감정도 개념이 될 수 있습니다. 이렇게 우리 머릿속에는 수많은 개념이 존재합니다. 그중 의미적으로 관련이 있는 개념들은 마치 멀티탭에 꽂혀 있는 전기 코드와도 같습니다. 멀티탭을 벽에 있는 콘센트에 꽂는 순간 연결된 모든 전기제품이 활성화되는 것처럼, 한 개념을 떠올리면 그와 관련된 다른 개념들도 자동적으로 떠오르게 되거든요. 이렇게 하나의 개념을 생각했을 때 관련 개념이 무의식적으로 함께 떠오르는 과정을 '점화priming'라고 부릅니다.

불을 붙이거나 켜는 것을 의미하는 점화는 우리가 흔히 만날 수 있는 단어입니다. 주방에 있는 가스레인지에 불을 켜는 손잡이도 '점화 스위치'라고 부르지요. 가스레인지의 불은 동그랗게 서로 연결되어 있어서 점화 스위치를 누르는 순간 파바박 하고 옆으로 옮겨 붙습니다. 우리의 생각도 마찬가지입니다. 하나의 생각에 불이 붙으면 그 생각과 연결되어 있는 생각들에도 옮겨 붙지요. 그걸 막거나 멈추기는 힘듭니다. 무의식적으로 일어나는 과정이거든요.

점화는 우리 삶의 여러 장면에서 쉽게 볼 수 있습니다. 지하철 옆자리에 앉은 사람이 헤어진 옛 연인이 즐겨 뿌렸던 향수 냄새를 풍기면 벌써 다 잊은 줄 알았던 추억이 줄줄이 떠오릅니다. 그 추억이 향기와 연결되어 있어서 향수가 그 사람과의 추억을 점화시킨 것입니다. 친구가 나를 서운하게 하면 이전의 상처들이 한번에 올라오기도 하죠. 다 지나간 일인데 왜 또 이야기하냐고 해도 어쩔 수 없어요. 서운한 감정이 과거의 상처들과 연결되어 있고, 점화는 무의식적으로 일어나니까요.

앞서 말실수가 은연중에 나오는 진심이라는 이야기를 할 때, '진심'이라는 단어가 불편했던 분들도 있었을 거예요. '내가 그런 욕구를 가지고 있어서 말실수를 했다고? 인정할 수 없어!' 이런 마음이라면, 아마 프로이트가 말하는 무의식의 해석이 맞는 경우라고 할 수 있겠죠. 하지만 진짜 진심이 아니어서 불편한 분들도 있었을 겁니다. 물론 마음에도 없는 말을 한 건 아닐 거예요. 말실수로 갑자기 히브리어를 할 수 있는 사람은 없습니다. 내 마음에 없는 언어이니까요. 분명 내 마음 어딘가에 존재하고 있는 개념이기에 입 밖으로 나온 것은 맞지만, 그 말이 내가 인정하고 싶지 않은 진심은 아닐 수도 있습니다. 초코우유가 먹고 싶다는 욕구 때문에 초코우유라는 단어가 목록에 있었다고 생각한 게 아니라, 관련된 단어들을 보니 자연스럽게 떠오른 것처럼 말이죠. 바로 현대 심리학에서 말하는 무의식이 적용되는 경우지요.

최근 저는 넷플릭스Netflix를 통해 「종이의 집La Casa de Papel」이라는 스페인 드라마를 즐겨 보고 있습니다. 이 드라마는 하도 머리가 비상해서 '교수'라는 별명을 가지고 있는 주인공이 범죄자 여러 명과 함께 은행을 터는 이야기입니다. 교수라는 캐릭터가 다음 화에서 또 얼마나 기발한 방식으로 범죄를 저지를까 기대하며 재미있게 보게 됩니다. 그런데 저는 이 드라마에 대해 말할 때마다 자꾸 말실수를 합니다. 교수를 '박사'라고 부르는 거지요. 그리고 그 말을 할 때마다 깜짝깜짝 놀란답니다. 세간에 엄청난 이슈가 된 'N번방 사건' 용의자 중 하나가 자신을 '박사'라고 칭했기 때문이지요. 분명 제가 좋아하는 캐릭터인 교수를 이야기하고 싶은데, 저도 모르게 현실의 악질 범죄자 별명을 부르는 말실수를 하게 됩니다. 왜 그럴까요?

저는 N번방 관련 범죄에 연루된 사람일까요? 박사라는 범죄자를 옹호하고자 하는 무의식적 욕구나 욕망이 있을까요? 그럴리가 없지요. 그냥 점화된 거예요. 굳이 보려고 하지 않아도 채널을 돌릴 때마다 나오는 사건·사고 이야기, 포털 사이트만 열어도 접하게 되는 메인 기사의 제목 등을 통해 박사라는 단어에 노출되었던 거죠. 대학원 생활을 오래했던 제 마음속에는 교수와 박사라는 두 단어의 개념이 매우 밀접하게 연결된 채 저장되어 있습니다. 그러다 보니 교수를 떠올리면 박사가 떠오르고, 박사를 떠올리면 교수가 떠오르는 것이죠. (현대 심리학의) 무의식적으로 말이죠.

JTBC의 예능 프로그램 「아는 형님」에 임수향이라는 배우가 나온 적이 있습니다. 그때 그녀는 귀여운 말실수로 화제에 올랐지요. 영어 공부 관련 에피소드를 이야기하던 중에, 온라인 영어

회화 강의 사이트 '야나두'를 말한다는 게 그만 숙박업체 사이트 '야놀자'를 입 밖으로 꺼낸 것이죠. 그녀는 왜 이런 말실수를 했을까요? 프로이트식으로는 숙박업체에 가고 싶은 무의식적 욕망이 있기 때문이라고 해석할 수 있습니다. 하지만 이런 해석은 '무리수'죠. 아마 야놀자와 야나두라는 단어가 서로 비슷하다 보니, 머릿속에서 두 개념이 연결이 되어 있었을 것입니다. 그래서 야나두를 떠올렸을 때 야놀자라는 이름이 점화되었을 가능성이 크죠. 아니면, 방송 출연 전 우연히 야놀자 광고를 보고 이미 마음속에 그 이름이 점화되어 있는 상황이었을지도 모르지요.

다시 드라마 「아버지가 이상해」의 문제의 장면을 현대 심리학적으로 해석해볼까요? 정환은 혜영과 연인 사이지만 직장 후배 연지와 꽤 오랜 시간을 같이 보내죠. 그러다 보니 생활 속 여러 장면과 연지가 연합되어 있을 것입니다. 특히 무언가를 물어볼 때 말이죠. '연지야, 그 보고서 작성했니?', '연지야, 마감 시간 몇 시니?', '연지야, 사장님 오셨니?' 등 상황은 무수히 많겠지요. 정환은 혜영을 무척 사랑하고 있으므로, 말실수는 그저 그런 개념들이 사건 당일 아침에 무의식적으로 올라온 데서 비롯되었을 것입니다. 그 무의식적 발언 속에 사랑이니, 바람이니 하는 욕구는 전혀 들어가 있지 않을 가능성이 더 큽니다.

처음 남편과 연애를 할 때 저는 아빠를 오빠라고 부르는 말실수를 자주 했습니다. 매일 오빠, 오빠 입에 달고 살다 보니 그저 무의식적으로 나온 습관이었지요. 이 실수를 두고, 아빠를 남자로 생각하는 무의식적 욕구의 발현이라고 해석할 사람은 없을 것입니다(물론 프로이트라면 이 실수도 오이디푸스 콤플렉스Oedipus complex 4 가 나타났다고 말하겠지만 말입니다).

그래서 지금 말실수가 진심이라는 건지 아니라는 건지 한마디로 말해보라고요? 제 답은 이거예요. "저도 몰라요!" 네, 그렇습니다. 진심일 수도 있고 아닐 수도 있어요. 똑같은 현상도 학자와 관점과 시대에 따라 다르게 해석되고, 또 상황에 따라서도 다르게 분석된답니다. 그러니 단편적인 내용만 공부하고 누군가를 쉽게 판단하는 것은 위험하지요. 사람의 마음은 참 복잡한 것입니다. 이 행동은 이 마음이고 저 행동은 저 마음이라고 한 방에 정의할 수도 없고, 정의해서도 안 되지요. 만약 어떤 심리학자가 사람의 마음에 대한 정답을 내려준다고 하면, 일단 조심하셔야 합니다. 사기꾼이나 사이비일지 모르니까요. 심리학은 누군가를 이해하기 위한 수단이지 누군가를 판단하기 위한 도구가 아니랍니다.

---

4 심리 성적 발달 과정에서 남아가 어머니에 대한 무의식적 욕망을 느끼고 아버지에게 질투심을 느끼는 것을 이야기하며, 여아의 경우 일렉트라 콤플렉스(Electra complex)라고 합니다.

1월 1일에 세운 계획이
매년 실패하는 심리학적 이유

_ 계획 오류

매년 1월 3일은 1월 1일보다 더 의미 있는 날입니다. 바로 작심삼일이 끝나는 날이기 때문입니다. 단언컨대 여러분의 계획은 그날을 기점으로 점점 흐지부지될 것입니다. 며칠만 지나도 새해에 계획을 세웠는지 아닌지도 가물가물해지겠지요. 360일 정도가 지나면 360도 달라져 제자리에 있는 자신을 발견할 것입니다. 왜 이렇게 같은 자리를 맴도는 것일까요? 이번에는 여러분이 왜 매년 세운 계획을 실천하지 못하는지, 어떻게 하면 목표 달성에 성공할 수 있는지 알려드리려고 합니다.

사람들은 1월 1일을 맞으면 새로움에 의미를 부여합니다. 여태까지의 모든 잘못은 없었던 일로 하고, 무엇이든 새롭게 시작할 수 있을 것만 같은 기분을 느낍니다. 마치 스케치북에서 망쳐버린 그림을 뜯어내고 다음 장에 다시 그림 그리기를 시작하는 듯한 기분이지요. 하지만 오래지 않아 알게 됩니다. 새로운 종이에 그려도, 결국 그림은 크게 달라지지 않는다는 것을요. 그리는 사람도 사용하는 물감도 붓도 다 같으니까요. 우리는 항상 새로운 시작을 꿈꾸고 이번에는 다를 것이라고 희망을 갖지요. 하지만 결국 똑같은 삶이 반복됩니다.

여러분은 1월 1일에 어떤 계획을 세웠나요? 금연하겠다, 술을 줄이겠다, 살을 빼겠다, 돈을 모으겠다, 책을 읽겠다, 결혼을 하겠다, 짜증을 줄이겠다, 자격증을 따겠다 등 각자 품은 계획이 있겠지요. 그런 계획을 잘 들여다보면, 그 가운데에는 '목적'이 있습니다. '어떻게 되겠다' 하는 결과가 있지요. 그런데 굉장히 중요한 것이 빠져 있습니다. 바로 '과정'입니다. 목적을 이루기 위해 어떤 과정을 거치겠다는 구상을 해본 적이 있나요? 아마 대부분의 경우 없을 겁니다. 당신이 계획의 실천에 매번 실패하는 이유는 여기에서 찾을 수 있겠습니다.

'그 후로 왕자와 공주는 오래오래 행복하게 살았답니다.'

어릴 때 보던 동화의 결말은 늘 이런 식입니다. 이를 본 어른들은 꼭 한마디씩 하곤 합니다. "살아봐라. 행복하게 오래오래 살 수 있나", "결혼은 현실이다", "동화 같은 소리 하고 앉아 있네." 혹시 여러분도 이런 생각을 하신 적이 있으신가요? 결혼하신 분들이라면 아마도 공감하지 않을까 싶습니다. 왜 어른들은 저런 아름다운 결말을 심드렁하게 바라보는 걸까요? 직접 경험해봤기 때문입니다. 직접 경험했다는 것은 그 과정을 구체적으로 알고 있다는 뜻이지요.

한여름에 이사를 하려고 하는 친구가 있습니다. 그 친구는 짐이 별로 없어서 이삿짐센터를 부르지 않으려고 한답니다. 주말에 이사를 할 예정인데 혹시 도와줄 수 있냐고 묻네요. 이사가 끝나면 짜장면도 시켜 먹고, 시원하게 에어컨을 켜놓고 놀자고 합니다. 뭐라고 대답하시겠어요? 흔쾌히 알겠다고 하실 겁니다. 자, 그럼 상황을 바꿔서 생각해보겠습니다. 지금은 한겨울, 내일은 토요일입니다. 방금 그 친구에게 전화가 왔습니다. 일정이 변경되어서 내일 이사를 가게 되었으니 도와줄 수 있냐고 합니다. 이사가 끝나고 짜장면도 시켜 먹고, 보일러를 켜놓고 놀자고 합니다. 당신의 대답은 뭔가요? 아마도 쉽게 답하지 못할 겁니다. 거절하고 싶을 거예요. 이 글을 읽는 대부분의 사람이 그렇게 느낄 것입니다. 왜 몇 개월 후에는 할 수 있을 것 같은 일을 내일은 하고 싶지 않은 걸까요? 조건은 크게 달라진 게 없는데도 말이죠. 바로 '심리적 거리감psychological distance' 때문입니다. '가깝다-멀다'라는 개념은 물리적 상황뿐 아니라 심리적 상황에도 적용됩니다. 오늘이나 내일은 심리적으로 가깝게 느껴지고, 몇 달 뒤는 심리적으로 멀게 느껴지지요.

———

심리적으로 가깝게 느낄 때는 과정을 구체적으로 생각할 수 있게 됩니다. 당장 내일 아침에 이사를 도와줄 생각을 하면 실제적이고 세밀한 상황이 그려집니다. 아침 일찍 일어나야 하니 오늘은 유튜브YouTube도 보지 않고 일찍 자야 합니다. 가구를 나르다 보면 먼지는 또 얼마나 날릴까요? 비염도 심한데 보나 마나 눈은 충혈되고 콧물은 질질 흘러내릴 겁니다. 짐은 당연히 무거울 테니 허리가 아프겠죠? 생각만 해도 피곤함이 밀려옵니다. 귀찮아지지요. 무엇보다 내 소중한 주말을 이삿짐을 나르며 날리고 싶지 않다는 생각을 하게 됩니다.

하지만 심리적으로 거리감을 두고 생각할 때는 이런 구체적인 것들을 잘 생각하지 않게 됩니다. 아직 몇 달이나 남은 여름에 이사를 도와줄 생각을 하면 어렴풋하게만 느껴지는 거죠. 그저 친구들끼리 웃으며 이삿짐을 나르고 행복한 오후 시간을 보낼 것만 같은 막연한 느낌만 가질 뿐입니다.

이처럼 심리적으로 가깝게 느끼느냐, 멀게 느끼느냐에 따라 우리의 관점이 달라집니다. 이런 현상을 심리학에서는 '해석 수준 이론construal level theory'으로 설명하지요. 심리적으로 멀게 느껴질 때는 대상을 추상적으로 봅니다. 실체를 알 수 없는, 어렴풋하고 막연한 느낌으로 보는 것이지요. 결혼을 예로 들어 설명해보겠습니다. 아직 결혼하지 않은 연인에게 결혼은 어떻게 느껴질까요? 심리적 거리감이 멀게 느껴지고 구체적으로 그려지지 않습니다. 드라마 속 한 장면처럼 밤에 와인과 향초가 세팅되어 있고 잔잔한 클래식 음악이 흐르는 공간에서 나와 연인이 함께할 것만 같습니다. 왠지 그렇게 웃으며 오래도록 행복하게 살 듯한 흐릿한 예감을 갖게 되지요.

반면에 심리적으로 가깝게 느껴질 때는 대상을 구체적으로 보게 됩니다. 이미 결혼한 남녀에게 결혼은 지금 눈앞에 있는 현실입니다. 과정이 선명하게 그려지고 현실적인 문제들이 보이기 시작합니다. 변기 커버를 올려놓느냐 내려놓느냐, 치약을 끝에서부터 짜느냐 가운데서부터 짜느냐, 양말을 뒤집어서 빨래 통에 넣느냐 아니냐 하는 사소한 문제부터 시작해서, 고부 갈등, 자녀 교육비, 전세 얻기 혹은 집 매매에 이르는 큰 문제까지 끊임없이 갈등하고 전쟁을 치르게 됩니다. 와인이라도 마시려 하면 설거짓거리가 늘어나고 안주로 음식물 쓰레기가 많아지지요. 산더미처럼 쌓여 있는 집안일을 실감하게 되면 부부가 마주앉아 와인 잔을 기울이는 로망 같은 건 꿈도 꿀 수 없습니다. 이 모든 과정이 선명하게 보이다 보니, "살아봐라. 결혼은 현실이다"라는 말이 절로 나오게 되는 것이죠.

이런 관점의 차이는 계획을 세울 때도 확연하게 드러납니다. 우리는 계획을 짤 때 먼 미래를 생각합니다. 한 달 뒤엔 이런 모습일 거야, 일 년 후엔 이런 모습일 거야, 이런 식으로 막연하게 결과를 기대합니다. 모든 일이 잘될 것만 같지요. 마치 오래오래 행복하게 살기로 예정되어 있는 동화 속 왕자와 공주처럼 말입니다. 하지만 그 모습에 도달하기까지 우리는 현실이라는 구체적 과정을 지나가야 합니다. 예를 들어, 살 빼는 일을 생각해봅시다. 일 년 후에는 SNS 스타처럼 '몸짱'이 되겠다는 목표를 세웠습니다. 일 년이라는 시간이 남았으니 가능할 것 같습니다. 이렇게 계획을 세웠으니, 이제 여러 가지 해야 할 일이 있습니다. 먼저 운동을 해야 합니다. 그런데 1월은 날씨가 어떻죠? 추워요. 헬스장 가기가 힘듭니다. 그래서 집에서 탈 수 있는 바이크를 사기로 합니다. 그런데 그냥 바이크를 타면 어떤가요? 지루해요. 그래서 TV를 켜놓고 하기로 했습니다. 하지만 드라마를 보면서 자전거를 타다 보니 집중이 안 돼서 설렁설렁 페달을 밟습니다. 땀도 안 나고 숨도 안 차지만 드라마 하나가 끝나면 뿌듯해집니다. 한 시간이나 운동한 것 같으니까요. 이제 무얼 하면 될까요? 자기 자신에게 선물을 줘야 합니다. 오늘 저녁은 치킨이다! 이렇게라도 꾸준히 한다면 살이 빠질지도 모르겠습니다. 하지만 그마저도 며칠 하지 않지요. 아직 7개월이나 남아 있으니까, 6개월이나 남아 있으니까, 한 달은 남았으니까……. 결국 바이크 위에는 가방이 걸리고 외투가 걸리고 빨래가 걸립니다. 그렇게 일 년 후, 나는 상상과 달리 똑같은 상태로 시간만 보냈다는 것을 알게 됩니다. 또다시 말이죠. 살을 빼려면 규칙적인 운동을 하고 식단을 조절해 근육을 키워야 합니다. 하지만 우리는 이 구체적인 과정은 간과하지요. 시간이 지나면 자연히 그 일이 일어나 있을 거라고 막연한 생각을 합니다. 하지만 과정을 고려하지 않은 계획은 실패할 수밖에 없습니다.

과정을 생각하지 않는 것 말고도, 계획을 세우면서 크게 실수하는 것이 또 하나 있습니다. 바로 '비현실적인 낙관주의unrealistic optimism'에 기대는 것입니다. 중학교 시절, 다들 서울대 정도는 가뿐히 갈 거라고 기대하지 않았나요? 장래 희망은 대통령 아니면 과학자였고요. 뭐, 저는 미스코리아였습니다. 우리는 우리 자신을 지나치게 낙관적으로 생각하는 경향이 있습니다. 비현실적으로 잘해낼 수 있을 것 같다는 믿음을 가지고 있죠. 자신을 믿는 것은 좋은 일입니다. 하지만 근거가 있어야 해요. 내가 그것을 해낼 수 있는 능력, 조건, 의지가 있는지 검증하고 믿어야 하는 것이지요. 그런 것들이 밑바탕에 깔려 있지 않은 상태에서 갖는 근거 없는 자신감은 실패의 쓴맛만 보게 할 뿐입니다.

비현실적인 낙관주의를 가지면 무리한 계획을 세우게 됩니다. 실제 내 능력보다 더 수준 높은 목표를 잡게 되지요. 매일 하루에 두 시간 이상 운동하기, 저녁 8시 이후에 아무것도 먹지 않기, 한 달에 20만 원으로 생활하기, 한 번에 공무원시험 합격하기 등 보통 사람이라면 쉽지 않은 목표를 잡고 계획을 짭니다. 계획 실천에 실패하는 건 무능해서가 아니에요. 애초에 누구에게나 어려운 계획을 세우기 때문이지요. 물론 오늘의 나는 이런 계획을 실행하지 못할 거란 사실을 알아요. 그렇지만 내일의 나는 할 수 있다고 믿죠. 내일의 나에게 그 모든 것을 맡기는 겁니다. 내일이 되면 '내일의 나'는 다시 '오늘의 나'가 되고, 또 '다음 날의 나'에게 내 미래를 맡기지요. 그렇게 무한 반복하다 보면 목표했던 날짜는 다가오고 해놓은 일은 아무것도 없게 됩니다. 이렇게 지나친 낙관으로 무리한 계획을 세웠다가 목표 달성에 실패하는 것을 '계획 오류planning fallacy'라고 부른답니다.

혹시 오늘의 나는 해내지 못했지만, 그럼에도 불구하고 해내고야 말 내일의 나를 믿고 있진 않으신가요? 오늘의 나와 내일의 나는 같은 사람입니다. 오늘 하지 못하면 내일도 하지 못할 겁니다. 내일의 나에게 오늘 일을 미루지 마세요.

새해의 계획을 성공시키는 방법

_ 자기조절

아인슈타인Albert Einstein은 이런 명언을 남겼습니다.

"같은 방법을 반복하면서 다른 결과를 기대하는 것은 정신병 초기 증상이다."

그렇습니다. 방법이 바뀌지 않으면 결과도 바뀌지 않습니다. 바로 앞에서 왜 우리가 목표 달성에 매번 실패하는지 알아보았습니다. 먼 미래의 막연한 결과만 기대하면서, 구체적인 과정을 고려하지 않고 실현 불가능한 계획을 세우기 때문이었지요. 이제 어떻게 해야 할까요? 당연히 방식을 바꿔야겠지요. 자, 그럼 어떤 방식으로 바꿀까요? 여기서는 계획의 목표를 달성하는 네 가지 방법을 공유하고자 합니다.

1. 현실적인 목표를 세우기

요즘은 시중에 저렴한 옷이 많다 보니 기분전환 삼아 부담 없이 옷을 사기가 쉽습니다. 사실 그런 옷들은 한 철 지나면 잘 안 입게 되어 헌 옷 수거함에 넣거나, 바자회에 내놓거나, 유기동물 보호센터에 이불로 쓰라고 보내거나, 그마저도 안 되면 버리게 되지요. 그런데 저는 이게 잘 되지 않습니다. 어떤 옷이라도 꼭 언젠간 다시 입을 수 있을 것 같습니다. 유행은 돌고 도는 거니까 한 십 년 후면 다시 입을 수 있을 것 같고, 잠옷으로라도 입으면 될 것 같고 그래요. 그렇게 뭉그적거리다 보면 옷장이 터져나갑니다. 그래서 저만의 규칙을 정하게 되었습니다. '내일 당장 입고 나갈 수 없는 옷이면 버린다!' 이 규칙을 기준으로 하나하나 따져보니까 입을 옷이 없더라고요. 결국 한 아름 정리한 옷을 자선단체 '아름다운 가게'로 세 박스나 보내게 되었습니다.

계획은 거대하고 비현실적으로 짜게 되기 마련입니다. 미래의 내가 할 일이기 때문이죠. 하지만 미래의 나는 언젠가 오늘의 내가 됩니다. 지금 하기 싫다? 내일도 안 해요. 그러니 우리는 지금 당장이라도 할 수 있는 현실적인 목표를 세워야 합니다. 즉 쉽고 단순한 목표를 세우는 겁니다. 하루에 운동을 두 시간 하겠다는 목표가 있다면, 하루에 윗몸 일으키기를 다섯 번 하겠다는 목표로 바꾸세요. 담배를 끊겠다고 하지 말고, 오늘 20개비를 피웠다면 이제부터 18개비로 줄이겠다고 해보세요. 저녁을 굶겠다고 하지 말고, 딱 한 숟갈만 남기겠다고 해도 좋습니다. 이렇게 '적어도 이 정도는 할 수 있지. 껌이지!' 정도의 수준을 목표로 잡는 겁니다.

작은 목표를 세우는 건 비겁하지 않냐고요? 전혀 그렇지 않습니다. 목표는 게으름의 마지노선이지 종착지가 아니기 때문입니다. 윗몸 일으키기 다섯 번을 목표로 해도 막상 하다 보면 열 번, 스무 번도 할 수 있어요. 그럼 더 하면 됩니다. 하지만 운동 두 시간 하기를 목표로 세웠다가 한 시간 오십 분만 하게 되면, 목표 달성을 하지 못한 것이 됩니다. 그러면 재미가 없어져서 계속하고 싶지가 않을 거예요. 그 계획은 영영 실패하게 되겠죠. 작은 목표는 이런 일을 막아주고 매일매일 소소한 성취의 기쁨을 느끼게 해줍니다. 작은 목표를 세워보세요. 후에 점점 목표를 높여 가면 됩니다.

2. 실행 의도 세우기

저는 물건 챙기는 것을 자주 잊어먹는 편입니다. '내일 나가는 길에 택배를 맡겨야 하는데', '친구 만날 때 전에 빌린 책을 가져다줘야 하는데' 하면서도 까먹어요. 출발하고 나서야 기억이 나지요. 이걸 고치기 위해 제가 사용하는 방법이 있는데, 바로 습관적 행동과 해야 할 행동을 짝짓는 거예요. '운동화 끈을 묶을 때 택배를 챙긴다', '양말을 신을 때 책을 가방에 넣는다' 이런 식으로 말이죠. 아주 여러 번 반복해서 다짐할수록 좋습니다. 소리 내서 외쳐도 좋아요(이상한 사람으로 보일 수 있으니 아무도 없을 때 하기를 추천합니다). 그렇게 몇 번 외치고 나면 다음 날 운동화 끈을 묶을 때 '뭔가 챙길 게 있었는데? 아, 택배!' 하게 됩니다. 양말을 신으면 '뭐였지……? 맞다, 책!' 이렇게 떠오르지요. 습관적 상황과 행동을 짝지어주면, 그 상황이 되었을 때 해야 할 행동을 상기하게 됩니다. 이런 과정을 '실행 의도implementation intention'를 세운다고 하지요.

행동에는 의도가 선행되기 마련입니다. 그 의도는 보통 결과 지향적이지요. 살 빼겠다, 결혼하겠다, 금연하겠다, 돈 벌겠다, 이런 식으로요. 이러한 의도는 굉장히 막연합니다. 그걸 어떻게 하겠다는 건지 알 수 없지요. 과정이 생략되어 있으니까요. 과정을 생각하지 않으면 결과에 도달할 수가 없지요. 그러므로 '어떻게 하겠다' 하고 구체적인 과정을 그려야 합니다. 이때 실행 의도를 가지면 도움이 되지요. 실행 의도는 '만약 X면, Y를 하겠다'와 같은 형태로 목표를 설정하는 겁니다. 운동을 목표로 하고 있다면, 이런 실행 의도를 세워보세요. '만약 세수를 해야 하면, 그 전에 윗몸 일으키기를 다섯 번 하겠다.' 운동을 열심히 하겠다, 몸짱이 되겠다는 목표보다 훨씬 현실적으로 다가오지요? 실행 가능성도 높아집니다. 살을 빼는 것이 목표라면 실행 의도를 이렇게 세우면 됩니다. '만약 야식이 먹고 싶으면, 냉장고를 열기 전에 체중계에 올라가겠다.' 그러면 죄책감에 야식을 먹기가 불편해질 겁니다. 또 금연을 준비 중인데 술자리만 가면 유혹이 너무 크다 싶을 땐, 이렇게 실행 의도를 세우는 거예요. '만약 술자리가 생기면, 담배와 라이터를 안 가지고 가겠다', '친구들이 담배를 피우기 시작하면, 오랜만에 부모님께 전화를 하러 나가겠다.'

하나의 큰 목표를 이루기 위한 작은 실행 의도를 여러 개 만들면, 특정한 상황마다 내가 해야 하는 구체적인 행동들이 생기게 됩니다. 장기적인 목표는 신경 쓰지 말고, 작은 상황을 맞닥뜨릴 때마다 짝지어진 행동 하나씩만 달성하면 되는 거지요. 퍼즐을 맞출 때 처음부터 전체 그림을 생각하시나요? '이 조각 옆에 이 조각이 맞겠다' 하면서 각각의 작은 조각에 집중하지요. 그러다 보면 어느새 퍼즐 전체가 완성되어 있잖아요. 우리 목표도 똑같습니다. 작은 조각을 하나하나 맞추다 보면 언젠가 큰 목표 하나가 이루어져 있을 거예요.

3. 결과를 눈에 보이게 기록하기

제 수업을 들었던 한 외국인 학생이 기억에 남습니다. 한국은 게임 문화가 대단하잖아요. PC방도 잘 마련되어 있지요. 그래서인지 그 학생은 한국에 와서 게임에 중독되어버렸다고 합니다. 하루에 열 시간 이상 게임을 했다지요. 그 친구는 제 수업을 들으면서 '게임 시간 줄이기'라는 목표를 세웠습니다. 이 목표를 지키기 위해 매일 게임을 시작할 때마다 스톱워치를 켰지요. 그리고 게임하는 시간을 기록하면서 어제보다는 조금 덜 하는 것을 목표로 정했다고 합니다. 게임 시간이 하루, 이틀 기록되면서 그래프를 그릴 수 있게 되었고, 그는 자신의 게임 시간 그래프가 하향 곡선을 이루는 것을 볼 수 있었습니다. 점점 재미를 느끼게 되었죠. 게임 시간을 줄이는 것이 또 다른 게임이 된 거예요. 결과가 눈에 보이니까 즐기게 된 것이죠.

그렇게 그 학생은 한 학기가 끝날 때쯤 일주일에 이틀 정도만 게임을 하게 되었고, 그마저도 게임 시간은 약 두 시간에 불과했습니다. 이렇게 내 행동의 결과를 가시화하는 것은 행동을 유지하는 데 큰 도움이 됩니다. 마음속으로 생각하는 것과 차원이 다르지요. 가시화의 방법에는 여러 가지가 있습니다. 이를테면, 달력을 활용하는 겁니다. 오늘 몇 시간을 운동했는지, 담배 몇 개비를 피웠는지, 공부를 몇 시간 했는지, 몇 칼로리를 섭취했는지 눈에 보이게 숫자로 표시하는 것이지요. 달력이 숫자로 채워지는 걸 보면서 수치가 늘어나고 있는지 줄어들고 있는지 확인할 수 있습니다. 몸짱이 되는 목표가 있다면 매일매일 사진을 찍는 것도 좋은 방법입니다. 보잘것없어 보여도 현재의 내 모습을 사진으로 남겨두세요. 그리고 점점 달라지는 모습과 비교해보세요. 이전으로 돌아가고 싶지 않은 마음에 행동이 더 오래 유지될 겁니다. SNS를 활용하는 것도 좋습니다. 목표가 비슷한 사람들과 소통하면서 어떤 목표를 어디까지 달성했는지 서로 이야기를 나누는 거예요. 책을 많이 읽겠다는 목표가 있다면 '북스타그래머'들과 올해 읽은 책의 권수를 공유해보세요.

이렇게 한다면 목표를 달성하는 일 자체가 하나의 취미가 될 수 있을 것입니다.

4. 나 자신에게 선물하기

마지막은 보상입니다. 게임을 생각해보세요. 한 번에 끝판까지 가게 되어 있나요? 그렇지 않습니다. 파이널 라운드로 가기 전까지 여러 개의 관문을 통과해야 하지요. 그 오래 걸리는 걸 우리는 왜 하고 있을까요? 다름 아닌 보상 때문입니다. 관문을 하나씩 통과할 때마다 우리에게는 아이템이라든가 레벨업이라든가 하는 보상이 주어지지요. 한 판, 한 판 끝낼 때마다 느껴지는 성취감이 보상이 되기도 합니다. 그 순간적인 즐거움이 우리로 하여금 게임에서 벗어나지 못하도록 하는 것입니다.

그럼 계획을 실천하는 과정에서 나 자신이 벗어날 수 없게 하려면 어떻게 하는 것이 좋을까요? 게임처럼 하면 됩니다. 최종 목표에 도달하기 전에 여러 작은 관문들을 세워보세요. 그리고 각 목표점에 닿을 때마다 자신에게 선물을 해주세요. 두꺼운 '벽돌책' 한 권을 완독한 날에는 가지고 싶었던 물건을 산다거나, 몸무게가 2킬로그램이 줄어든 날에는 먹고 싶었던 음식을 먹는다거나 하는 식으로 말이죠. 그동안 힘들었다면 하루쯤 아무것도 하지 않는 날을 정하는 것도 선물이 될 수 있습니다. 목표를 이룬 것 자체로도 보상이 되겠지만, 무엇보다 나의 수고를 티 나게 알아주는 것이 중요합니다. 수고한 자신에게 충분한 칭찬과 보상을 해주세요. 관문 하나를 깬 당신은 보상을 받을 만한 자격이 충분히 있답니다.

목표를 이루어갈 때 가장 중요한 것은 당신의 마음입니다. 목표 달성 과정 속에서 무엇보다 당신의 마음이 행복했으면 좋겠습니다. 이 행동을 왜 해야 하는지 알고, 이 목표를 완수했을 때 누리게 되는 기쁨이 무엇인지 기대하는 마음으로 살아가면 좋겠습니다. 결국 이 모든 것은 당신의 행복을 위해 하는 일이니까요.

무기력을 배우는 법, 무기력을 극복하는 법

_ 학습된 무기력

시인이 되고 싶어 매일 밤 필사를 하던 한 여자가 있었습니다. 그러나 그녀는 가정폭력 때문에 친정으로 돌아온 동생의 두 자녀를 맡아 키우게 되면서, 자신의 삶을 조금씩 잃어가지요. 책임감과 의무감에 갇혀 당연해진 희생 속에서 억울함과 서글픔을 느끼다가, 또 죄책감과 미안함을 느끼기도 합니다. 김이설 작가의 소설 『우리의 정류장과 필사의 밤』 주인공의 이야기입니다. 나이마흔이 되도록 특별한 직업을 갖지 못한 그녀는 공로도 인정받지 못하는 집안일을 감당해내느라 사랑도 꿈도 포기합니다. 그렇게 좌절하게 되지요. 희망 없이 반복되는 일상 속에 지친 그녀는 모든 것을 그만두고 싶어집니다.

———

> 내가 동동거리며 노력하고 애쓰는 일들의 결과가 너무
> 미미하다는 걸 깨달을 때마다 허무해지곤 했다. 플라스
> 틱 포장재에 겹겹이 둘러싸인 물건을 사게 되면 플라스
> 틱 빨대를 쓸 때마다 들었던 죄책감이 무의미해졌던 것
> 처럼. 그럴 때면 그냥 포기해버렸다. 나 혼자 애쓴다고
> 될 일이 아니었다. 나 혼자 바르게 산다고, 나 혼자 제대
> 로 산다고 해서 변할 리가 없었다.
>
> 김이설, 『우리의 정류장과 필사의 밤』, 작가정신, 2020, p.37

무언가를 포기하고 싶어지는 순간이 있습니다. 언제일까요?
이렇게 아무리 노력해도 변하는 것이 없을 때, 소설 속 주인공처
럼 애쓴다고 될 일이 아닐 때, 나의 노력이 무의미하게 느껴질 때
입니다.

서커스를 본 적 있나요? 다채로운 볼거리 중 가장 놀라운 장
면은 역시 코끼리 쇼입니다. 거대한 몸집의 코끼리가 묵직한 앞
다리를 들고 코로 원반을 받아내지요. 등장만으로도 시선을 압
도하는 코끼리의 묘기에 사람들은 환호하며 박수를 보냅니다.
그런데 참 신기합니다. 코끼리처럼 큰 동물을 어떻게 훈련시키
는 걸까요? 마음만 먹으면 도망갈 수 있을 텐데 말이죠. 의외로
코끼리를 훈련시키는 방법은 아주 단순합니다. 아무리 최대 육
상 동물인 코끼리라고 해도 새끼 때는 비교적 작고 귀엽습니다.

다른 동물에 비해 크고 힘이 세지만, 새끼는 새끼라 연약하고 순진하지요. 이때가 길들이기를 시작할 적기입니다. 어린 코끼리의 발목에 쇠사슬을 감습니다. 코끼리는 그 쇠사슬이 불편해서 탈출을 시도하지요. 하지만 끙끙거리며 발을 빼려 해도 역부족이라는 사실을 깨닫게 됩니다. 여러 번의 시도 끝에 아무리 애써도 소용없다는 걸 알게 되지요. 코끼리는 이때 포기를 배웁니다. '나는 이 쇠사슬을 끊을 힘이 없구나' 하며 자신의 상황에 적응해 버리고 마는 거죠.

새끼 코끼리가 자라나면 거대한 몸집을 갖게 됩니다. 성체가 된 코끼리는 작은 집채만큼 크고 몸무게가 3~4.5톤 정도라 하니, 얼마나 튼튼할지 상상할 수 있겠죠? 그때가 되면 발목에 감긴 쇠사슬 정도는 쉽게 끊고 도망갈 수 있지요. 그런데 코끼리는 시도조차 하지 않습니다. 어린 시절 경험과 실패의 기억이 마음속 깊이 자리 잡고 있기 때문입니다. 반복되는 좌절 경험에 '나는 못해'라는 생각을 학습한 것이죠. 몸은 컸지만 마음의 힘은 여전히 아기 코끼리에 머물고 있기 때문입니다.

좌절 경험은 동물뿐 아니라 사람에게도 큰 영향을 미칩니다. 아마 '수포자'라는 단어를 한 번쯤 들어보셨을 겁니다. '수학 포기자'의 줄인 말이지요. 저 역시도 수포자 중 하나였습니다. 아니, 엄밀히 말해 공부를 포기한 '공포자'였죠. 저는 한국 사람들이 꺼려하는 빠른 연생입니다. 법적 생일이 2월이어서 같은 해에 태어난 다른 친구들보다 일 년 일찍 초등학교에 입학하게 되었죠. 그러니 발달 수준이 같은 반 친구들에 비해 한참 느렸을 겁니다. 수업을 들어도 이해가 되지 않아서, 책상에 앉아 하루 종일 뭘 했는지도 모르고 학교를 다녔습니다. 당연히 날이 갈수록 저는 공부와 점점 멀어지게 되었지요. 그렇게 중학생이 되자 저와 친구들의 성적 차이는 더욱 커졌습니다. 격차가 커질수록 좌절감이 심해졌고, 결국 저는 공부와 '절교' 선언을 하게 됩니다.

이렇게 '해도 안 될 거야'라는 생각을 품고 시도조차 하지 않는 것을 무기력감이라고 합니다. 좌절 경험을 통해 얻게 된 무기력감을 '학습된 무기력'이라고 부르고, 학습된 무기력은 또 다른 말로 '우울증'이라고 부르지요. 코끼리가 풀리지 않는 쇠사슬에 지쳐갔던 것처럼, 제가 시험지를 채점할 때마다 좌절했던 것처럼, 도전에 대한 실패가 거듭되면 할 수 없다는 마음이 학습됩니다. 마음에 새겨진 무기력감은 성장해서 극복할 수 있는 힘을 가지게 된 때에도 용기와 의지를 갉아먹습니다. 마음속에서 끊임없이 '넌 아직도 해내지 못할 거야. 그러니까 아무것도 하지 마. 모두 포기해' 하고 속삭이는 것이죠. 충분히 쇠사슬을 끊을 힘이 생겼지만 아무것도 하지 않는 코끼리처럼, 저는 충분히 공부할 능력이 생겼지만 아무것도 하지 않는 아이가 되었습니다. 자라난 나의 모습, 변화된 나의 모습은 간과한 채 말입니다.

무기력감으로부터 도망갈 수 있는 방법은 정녕 없는 걸까요?

공포자가 된 열여섯 살 청소년. 저는 매일 집에서 놀고먹었습니다. 그러다 문득 무료해졌죠. 공부라도 하고 싶은 지경에 이르자 엄마와 상의해 아파트 단지 공부방에 등록했습니다. 공부방에 간다고 특별히 달라지는 건 없었습니다. 자습하고 쪽지시험을 보는 게 전부였는데, 자습하는 법을 모르니 쪽지시험은 늘 빵점이었습니다. 한 시간 동안 책상 앞에 멍하니 앉아 있다가 '0점'이라고 쓰인 시험지를 들고 터덜터덜 돌아오는 게 일상이었지요. 그러던 어느 날은 그 자습 시간도 무료하게 느껴졌습니다. 너무 심심해서 영어 단어나 한번 외워볼까 하는 생각마저 하게 되었죠. 시간이 남아도니 하나를 외우고 또 하나를 외우고, 그렇게 단어 열 개를 외웠습니다. 그리하여 처음으로 단어 쪽지시험에서 100점을 맞게 되는 역사상 전례 없던 일이 일어납니다.

어안이 벙벙했습니다. 내가 시험을 100점 맞았다고? 누군가는 비웃을지도 모르겠습니다. 고작 영어 단어 열 개 외우고 공부방 쪽지시험에서 100점 맞은 일일 뿐이니까요. 하지만 저에게는 이것이 제 인생의 첫 성공 경험이었습니다. 작지만 소중한 경험이었죠. 이 일을 계기로 생각이 변하게 됩니다. '난 영어 단어 열 개를 외울 수 있다. 가만, 열 개씩 열 번을 외우면 백 개를 외울 수 있는 건가? 좋았어!' 제 인생에도 드디어 희망의 빛이 비친 것이죠. 그 뒤로 공부를 시작한 저는 독학으로 대학에 갈 수 있었습니다. 반에서 꼴등을 하고 고등학교도 제대로 나오지 못한 제가, 이제 대학에서 학생들을 가르치는 사람이 되었지요.

저는 어떻게 무기력감에서 벗어날 수 있었을까요? 무기력감에서 벗어나는 방법은 생각보다 단순합니다. 아주아주 작은 성공 경험을 해보면 되는 것입니다. 남들에게는 하찮아 보일 수 있는 사소한 경험 말입니다. 한 번의 성공 경험은 그동안 내 발목을 감싸고 있던 어린 코끼리의 쇠사슬을 끊어줍니다. 그리고 서커스단이 아니라 원하는 어디로든 갈 수 있을 만큼 내가 자랐다는 사실을 깨닫게 해줍니다. '할 수 없다'는 생각이 '이만큼은 할 수 있다'는 생각으로 바뀌고, '이만큼 할 수 있다면 그보다 더 해볼 수도 있을 것이다'라는 도전의식도 이끌어내지요.

tvN 드라마 「사이코지만 괜찮아」에는 사이코패스 성향을 가진 동화 작가 고문영이 등장합니다. 그녀의 동화 『봄날의 개』는 이런 이야기를 담고 있지요. 옛날 어느 마을에 어린 개 한 마리가 살았습니다. 마을 정자나무 밑에 묶여 생활하던 그 개에게는 한 가지 소원이 있었습니다. 바로 목줄을 끊고 자유롭게 뛰노는 것이었죠. 하지만 목줄을 끊을 수 없다고 생각해서 밤마다 낑낑 슬프게 울었답니다. 하루는 개의 마음이 개에게 물었습니다. '너는 왜 목줄을 끊고 도망가지 않니?' 그러자 개가 대답하지요. "너무 오래 묶여 있어서 목줄 끊는 법을 잊어버렸어."

사실 이 동화는 고문영 자신의 이야기이기도 합니다. 어린 시절 그녀는 자기보다 더한 사이코패스 살인마 엄마에게서 정서적 학대를 당했던 것이죠. 성인이 되어서도 그녀는 엄마에게 받은 상처로부터 벗어나지 못합니다. 어린 시절 엄마가 항상 강조하던 말이 있었습니다. "너는 날 닮아 예쁘니 절대 긴 머리를 자르면 안 돼." 늘 엄마의 그늘에서 벗어나지 못하던 그녀는 긴 생머리를 고수할 수밖에 없었습니다.

그런 고문영이 문강태라는 남자와 사랑에 빠지게 됩니다. 그리고 함께 과거의 상처로부터 벗어나기 위해 조금씩 용기를 내지요. 어느 날 강태가 문영의 집에 찾아갔는데, 그녀가 보이지 않습니다. 애타게 부르니 그녀가 방에서 나오는데, 모습이 조금 달라져 있었습니다. 머리카락을 동강 자른 것이죠. 그녀는 씩 미소를 지으며 말합니다. "나 목줄 잘랐어."

우리에게 머리를 자르는 것은 정말 사소한 일입니다. TV에서 예쁜 연예인이 단발머리를 한 것을 보고 충동적으로 자르기도 하지요. 물론 정신 차리고 보면 앞의 거울 속에는 최양락 씨가 앉아 있지만, 우리는 결코 좌절하지도 오래 기억하지도 않습니다. 곧 망각하고 같은 실수를 반복하지요. 보통 사람들에게 머리를 자르는 건 이토록 하찮은 일이에요. 하지만 고문영에게는 엄청난 도전이었던 거지요. 그런데 그 도전에 성공을 하게 된 겁니다. 남들에겐 아주 사소해 보이는 일이었지만, 그녀에겐 첫 성공 경험인 셈입니다. 그녀는 그 경험을 시작으로 과거의 트라우마를 하나하나 털어낼 힘을 얻게 되지요.

당신의 발목을 붙들고 있는 쇠사슬은 무엇인가요? 당신을 꽁꽁 묶어둔 목줄은 무엇인가요? 어떤 경험이 당신을 도전하지 못하도록 붙잡아놓고 있나요? 곰곰이 생각해보세요. 당신이 아직 어리고 작았을 때, 힘이 없었을 때 경험했던 좌절이 있을 겁니다. 실패했던 기억이 있을 거예요. 하지만 지금의 당신은 그때 그 아이가 아닙니다. 몸도 마음도 훨씬 커지고 많이 자랐거든요. 예전엔 끊지 못했던 목줄을 이제는 끊을 수 있게 되었습니다. 다시 한번 도전해보세요. 아주 작은 것부터 말이에요. 남들이 비웃을 만큼 작은 과제라도 좋습니다. 남들은 신경 쓰지 말고 당신의 '첫 성공'에 집중하세요. 그리고 스스로에게 이렇게 말해주세요.

"네가 목줄을 잘라냈어. 정말 잘했어."

성숙일까, 정신 승리일까?

- 달콤한 레몬형 합리화

혹시 달콤한 레몬을 먹어보신 적이 있나요? 주변에라도 그런 분이 있다면 저에게 소개해주세요. 저는 단 한 번도 그런 레몬은 먹어본 적이 없거든요. 레몬은 굉장히 십니다. 상상만 해도 침샘 활동이 활발해지고 미간이 찌푸려질 만큼 신맛이 강력하지요. 이 글을 읽기만 해도 침이 고이지 않나요? 그런데 이런 레몬을 먹고도 달콤하다고 우기는 사람이 있습니다. 바로 '합리화 rationalization'라는 방어기제를 사용하는 사람들이지요. '달콤한 레몬형 합리화 sweet-lemon rationalization'는 내 앞에 주어진 상황이 마냥 좋지만은 않은데, 이 상황을 그저 긍정적으로 생각하는 방어기제를 의미합니다.

최은영 작가의 단편소설 「미카엘라」에 나오는 미카엘라의 엄마는 늘 감사가 넘치는 사람입니다. 김치가 잘 익어도 감사하고, 사마귀 수술이 잘되어도 감사하고, 돼지고기를 싼값에 마음껏 먹을 수 있어도 감사하지요. 그런데 미카엘라는 그런 엄마의 '감사 타령' 속에서 초라한 현실을 보았다고 고백합니다. 언제든 외식할 수 있는 사람은 외식의 기회에 굳이 감사하지 않지요. 엄마의 감사함은 현실적으로 집안 사정이 그리 좋은 편이 아니라는 반증인 것입니다.

　　미카엘라의 엄마는 전혀 감사할 수 없는 상황에서도 감사하는 모습을 보입니다. 남편이 사회문제에만 관심이 많아 가족을 전혀 돌보지 않아도, 세상에는 그런 사람도 필요하다고 하지요. 그러다 결국 남편은 교도소에 들어가고, 엄마가 대신 가장이 되어서 돈을 벌게 됩니다. 그래도 엄마는 이 모든 상황이 감사하다고 합니다. 그런 모습을 보며 미카엘라는 차라리 엄마가 불만을 터뜨리길 바랍니다. 아버지가 떠나서 너무 힘들다고, 집안이 가난해서 너무 지친다고, 그렇게 서로 부둥켜안고 펑펑 울어버리면 마음이라도 조금 편해지지 않겠냐고 말이죠.

　　비 온 뒤에 땅이 더 굳어진다는 말이 있습니다. 사업에 실패하고 인생 공부했다고 여기는 것, 사랑하는 사람과 헤어지고 마음이 한결 성숙해졌다고 생각하는 것 등이 다 그런 경우입니다. 우리는 어려운 일을 통해 많은 것을 배우고, 배운 것을 통해 의미를 얻을 수 있지요. 실패로 인한 성숙은 중요합니다. 하지만 그것보다 더 중요한 것이 있습니다. 성숙하기 전에 먼저 해야 할 일입니다. 무엇이냐고요? 바로 내 마음을 알아주는 일이지요.

이제 막 걸음마를 뗀 아기가 침대에서 장난치다가 바닥으로 떨어졌습니다. 이마에 피가 나고 다리를 절뚝거립니다. 그런데 부모님이 "오늘의 넘어짐을 통해서 더 성숙하게 될 거야" 하고 돌아선다면 아기는 어떻게 될까요? 상처가 덧나고 흉이 질 수 있 겠죠. 머리를 크게 다쳤을지도 모르고 어디 뼈에 금이 갔을 수도 있는데 치료 시기를 놓치게 됩니다. 그러니 잘 살펴보고 피가 난 다면 닦아주고, 상처에 연고를 발라주고, 반창고를 붙여줘야 합 니다. 물론 심각한 상황에는 병원에 가야 하고요. 아이가 다쳤을 때 가장 먼저 해야 할 일은 성숙을 기대하는 것이 아니라, 우는 아이를 안아주는 일이지요. 얼마나 아픈지, 다친 곳은 없는지 살 펴봐야 합니다. 피가 난다면 닦아주고, 연고를 발라주고, 반창고 를 붙여줘야 합니다. 심각한 상황이라면 병원에 가야 하지요. 별 것 아닌 사고일 수도 있지만 큰일이 났을지도 모르거든요. 힘든 것을 알아주고, 살펴봐주는 것이 먼저입니다. 다치지 않아야 하 니까요. 덧나지 않아야 하니까요.

비단 아기들의 성숙 문제만은 아닙니다. 다 큰 우리의 마음도 마찬가지죠. 실패는 마음을 아프게 하고 상처를 냅니다. 하지만 우리는 그 상처를 별것 아닌 것으로 치부합니다. 괜찮지 않은데 괜찮다고 하고, 아픈데 아프지 않다고 합니다. 다친 마음을 우리가 지각할 수 없는 무의식 속으로 숨겨버립니다. 당장에는 얼렁뚱땅 넘어갈 수 있겠지만, 치료되지 않은 상처는 보이지 않는 곳에서 곪아 마음을 취약하게 만듭니다. 그래서 비슷한 사건이 다시 일어나면 우리는 무너지고 맙니다. 이미 다친 상처 때문에 견뎌내지 못하는 것이죠.

사람들은 자기 자신의 마음을 잘 알고 있다고 자부합니다. 사실 그렇지 않은 경우가 더 많은데도 말이죠. 자기도 모르게 스스로를 보호하기 위해 방어기제를 사용하고, 그 방어기제를 진짜 속마음으로 착각합니다. 그래서 힘든 상황도 힘든지 모르고 외로운 상황도 외로운지 모르고 버텨나가지요. 부정적인 면을 인정하지 않으면서 말입니다.

사람들이 자신의 부정적인 면을 똑바로 보지 못하는 이유는, 자신의 불행을 인정하고 싶지 않기 때문입니다. 스스로가 그 감정을 인정하는 순간 정말 불행한 사람이 되는 것 같아서죠. 남들이 나를 하찮게 볼까 봐 걱정되고 자존심도 상하지요. 그래서 자기도 모르게 아닌 척합니다. 시큼한 레몬이 달콤하다고 하는 것처럼 불행하지 않은 척하는 선에서 그치는 게 아니라, 의미 있게 포장하기도 하지요. 그러고는 이런 포장을 '감사하는 마음'으로 착각합니다. 이번 기회를 통해 성숙했다고 스스로를 속이지요.

내 마음을 충분히 위로하고, 그 문제로부터 온전히 회복한 후에 의미를 부여해야 진정한 성숙에 이르게 됩니다. '난 아프지 않아. 힘들지 않아. 나는 더 강해질 거야!' 이렇게 스스로를 밀어붙여서는 성숙할 수 없습니다. 상처를 무의식 속에 숨겨놓고 그럴싸한 의미를 부여하는 것은 방어기제일 뿐입니다. 아무리 근사한 포장지로 감싸놓아도 시고 쓴 레몬이 달콤한 꿀로 변하지는 않지요. 우리 마음의 상처도 마찬가지입니다. 그럴싸하게 의미를 부여한다고 해서 본질이 변하는 것은 아니지요.

상처를 회복하는 방법은 생각보다 간단합니다. 힘들다는 것을 인정받으면 되는 것입니다. 바로 공감이죠. "그랬구나. 정말 힘들었겠다." 이 한마디에 마음속에 굳어져 있던 응어리가 풀리는 기분, 느껴본 적 있지 않나요? 그런데 이 반응을 얻기 위해서는 먼저 내 이야기를 해야 합니다. 솔직하게 내가 먹은 레몬이 정말 시다고 털어놓아야 하는 것이지요. 자존심을 지키려고 내 레몬은 정말 달콤하다고 말하면서 누군가가 내 마음을 알아주길 바라서는 안 됩니다. 사람들은 독심술사가 아니니까요.

물론 이야기를 털어놓으려고 해도 상황이 여의치 않을 때도 있습니다. 내 이야기를 들어주는 사람이 없을 때, 아무도 나를 위로해주지 않을 때, 망설이다 겨우 말을 꺼냈는데 오히려 무심한 반응이 돌아와 더 상처를 받을 때가 있지요. 하지만 이런 반응은 당신이 미워서 나온 것이 아닙니다. 그들이 무심한 것은 각자의 삶이 치열하기 때문이지요. 그들 역시 자신의 이야기를 들어줄 누군가가 필요한, 상처를 안고 살아가는 사람들일 뿐입니다.

그럼 어쩌라는 말일까요? 공감을 받아야 하는데, 사람들은 공감을 해줄 수가 없다니 말입니다.

세상에 아무도 내 편이 되어줄 수 없는 상황에도, 여전히 내 편이 되어줄 단 한 사람이 있습니다. 바로 나 자신입니다. 나 스스로에게만 솔직해져도 우리는 위로받을 수 있거든요. "많이 힘들지? 그래, 지치고 어려울 거야. 많이 애쓰고 있는 것 알아. 애써 괜찮다고 할 필요 없어. 괜찮지 않은 상황이니까 힘들 땐 힘들다고 이야기해도 돼." 이렇게 스스로를 토닥여주세요. 실패로 무언가를 깨닫는 것, 어려움을 딛고 일어서는 것은 다음 문제입니다.

성숙일까, 정신 승리일까? 지금 여러분의 마음을 한번 들여다보는 시간을 가져보세요. 아픔을 인정하고 더 나은 것을 바라보면 성숙입니다. 아프지 않다고 현실을 부정하고 상처를 포장하면 합리화, 즉 정신 승리지요. 합리화는 성숙을 불러오지 않습니다. 그럴듯한 포장만 해댈 뿐이지요. 그러니 많이 애쓰고 수고했다고 스스로를 토닥여주세요. 무의식에 숨어 있던 상처가 조금씩 나아질 것입니다. 그리고 당신의 마음속에서 진정한 성숙이 일어날 것입니다.

엎질러진 물을 주워 담고 싶은 순간에

_ 취소

　혹시 되돌리고 싶은 순간이 있나요? 헤어진 애인에게 '자니?' 메시지를 남겼을 때, 새벽에 올린 감성 글을 지우려고 보니 이미 조회 수가 1000이 넘었을 때, 술 취해 직장 상사에게 욕했을 때, 험담 메시지를 당사자에게 보냈을 때, 웃기려고 날린 '드립'에 갑자기 분위기가 싸해졌을 때, 사람 많은 버스 정류장에서 큰절하며 넘어졌을 때, 발표를 끝내고 열려 있는 바지 지퍼를 발견했을 때, 좌식 식당에 갔는데 양말에 구멍이 났을 때 등 셀 수도 없다고요? 뭐, 괜찮습니다. 살다 보면 시간을 되돌리고 싶은 일들이 생기기 마련이지요.

　어쩔 수 없는 상황 때문에 혹은 실수로, 원하지 않는 행동을 하게 되는 순간이 있습니다. 우리는 그 순간이 지나면 곧 후회와 회한으로 머리를 쥐어뜯게 되지요. 그럴 때 무의식은 나를 보호하기 위해 방어기제를 사용합니다. 이미 엎질러진 물을 주워 담지 못해 괴로울 때, 이를 되돌리고 싶어서 나타나는 방어기제가 바로 '취소undoing'입니다. 취소란 내가 했던 행동으로 인해 죄책감이 생기거나 불안해질 때, 심리적 불편감을 없애기 위해 그 행동을 만회하려는 무의식적 시도를 하는 것입니다.

감정이 격해지면 가족을 때리는 사람들이 있습니다. 그들은 홧김에 배우자를 폭행하고는, 오래지 않아 죄책감을 느끼고 자신의 행동을 되돌리고 싶어 합니다. 다음 날 애정 표현과 선물 공세를 퍼붓고 다정하게 대해줍니다. 피해자들은 그들이 변했다고 착각하고 희망찬 미래를 꿈꾸다가 다시 가정폭력을 겪는 악순환에서 벗어나지 못합니다. 그러니까 가정폭력을 자행한 사람이 보인 변화는 사실 변화가 아니라, 일종의 방어기제입니다. 죄책감과 괴로움으로부터 벗어나기 위해 만회할 만한 행동을 하는 것일 뿐이지요. 이들은 감정이 격해지면 다시 과거와 같이 폭력적인 모습을 보이게 됩니다.

취소는 비단 가정폭력범에게서만 보이는 것이 아닙니다. 평범한 부모들에게서도 종종 나타나지요. 아이를 키우다 보면 참기 어려운 날들이 생깁니다. 어떤 날엔 소리를 빽 지르거나 엉덩이를 퍽 하고 때리게 되기도 하지요. 그러고 나서 울다 지쳐 잠

들어 있는 아이의 모습을 보면 마음이 먹먹해집니다. 끔찍한 죄책감에 빠지게 되지요. 아이가 뭘 안다고 그렇게 모질게 굴었을까 후회하며, 아이의 머리와 볼을 쓰다듬고 안아줍니다. 다음 날에는 아이가 가장 좋아하는 반찬을 만들어주고, 평소 가지고 싶다고 했던 장난감도 사줍니다. 하지만 이건 마음속의 불편함을 해소하고 싶은 방어기제가 발동한 것일 뿐, 변화된 모습이 아니지요.

때로 취소는 상징적인 행위로 나타나기도 합니다. 다음은 김연수 작가의 소설 『파도가 바다의 일이라면』의 한 장면입니다.

조선소에서 파업이 시작되자, 그 핑계를 대고 아버지는 거처를 진남호텔로 옮겼는데, 그게 벌써 일 년 전의 일이었다. 나와는 열 살밖에 차이나지 않는 그 여자와 함께 지냈다. 나는 두 사람의 미소가 역겹다고 생각했지만, 그걸 한 번도 티 낸 적은 없었다. 티 내지 않고 얌전히 저녁 식사를 먹으면 아버지는 내게 용돈을 줬다. 보통은 십만 원짜리 자기앞수표였지만, 생일이나 시험 성적이 좋다거나 뭐 그런 특별한 날에는 백만 원짜리 수표를 건넸다. 하지만 그날은 별다른 일도 없었는데 아버지는 백만 원짜리 수표를 내밀었다. 어쩌면 너무 빨리 술을 마셨기 때문일지도 몰랐다. 수표를 바지 앞주

김연수, 『파도가 바다의 일이라면』, 문학동네, 2015, p.268

소설 속 아들은 어린 시절 어머니를 여의고 그리워합니다. 그 래서인지 젊은 여자와 사랑에 빠진 아버지의 모습에 환멸감을 느낍니다. 자신의 속마음을 겉으로 드러내지는 않지만요. 조선 소를 운영하는 아버지는 돈이 많습니다. 아버지는 자기가 만나 는 젊은 여자와의 식사 자리에 아들이 의무적으로 참석하고 별 다른 문제를 일으키지 않으면 용돈을 줍니다. 그날도 그런 날 중 하나였습니다. 아들은 아무렇지도 않은 척 식사를 합니다. 그리 고 용돈을 받지요. 그날은 어쩐지 아버지가 평소보다 더 많은 액 수의 용돈을 줍니다. 아들은 그 돈을 받은 후 화장실로 가 손을 여러 번 씻습니다. 갑자기 손을 씻은 이유가 무엇일까요?

아들은 아버지가 돌아가신 어머니를 배신하고 새로운 여자, 그것도 자기와 나이 차이도 크게 나지 않는 여자와 만나는 것을 역겨워합니다. 하지만 그에 대해 저항 한번 하지 못합니다. 아니, 안 하는 것이지요. 심지어 아버지의 '새 여자'와 한자리에 앉아 얌전히 식사를 하고 용돈을 받기도 합니다. 아들은 그 자리가 얼 마나 불편했을까요? 그 용돈을 받고는 얼마나 자괴감을 느꼈을 까요? 아들은 돈 때문에 현실과 타협했다는 사실을 인정하기 싫 었을 겁니다. 돈을 받은 행동을 만회하고 싶었겠지요. 하지만 용돈을 되돌려 줄 용기도, 앞으로 이런 자리에 참석하지 않을 자신도 없습니다. 그래서 돈을 받은 행위를 취소하기 위한 상징적인 행동을 하게 됩니다. 바로 돈을 쥐었던 손을 깨끗이 닦는 것이지요. 손을 닦는다고 자신의 행동이 사라지는 것은 아니지만, 손을 물리적으로 청결하게 함으로써 마음의 안정감을 얻으려는 것입니다.

취소의 방어기제가 상징적 행동을 통해 나타나는 경우는 흔히 볼 수 있습니다. 기분 나쁜 일을 겪고 옷에서 먼지를 털어내는 경우, 거짓말을 하고 양치를 하는 경우, 재수 없는 일을 겪고 집 앞에 소금을 뿌리는 경우 등이 있지요. 조선의 제21대 왕 영조는 부정한 말을 들었을 때 귀를 씻었다고 합니다. 영화 「사도」에서도 볼 수 있는 장면이죠. 영조는 자신이 미워하는 사도세자가 문안 인사를 하자 대충 인사를 받고는 곧장 귀 씻을 물을 대령하라고 합니다. 아들인 사도세자를 얼마나 싫어했는지를 알 수 있는 대목이지요.

이렇게 특별한 행동을 동원하지 않더라도 우리는 쉽게 취소의 방어기제를 사용합니다. 아무 생각 없이 "이러다 병 걸리는 거 아니냐", "망하는 거 아니냐", "시험에 떨어지는 거 아니냐"와 같은 재수 없는 소리를 했다가 이내 침을 퉤퉤 뱉고 뭐라고 하나요? 하늘을 보며 "취소! 지금 한 말 취소예요!"라고 외치지요.

취소의 사용이 근본적인 문제를 해결해주지는 못합니다. 순간적인 마음의 불편함을 해소해줄 뿐이지요. 후에 똑같은 상황을 마주할 때 우리는 또 불편함을 느끼게 될 거예요. 그러면 또 취소 행동을 하게 되겠지요. 그런데 그게 반복되면 강박행동 compulsion이 될 수도 있어요. 구체적으로 말하자면, 지나치게 손을 씻거나, 양치를 하거나, 청소를 하거나, 물건의 줄을 맞추게 될 수도 있다는 말이지요.

엎질러진 물은 되돌릴 수 없습니다. 손으로 긁어모을 수도 없고, 긁어모을 수 있다 해도 물은 이미 바닥의 먼지에 오염된 뒤입니다. 하지만 엎지른 물을 깨끗이 닦아내며 실수해서 미안하다고 말할 수 있는 용기, 앞으로 물을 흘리지 않게 조심하는 마음은 가질 수는 있습니다. 용기 내 행동하고 반복하지 않으려고 노력한다면, 우리 자아는 방어기제에 의지하지 않고 더 건강해질 수 있지 않을까요?

CHAPTER 3

그 사람을 어떻게 이해해야 할까요?

그 사람 웃는 거,
사실 불안해서 그래

— 반동 형성

　여러분은 자주 소리 내 웃으시나요? 여기에 시도 때도 없이 웃는 한 여자가 있습니다. 바로 정세랑 작가의 소설 『피프티 피플』에 등장하는 선미입니다. 선미는 남편 우남이 귀에 큰 벌이 들어가서 응급실에 다녀왔다는 이야기를 해도 크게 한바탕 웃은 뒤에 정말 아팠겠다고 한마디 합니다. 귀에 벌이 들어가서 몇 시간을 윙윙거리며 침으로 쏘았다는데, 배우자가 웃으면 어떨까요? 썩 유쾌하진 않겠지요. 하루는 우남이 회사에서 명예퇴직을 권유받았는데도, 선미는 역시 미친 듯이 웃고 나서야 그 회사에 남편이 얼마나 지대한 공헌을 했는지 짚었지요. 인생을 좌지우지할 수 있는 엄청난 사건에 대해 인생의 동반자가 이렇게 웃어버린다면 얼마나 서운할까요?

감정 표현은 일종의 사회적 신호입니다. 상황에 적절하지 않은 웃음은 상대방의 마음을 상하게 할 수 있고, 그 사람의 마음을 이해하는 것을 방해할 수 있습니다. 선미는 그럼에도 불구하고 왜 이렇게 부적절하게 웃는 걸까요? 부적절한 웃음이 나오는 데는 여러 가지 이유가 있을 수 있겠지만, 여기서는 프로이트의 정신분석 이론으로 접근을 해보려고 합니다.

선미는 대단한 집안 딸로 태어나서 대단한 집안 아들에게 시집을 갔는데, 처음에는 그럭저럭 굴러가는 결혼이었지만 아이가 생기지 않자 사태가 급변했다. 시어머니의 친구가 하는 산부인과에 갔는데 선미에게 문제가 있다는 걸로 결론이 났다. 가끔 선미는 다른 병원에 갔어도 같은 이야길 들었을까, 요즘 의학이면 어떻게 해볼 수도 있지 않았을까 궁금해한다. 하여간 그래서 그 시절, 선미가 입양을 제안하자 남편 집안에서는 난리가 났다. 우리 집안이 어떤 집안인데 피도 안 섞인 애를 데려오느냐며 버럭하더니 한 달 만에 시골에서 웬 아가씨가 왔다. 셋이 살면서 아이를 만들라고 했다. 몰래 만들면 된다고, 어디까지나 비즈니스로 생각하라고 했는데 그때 선미는 그러면 안 되었지만 자기도 모르게 마구

웃어버렸다고 한다. 우남은 그 이야기를 듣고 아내의
부적절한 웃음이 시작된 게, 터져 나온 게 그 순간이 아
닐까 속으로 의심했다.

정세랑, 『피프티 피플』, 창비, 2016, p.74

이 장면을 보고 저도 모르게 입 밖으로 "미친!"이라는 소리가
튀어나와 버렸습니다. 너무 황당했거든요. 남녀가 사랑해서 가
정을 이루었는데, 아이가 생기지 않는다고 새로운 여자를 데려
오다니요. 지금이 무슨 조선시대도 아니고, 현대판 씨받이입니
까? 소설을 읽는 독자 입장에서도 이렇게 화가 나는데, 당사자는
얼마나 화가 날까요? 물론 소설 속 인물이지만 말이죠. 우리는
때때로 너무 화가 나면 어이가 없어서 웃음이 납니다. 소설 속 선
미도 그랬던 것 같아요. 시어머니의 제안이 너무나도 기가 막혀
서 화 대신 오히려 웃음이 터져버린 거지요. 하지만 그 이후에도
상황에 맞지 않는 기묘한 웃음이 계속된 이유는 무엇일까요?

누구나 한번쯤 이런 경험이 있을 겁니다. 기분이 너무 울적한
데 미친 듯이 오버하면서 장난을 친다거나, 화가 나는데 되레 기
분 좋은 것처럼 쾌활하게 웃는다거나 했던 경험 말이죠. 북적북
적한 모임에서 웃고 떠들고 집으로 돌아온 뒤에 침대에 풀썩 드
러누워서 서러움과 허무함이 몰려오는 것을 느껴본 적 없으신가
요? '나는 기뻤던 걸까, 슬펐던 걸까?' 혼란스러운 감정에 빠져본

적은요? 내 감정과는 반대의 행동을 하면서 나 조차도 내가 이해가 안 될 때, 그럴 때 있으시죠? 저도 있습니다. 실제로는 울고 있으면서 친구에게 'ㅋㅋㅋ' 같은 메시지를 보낸 적도 있지요. 누구나 한 번쯤은 경험해봤을 아이러니한 이 행동. 도대체 우리는 왜 이러는 걸까요?

프로이트는 이런 게 다 불안 때문이라고 이야기합니다. 앞서 말했듯이 우리의 마음속에는 완벽한 사람이 되고 싶어 하는 초자아와 하고 싶은 대로 하며 살고 싶어 하는 원초아가 있습니다. 둘은 서로 반대되는 성향을 가지고 있어서 끊임없이 갈등합니다. 사람은 완벽해질 수 없고, 그렇다고 또 제멋대로 살 수도 없으니, 그 둘을 잘 조율해줘야 합니다. '괜찮아. 너무 완벽하지 않아도 돼. 하지만 하고 싶은 대로 다 하고 살 수는 없는 거야. 어느 정도는 참으면서 살아야지?' 이런 역할을 하는 것이 바로 자아지요. 자아가 건강하게 성숙한 사람은 마음에 큰 문제가 생기지 않아요. 완벽해지고 싶은 마음과 멋대로 하고 싶은 마음이 갈등할 때 자아가 나서서 잘 해결을 하거든요.

마음이 미성숙해서 자아가 힘이 없는 사람들의 경우에는 얘기가 좀 달라집니다. 초자아와 원초아가 갈등할 때, 자아가 이걸 해결해내지 못할 것 같아서 마구 흔들리지요. 내일 중요한 발표를 앞두고 있다고 생각해볼까요? 사람들 앞에서 완벽하고 근사하게 발표를 하고 박수를 받고 싶습니다. 그러려면 오늘 밤은 한

숨도 자지 않고 꼴딱 새워야 합니다. 초자아가 원하는 상황이지요. 좋은 사람, 완벽한 사람이 되기 위해, 인정받기 위해 몸부림을 칩니다. 하지만 발표를 준비하는 일은 사실 귀찮아요. 시간은 이미 늦었고, 졸음이 밀려오는 상황에서 푹신한 침대가 자꾸 유혹하지요. '괜찮아. 내일 새벽에 일어나서 준비하면 돼. 일단 5분만 눕자!' 이건 본능에 충실한 원초아가 원하는 상황입니다. 자아가 건강한 어른은 이 상황을 잘 조율합니다. '밤을 새울 만큼 너무 완벽하게 준비할 필요는 없지만, 그래도 어느 정도는 대비를 해놓고 자는 게 좋겠지?' 이런 생각으로 조금이라도 발표 준비를 한 뒤에 잘 수 있는 시간을 계산합니다. 준비를 어느 정도 끝마치고 내일 아침에 훑어볼 분량을 조금 남겨놓습니다. 자아가 상황에 맞게 적절하게 조율하는 거지요. 하지만 자아가 건강하지 않은 사람은 갈등만 합니다. '잘까 말까, 잘까 말까' 하면서 마음만 불편해집니다. 그냥 자기엔 찝찝하고, 그렇다고 준비하기엔 졸리고 귀찮고, 시간은 시간대로 흘러가고, 결국 기분만 상하게 되지요. 그러다 막상 발표가 코앞에 다가오면 어떻죠? 네, 불안해져요. 제대로 준비가 되지 않았는데 잘하고 싶은 마음은 있으니까 '발표 불안public speaking anxiety'이 오는 거예요.

프로이트에 따르면, 이처럼 원초아와 초자아가 갈등하는 상황에서 해결이 잘 나지 않을 때 '불안'을 느낀다고 합니다. 발표 불안의 그 불안 말이죠. 불안하면 어떻게 해야 할까요? 상황에 맞서 싸워야지요. 문제를 정면으로 돌파해야 합니다. 하지만 우리는 히어로가 아니어서 모든 상황을 이겨내지 못할 때가 많습니다. 노력해도 극복할 수 없는 날도 있지요. 현실적으로 해결이 안 되는 상황이거나 자아가 건강하지 못해서 주저앉게 되기도 합니다. 이럴 때 우리 마음은 어떤 결정을 내릴까요? 현실을 왜곡해버립니다. 감정을 있는 그대로 받아들이지 않고 방어기제를 사용합니다. 다양한 방어기제 중 『피프티 피플』의 선미의 모습처럼 자신의 속마음과 정반대로 행동하는 것을 '반동 형성reaction formation'이라고 부릅니다. 시어머니가 아이를 만들라며 새로운 여자를 데리고 왔을 때, 그녀의 감정은 어땠을까요? 크게 분노했을 거예요. 자아가 감당하기 어려울 만큼 충격적인 상황에서, 선미의 초자아는 좋은 사람으로 비춰지길 바랐고 원초아는 다 때려치우고 집에서 나오길 바랐을 겁니다. 깊고 끊임없는 갈등 뒤에도 정답은 나오지 않았겠지요. 이런 상황에서 선미는 자신의 감정 자체를 부정해버리고 방어기제를 씁니다. 그냥 웃어버리게 된 겁니다. 그녀는 문제를 직면해서 해결하지 못하고 방어기제를 사용한 후부터, 감당하기 어려운 부정적인 상황에 맞닥뜨릴 때마다 부적절한 웃음을 내비치게 된 것이죠.

앞서도 언급한 적이 있는 JTBC의 드라마 「청춘시대」에는 지원이라는 귀여운 변태 캐릭터가 등장합니다. 그녀는 자주 친구들에게 구박을 받는데, 그 이유는 무슨 말을 할 때마다 '기승전

야한 이야기'로 마무리하기 때문입니다. 친구들과 함께 사는 셰어하우스에서 아무렇지도 않게 야한 동영상을 보는가 하면, 자기는 취업을 못해도 좋으니 남자랑 자는 것이 소원이라는 막말까지 하고 다닙니다('모태 솔로'라는 것이 포인트지만요). 그런 이야기를 하도 아무렇지도 않게 하고 다니니까, 하루는 술자리에서 한 남자 선배가 지원의 손목을 잡아끌고 밖으로 나갑니다. 그렇게 남자랑 자고 싶으면 자기하고 같이 나가자고요. 지원이 간절히 바라던 소망이 이루어질 역사적인 순간입니다. 그런데 그녀가 갑자기 그 자리에서 기절을 하고 맙니다. 왜 그랬을까요?

알고 보니 지원에게는 안타까운 사연이 있었습니다. 그녀는 초등학생 시절까지 수줍음이 많고 얌전한 아이였는데, 어느 날 미술실 앞을 지나가다가 남자 선생님이 친구를 성추행하는 장면을 목격한 것입니다. 큰 충격에 빠진 지원은 그날 본 장면을 무의식 깊은 곳에 억압하고 기억을 잃어버립니다. 그러고는 자기답지 않은 모습을 보이지요. 얌전하고 순하던 아이가 지나치게 시끄럽고 말썽부리는 엉뚱한 아이로 변하게 된 겁니다. 성인이 되어서는 성적인 것에 굉장히 개방적이고 관심이 많은 사람처럼 자신을 꾸밉니다. 사실은 성에 대해 극도의 거부감을 가지고 있었지만, 오히려 성을 좋아하는 사람인 양 반대되는 행동을 한 거죠. 그러다 실제로 자신에게 그런 일이 벌어질 위기에 맞닥뜨리자, 숨겨져 있던 마음이 감당하지 못하고 셔터를 내려버린 것입니다.

반동 형성이 나타나는 유형은 다양합니다. 아이들에게 좋아하는 사람이 생기면 어떻게 하나요? 진지하게 고백하거나, 다정하게 대해주고 선물을 주나요? 그렇지 않습니다. 오히려 괴롭히지요. 때리고 꼬집고 놀립니다. 좋아하는 사람에게 왜 그럴까요? 불안해서 그렇답니다. 내가 쟤를 좋아하는 것을 친구들이 알아채면 얼레리꼴레리 놀릴 테니까요. 그래서 일부러 짓궂게 구는 겁니다. '나는 쟤를 좋아하지 않아!' 스스로 주문을 걸면서요.

성인이 되어서도 별반 다르진 않습니다. 드라마를 보면 항상 나오는 장면이 있어요. 맨날 싸우고 아웅다웅하던 그 사람, 별 매력도 없던 그 사람이 갑자기 신경 쓰이기 시작하고 눈만 감으면 자꾸 생각납니다. 하지만 그 감정을 부정하고 싶죠. 고개를 흔들며 내가 미쳤나 하고 마음을 가다듬습니다. 그때 갑자기 친구가 걔 좋아하냐고 놀리면 어떻게 반응하죠? 완전 오버하잖아요. "뭐래! 걔 절대 내 스타일 아니야!" 강한 부정은 강한 긍정이라는 말, 정말이지 참인 것 같습니다. 어린이였을 때나 어른이 되었을 때나, 좋아하는 사람을 오히려 미워하는 척하는 건 마찬가지입니다. 때로는 반대되는 경우도 있습니다. 싫어하는 사람에게 친절하게 굴고, 깍듯하게 대하기도 하지요. 징글징글하게 생각하는 대학원 지도교수의 장점을 애써 찾아 자랑하고, 새어머니나 새아버지에게 차가운 분노를 품고도 극도로 예의 바르게 대합니다. 미움이 숨어 있는 본심이 드러날까 봐 오히려 반대로 행동하는 것이지요. 이런 모습들은 다 반동 형성으로 볼 수 있습니다.

우리는 눈에 보이는 것을 그대로 믿는 경향이 있습니다. 밝게 웃는 사람은 아무 걱정 없이 행복해 보여서 주변에서 별 관심을 주지 않습니다. 때로는 여유 있어 보이는 그 사람에게 나의 아픔을 표현하고 기대려고도 합니다. 하지만 보이는 것이 전부가 아닐 때도 있습니다. 지금 웃고 있는 그 사람, 사실 많이 아프거나 힘들지도 모릅니다. 불안해서 더 크게 웃고 있는지도 모르지요. 그러니 이제 한번 물어봐주세요. 환하게 웃고 있는 이에게, 오늘 당신의 마음은 건강하냐고 말이지요.

내 기억을 믿지 마세요

_ 오정보 효과

아이들을 사랑하는 한 남자가 있었습니다. 그는 어느 시골 마을의 유치원 선생님이 되었지요. 진심 어린 선생님의 사랑 덕분에 아이들은 행복해졌습니다. 선생님도 아이들의 사랑을 듬뿍 받았지요. 그러던 어느 날, 한 여자아이가 이런 말을 합니다. "저는 그 선생님이 싫어요. 고추가 단단한 막대기 같아요." 아이의 고백에 마을 사람들은 큰 충격에 빠집니다. 사건의 진상을 파헤치기 위해 경찰이 동원되었지요. 혹시 또 다른 피해자가 있을까 봐 아이들을 한 명씩 불러 이야기를 나눠봅니다. 놀랍게도 아이들이 공통된 증언을 합니다. "선생님 집 지하실에서 나쁜 짓을 당했어요." 선생님은 정말 아이들에게 진심인 척 연기를 한 변태

였던 걸까요? 마을 사람들은 그를 대놓고 경멸하기 시작했습니다. 만나기만 하면 욕하고, 때리고, 심지어 그가 키우던 개까지 잔인하게 죽여버립니다. 이 충격적인 이야기는 「더 헌트The Hunt」라는 영화의 줄거리입니다. 그런데 영화의 마지막에 놀라운 반전이 기다리고 있습니다. 아이들의 증언과 달리 선생님의 집에는 지하실이 없었던 것이죠. 더욱 충격적인 사실은 이 무시무시한 스토리가 실화를 바탕으로 하고 있다는 겁니다. 아니, 이 남자가 대체 뭘 그렇게 잘못했기에 아이들은 그런 끔찍한 거짓말을 지어낸 걸까요?

우리는 아이들의 말이라면 일단 믿고 보는 경향이 있습니다. 아이들은 순수하니까, 거짓말하지 않으니까요. 거짓말은 어른들의 전유물쯤으로 여깁니다. 과연 그럴까요? 사실은 그렇지 않은 경우가 더 많습니다.

아이들에게 합성사진 한 장을 보여주고, 그때 일을 회상해보라고 하면 재미난 일이 벌어집니다. 이를테면, 아이들이 한 번도 가본 적 없는 놀이공원 사진에 신나게 놀고 있는 그들의 모습을 합성하는 겁니다. 그리고 그날 무슨 일이 있었는지 물어봅니다. 그러면 놀랍게도 아이들은 그날의 일을 기억(?)해냅니다. 어떤 놀이기구를 탔는지, 무얼 먹었는지 이야기하고, 심지어 부모를 잃어버렸던 사건까지 선명하게 떠올립니다. 일어난 적도 없는 일을 생생하게 진술하지요. 아이들은 선천적으로 거짓말을 잘하는 존재인 걸까요?

사실 아이들은 거짓말을 한 것이 아닙니다. 착각을 한 것일 뿐이지요. 다 큰 우리도 생각보다 자주 이런 착각을 합니다. 모르고 넘어갈 뿐이죠. 시간이 지나면 기억이 잊힌다는 것까지는 누구나 쉽게 인정합니다. 하지만 남아 있는 기억의 정확성에 의구심을 제기하면 크게 반발합니다. 기억이 틀릴 리 없다고 믿는 것입니다. 저장돼 있는 기억은 사실이라고 과대평가하지요. 자신의 기억에 대단한 확신을 가지면서 말입니다. 안타깝게도, 기억은 쉽게 왜곡됩니다. 우리는 사실과 다른 기억을 떠올리기도 하고, 심지어 경험하지 않은 것을 기억해내기도 합니다. 가보지도 않은 놀이공원에서의 하루를 기억하는 아이들처럼 말이죠.

기억을 연구하는 심리학자 엘리자베스 로프터스Elizabeth F. Loftus는 흥미로운 실험을 하나 했습니다. 질문의 표현이 기억을 왜곡할 수 있는지 알아보는 연구였지요. 연구진은 사람들에게 자동차 사고의 한 장면을 보여주었습니다. 그리고 집단을 둘로 나누어서 한 집단의 사람들에게는 자동차가 '부딪힐 때' 속도를 짐작해보라고 했습니다. 다른 집단의 사람들에게는 자동차가 '충돌할 때' 속도를 짐작해보라고 했지요. 두 질문의 차이를 눈치 채셨나요? 아무래도 '부딪힌다'는 표현보다는 '충돌한다'는 표현이 더 강렬하게 느껴질 것입니다. 예상대로 두 집단의 대답에는 차이가 있었습니다. 부딪힌다는 표현을 들은 집단의 사람들보다

충돌한다는 표현을 들은 집단의 사람들이 더 빠른 속도로 차가 달렸다고 추측한 것이죠. 질문의 표현이 기억을 왜곡시킨 것입니다. 이처럼 우리는 기억을 인출할 때 어떤 정보에 노출되면, 그 정보의 영향을 받아 기억을 왜곡합니다. 이런 현상을 '오정보 효과misinformation effect'라고 부르지요.

우리 머릿속에는 기억을 저장하는 공간이 있습니다. 그곳에는 책에서 본 이야기, 영화 속 한 장면, 친구의 경험담, 자기 전에 심심해서 펼쳤던 상상의 나래가 모두 들어 있지요. 정리 잘된 파일처럼 착착 저장되어 있으면 좋으련만, 시간이 지나면 이 기억들은 뒤죽박죽 섞여버립니다. 그래서 이게 내 얘긴지 쟤 얘긴지, 상상인지 현실인지 구분이 안 가기 시작하지요. 기억을 끄집어 낼 때가 되면 이 기억들은 서로 얽히고설킵니다. 그래서 마치 오징어잡이 배의 그물에 오징어가 줄줄이 딸려오듯이 비슷한 기억들이 동시에 줄줄이 딸려 올라오지요. 이때 기억의 물꼬를 튼 질문이 어땠느냐에 따라 '진실의 오징어'가 올라오기도 하고 '허구의 오징어'가 올라오기도 합니다. 한마디로 미끼가 뭐냐에 따라 낚이는 놈이 달라지는 것이죠.

언제부턴가 미국에서는 어린 시절 학대를 당했다는 이유로 자식이 부모를 고소하는 일이 늘었다고 합니다. 그런데 현실적으로 이런 범죄가 일어날 수 있나 싶을 정도로 폭력의 형태가 잔혹해서, 이 현상을 설명할 방도가 없었습니다. 특정 시기에 부모들이 폭력적인 환경에 노출된 것인가 싶을 정도였지요. 당국이 비슷한 시기에 비슷한 경험을 한 고소인들을 조사해보았더니, 한 가지 공통점이 발견되었습니다. 바로 그들이 심리상담을 받기 시작했다는 사실이었습니다. 만약 심리상담사가 지금처럼 전문적인 수련과정이 자리 잡혀 있지 않던 시기부터 활동을 했다면, 기술적인 면에서 미숙할 수도 있습니다. 혹시 그들이 상담을 하면서 왜곡된 기억을 끄집어낸 것은 아닐까요? "당신의 어린 시절에 대해 기억나는 일이 있나요?"와 같은 질문이 아니라 "당신의 아버지가 어린 시절의 당신을 학대한 기억이 있나요?"와 같은 질문을 던져서 말이에요.

영화 「더 헌트」 속 아이들은 왜 선생님이 자기들을 지하실에 데려갔다고 이야기했을까요? 영화에서든 현실에서든, 선생님에 대한 일을 기억해내도록 아이들에게 질문을 한 사람이 있었을 것입니다. 그런데 그 사람이 아이를 어떻게 신문하는 줄 모른다면, 아이의 시선에 맞춰 질문을 했겠지요. 아이의 대답을 잘 이끌어내기 위해 어느 정도 가이드를 했을 수도 있습니다. 이를테면, 이런 식으로 말하는 겁니다. "선생님이 너를 어딘가 무서운 곳으로 데려가지 않았니?", "선생님이 너에게 나쁜 행동을 한 적이 있니?" 아이들의 기억은 '무서운 곳에 데려가다', '나쁜 행동'과 같은 단어를 통해 충분히 왜곡될 수 있습니다. 만화 속이나 동화책 속에서 봤던 납치 장면이 섞여들 수도 있고, 선생님이 해주던 무서운 이야기가 떠오를 수도 있지요. 질문자는 아이들에게 공통된 질문을 했을 테고, 아이들은 그 질문의 표현으로 인해 어떤 상상을 실제 경험으로 착각하게 된 것이죠.

범죄에 대한 명백한 증언이 있는데도 낮은 형량이 내려지는 판결을 종종 봅니다. 분노가 치밀어 오르지요. 하지만 피해자나 목격자의 증언만을 가지고 중형을 선고하지 못하는 이유는 목격자의 증언이 왜곡될 가능성이 있기 때문입니다. "아니, 얘가 거짓말하겠어요? 얘가 당했다고 하잖아요!" 이렇게 항변해도 소용없습니다. 다양한 연구결과가 목격자 증언이 틀릴 수도 있다는 사실을 입증하고 있으니까요. 목격자가 거짓말을 했다는 것이 아닙니다. 기억이 왜곡될 가능성을 간과할 수 없다는 겁니다. 그 증언을 뒷받침할 만한 물리적 증거가 없으면, 믿지 않는 편이 안전한 것이죠. 죄인을 단죄하는 것보다 더 중요한 일은 결백한 사람에게 억울한 누명을 씌우지 않는 일이기 때문입니다. 섣부른 판결이 무고한 한 사람의 인생을 송두리째 무너트릴 수 있으니까요. 한순간에 변태 쓰레기가 되어 인생이 망가진 선생님처럼 말입니다.

그렇다면 맨 처음 이상한 소문을 낸 아이는 왜 그런 걸까요? 선생님에 대한 질문을 한 사람도 없었는데 말이죠. 사실, 영화 속에서 그 여자아이는 처음에는 선생님을 미워하지 않았습니다. 오히려 지나치게 좋아했습니다. 선생님의 손을 잡으려 하고, 안

기려 하고, 사랑을 독차지하려고 했지요. 이런 마음을 느낀 선생님은 아이에게 거리를 두게 됐고, 아이는 상처를 받게 됩니다. 어느 날, 아이는 오빠가 보던 야한 동영상을 보고 충격을 받습니다. 동영상 장면은 아이의 머릿속에서 선생님에 대한 미움과 섞여버립니다. 그래서 아이는 선생님이 그 영상 속 주인공처럼 징그러운 짓을 했다고 생각하게 된 것이죠. 여러 가지 기억들이 섞여서 새로운 기억이 만들어졌던 겁니다. 기억은 이렇게나 믿을 수 없는 것입니다.

제가 초등학생이었을 때, 학교에는 이해할 수 없는 규칙이 하나 있었습니다. 방과 후 집에 가는 길에 군것질을 하면 안 된다는 것이었죠. 저는 겁이 많은 학생이었기 때문에 규칙을 절대 어기지 않았습니다. 어느 날, 학교를 갔더니 담임선생님이 저를 교무실로 불렀습니다. 그리고 왜 집에 가는 길에 아이스크림을 먹었냐고 다그치는 것이었습니다. 저는 억울해하며 그런 적이 없다고 말했지만 선생님은 믿어주지 않았죠. 제가 아이스크림을 먹고 있는 것을 본 친구가 있다고 했습니다. 한순간에 저는 규칙을 어기고 거짓말까지 한 아이가 되었습니다. 그날 저는 집에 와서 다섯 시간이 넘게 울었습니다. 그 친구는 왜 거짓 고자질을 한 걸까요? 얼마나 한이 맺혔는지, 아직도 그 친구의 이름이 기억납니다(현영아, 왜 그랬니).

살다 보면 억울하고 화가 날 때가 있습니다. 똑똑히 기억하는

데 자기는 아니라며 억지 부리는 사람 때문에, 나는 그런 적이 없
는데 나를 모함하는 사람 때문에 그저 분하고 원통할 때가 있지
요. 저는 아이스크림을 먹지 않았고, 친구는 아이스크림을 먹는
저를 봤습니다. 누가 틀린 걸까요? 친구일 것 같지만 어쩌면 저
일 수도 있습니다. 아니면 둘 다 틀렸을 수도 있지요. 심지어 그
런 일이 정말 있었던 건지도 모르겠습니다. 마치 어제 일처럼 선
명한 기억도 현영이라는 이름도, 어쩌면 사실이 아닐지 모릅니
다. 왜곡된 기억은 언제나 우리와 함께하기 때문입니다. 내 의지
와 상관없이, 내 의도와 관계없이 말이지요. 우리는 항상 경계해
야 합니다. 나를 의심하고 또 의심해야 합니다. 내가 틀렸을 수도
있으니까요. 기억을 너무 믿지 마세요. 우리의 기억은 쉽게 왜곡
됩니다. 지금 당신의 머릿속에 펼쳐지는 그 생생함은 사실 '상상'
일지도 모릅니다.

악플의 심리학

_ 거짓 일치성 효과

인터넷 커뮤니티에 심리학 관련 글을 연재하던 어느 날, 제 글에 댓글이 하나 달렸습니다.

좀 더 요약, 압축해서 쓰셨으면 합니다. 하고 싶은 말을 다 하는 건 본인 직성대로 하겠다는 것. 내가 하고 싶은 말을 줄이고 읽는 이의 입장을 배려하면 짧아도 효과는 높아집니다. 이상 충조평판 끝.

부끄러웠습니다. '내 글이 그렇게 형편없었나?' 온갖 생각이 꼬리에 꼬리를 물었고 자존감이 바닥까지 떨어졌습니다. 여태까지 열심히 글을 쓰고 당당하게 업로드한 제 자신이 한심하게 느껴졌습니다. 따뜻한 봄날이었는데 한파라도 맞은 것처럼 몸이 덜덜 떨렸습니다. 세상 모든 사람이 내 글을 좋아할 수는 없다고 생각하며 마음을 다독여보았지만, 이미 상해버린 마음은 쉽게 아물지 않았습니다.

그분은 왜 그런 악플을 달았을까요? 곰곰이 생각해보면 그건 악플이 아니었을지도 모릅니다. 아니, 좀 더 정확하게 표현하자면, 그분은 자신의 댓글이 악플이라고 생각하지 않았을지도 모릅니다. 진심으로 저를 위해 '충조비판(충고, 조언, 비판, 판단)'을 했다고 믿었을지도 모르지요. 제 글이 너무 길다고 느껴져 마음에 들지 않았고, 아마 다른 사람들도 그럴 거라고 생각했을 겁니다. 자신의 조언을 통해 저를 더 발전시킬 수 있을 거라고 믿었겠지요. 어쩌면 총대를 멨다고 뿌듯해했을지도 모릅니다. 다들 말하지 못하고 속으로 생각만 하던 말을 자신이 용감하게 꺼냈으니 말이지요.

하지만 그분의 의견은 다른 독자들의 생각을 대표하는 것이 아니었습니다. 그 댓글을 본 많은 독자들이 함께 불편해했지요. 왜 이런 무례한 댓글을 달았냐며 화를 내는 분도 있었고, 글이 길고 자세해서 이해가 쉽다며 원래 스타일을 바꾸지 말라고 응원하는 분들도 있었습니다. 결국 악플을 단 그분이 커뮤니티를 탈퇴하면서 사건이 일단락되었습니다.

우리는 착각합니다. 내 생각이 가장 평범하고 상식적이라고 믿고, 나의 선호가 보편적인 것이라고 확신합니다. 내가 하는 말에 당연히 남들도 동의할 거라고 생각하지요. 이런 착각을 심리학에서는 '거짓 일치성 효과false consensus effect'라고 부릅니다. 대부분의 사람들이 나와 같은 생각을 할 것이라는 잘못된 믿음 또는 모두가 일치된 생각을 할 것이라는 오해라고 할 수 있지요.

누군가와 싸우면 우리는 당당하게 말합니다. "지나가던 사람 아무나 붙잡고 물어봐라. 내 말이 틀렸나!" 억울한 일을 당했다고 느끼면 인터넷에 이런 제목의 글을 올립니다. '제가 예민한 건가요?' 사실 그 제목 안에는 '제가 예민한 거 아니죠? 다들 저처럼 생각하죠? 빨리 제 편 좀 들어주세요'라는 의미가 숨어 있는 것입니다. 이처럼 우리는 내 생각이 보편적이고 평범하다고 믿으며 살아갑니다. 하지만 그 믿음은 틀린 경우가 더 많지요.

한 친구가 아이스크림 가게에서 치명적인 오해를 받은 적이 있습니다. 어린아이 하나가 친구를 변태로 지목했던 겁니다. 그 장면을 본 용감한 시민이 신고를 했지요. 경찰이 출동하여 무슨 일이 있었냐고 물어보니, 아이는 천진난만하게 이렇게 대답했다고 합니다. "우리 오빠가 그러는데요, 민트초코 아이스크림을 먹는 사람은 변태랬어요. 저 오빠, 민트초코 아이스크림 시켰어요." 이렇게 민트초코 맛을 혐오하는 사람은 다른 사람들도 나와 같은 입맛을 가지고 있다고 생각합니다. 아니, 그래야 한다고 생각하지요. 민트초코 맛 아이스크림을 고르는 사람을 보면 저런 걸 왜 먹는지 모르겠다며 눈살을 찌푸리거나, 관심받기 위해 이상한 행동을 한다고 비난하기도 합니다.

남들과 내 생각이 같을 거라는 착각은 여러 상황에서 갈등을 유발합니다. 내가 보기에 매력 없는 연예인은 남들 눈에도 그럴 거라고 생각하지요. 그런데 이상하게 방송에 자주 나오니, 얼굴을 볼 때마다 툴툴거립니다. "내가 보기엔 하나도 안 예쁜데 왜 이렇게 자주 보이는 거야?" 심지어 뒤에서 무슨 '짓'이라도 하는 거 아니냐며 도덕성을 의심하기도 합니다. 내 눈에 매력이 없으면 방송국 관계자들의 눈에도 매력이 없을 거라는 전제를 깔고 있기 때문이지요. 그러다 그 연예인의 팬과 싸우기도 합니다. 이런 사람은 응원하던 가수가 음악 프로그램에서 1위를 못하거나 지지하던 정치인이 선거에서 떨어지면, 투표 결과가 조작되었다고 생각합니다. 다른 사람들도 나와 같은 사람을 지지해야 한다고 착각하니, 내가 원하는 결과가 나오지 않으면 믿을 수 없는 것입니다.

어떤 사람은 '찍먹'을 선호하는 친구와 식사를 하면서 탕수육에 거리낌 없이 소스를 들이붓습니다. 불쾌해하는 친구에게 탕수육 먹을 줄 모른다며 오히려 무안을 줍니다. 어떤 직장 상사는 부하 직원의 뚝배기에 허락도 없이 깍두기 국물을 부어버립니다. 원래 이렇게 먹는 거라고, 자기가 한 수 알려준다면서 말이지요.

왜 이런 착각을 하게 되는 걸까요? 내가 듣고 싶은 목소리만 듣기 때문입니다. 우리는 자라나는 어린이들에게 가르칩니다. 반 친구 모두와 서로서로 사이좋게 지내야 한다고 말입니다. 하지만 어른이 된 우리는 그렇게 하지 않습니다. 나하고 말이 잘 통하는 사람, 나와 가치관이 맞는 사람, 내 말에 동의해주는 사람하고만 어울리지요. 그러다 보면 어느새 내 주위에는 나와 비슷한 사람들만 남게 됩니다. 패션 취향, 음악적 견해, 가치관, 신념, 심지어 정치적 성향까지 말이죠. 나와 같은 생각을 하는 사람들하고만 소통하다 보면, 그 의견이 세상의 전부인 것처럼 느껴집니다. 그래서 더욱 당당해집니다. '역시 내가 옳아. 아니, 나만 옳아' 하고 말이죠.

우리는 많은 사람이 나와 같은 생각을 할 거라는 착각 속에 살기 때문에, 다른 의견을 가진 사람을 만나면 상대방이 틀렸다고 단정 짓게 됩니다. 내 생각이 옳고 대부분의 사람들이 그렇게 생각하니, 너 또한 내 말을 들어야 한다고 강요합니다. 충고로 포장한 비난을 하기도 하지요. "내가 다 너 생각해서 하는 말인데, 서운해하지 말고 들어"라는 말로 물꼬를 트고 이내 상처가 되는 말을 쏟아냅니다. 현실 세계에서는 얼굴을 보고 잔소리를 하고, 인터넷 세상에서는 모니터 뒤에서 조언을 가장한 악플을 달게 되는 것이죠.

이런 거짓 일치성 효과에서 벗어나려면, 나와 다른 사람의 의견을 다양하게 수용해야 합니다. 어떤 방법이 있을까요? 여행을 다니는 것이 좋겠지요. 다른 문화에서 다른 삶의 방식으로 살아가는 사람들을 보면, 타인은 나와 다를 수 있다는 사실을 배울 수 있습니다.

한 친구가 서구권 국가로 유학을 갔습니다. 낯선 문화에 어색하고 불편했지만 적응하려고 노력했지요. 하루는 좁은 연구실에서 부스럭 소리가 나더랍니다. 뒤를 돌아보니 동료가 샌드위치를 먹고 있었습니다. 그 모습을 보고 친구는 기분이 상했습니다. '내 입은 주둥아리인가? 먹어보란 말도 안 하고. 이게 말로만 듣던 인종차별인가 보네.' 한동안 꽁한 마음으로 있던 친구는 마음을 고쳐먹고 자기가 먼저 다가가기로 했습니다. 그날 밤, 친구는 정성스럽게 자신과 동료의 샌드위치를 만들었습니다. 그리고 기뻐할 동료의 모습을 상상하며 잠이 들었습니다.

다음 날 아침, 친구는 동료에게 조심스럽게 샌드위치를 건넸습니다. "우와! 뭘 이런 걸 다!" 하면서 맛있게 먹을 모습을 기대했지만, 현실은 상상과 많이 달랐습니다. 샌드위치를 본 외국인 동료는 표정이 굳었습니다. 정색을 하며 왜 이런 걸 챙기냐며 극구 사양을 했습니다. 다음부터 내 것은 내가 챙길 테니 신경 쓰지 말라는 말과 함께요. 얼마나 무안했을까요? 동양인 유학생이라 무시당한 걸까요?

우리나라는 '정情'을 강조하는 문화입니다. 나누고 베푸는 것을 미덕으로 생각하지요. 하지만 그렇지 않은 나라도 있습니다.

개인주의를 중요하게 생각하는 나라에서는 서로 주고받는 행위에 계산이 따르게 됩니다. 내가 한 번 받으면 한 번은 다시 되돌려줘야 한다고 생각하는 것입니다. 매일 보는 사이에 무언가를 받기 시작하면, 그만큼 갚아야 한다는 채무감이 생기는 것이죠. 오늘 샌드위치를 받으면 내일 샌드위치를 돌려줘야 합니다. 그런 일이 반복되면 정작 중요한 연구는 뒷전이 될 수 있습니다. 연구실은 친목을 위한 장소가 아니지요. '내 것은 내가, 네 것은 네가'식이 당연한 문화였던 것입니다. 그 문화에 점차 익숙해진 친구는 식당에서 더치페이를 하고 자기의 것은 자기가 챙기는 생활에 익숙해졌습니다. 다름을 배우게 된 것입니다. 음식을 나누어 먹지 않는다고 인격적으로 문제가 있는 건 아니라는 사실을 알게 된 것이지요. 다른 문화를 경험하는 것은 나와 다른 생각을 인정하는 계기가 됩니다. 그러니 여행은 거짓 일치성 효과를 줄이는 데 큰 도움이 되겠지요.

하지만 현실적으로 여행을 가는 것은 쉽지 않습니다. 시간과 비용이 따르니까요. 그럴 땐 책을 읽는 것도 좋은 방법입니다. 책을 통해 다양한 문화와 관점을 만나볼 수 있습니다. 여기에는 한 가지 조건이 있는데, 다양한 주제의 책을 봐야 한다는 것입니다. 많은 사람들이 '책 편식'을 합니다. 책을 고를 때 내 신념이나 가치관에 맞는 주제만 골라보는 것이죠. 책 편식을 하는 것은 마치 내가 듣고 싶은 이야기만 듣고, 나와 잘 맞는 친구만 골라 사귀는 것과 같은 행동입니다. 나에게 유리하고 공감되는 내용의 책만 골라 보면 오히려 거짓 일치성 효과를 더 강화하게 됩니다.

　SNS에서 물건을 판매하는 한 인플루언서가 있었습니다. 예쁜 얼굴에 상냥한 소통 방식으로 연예인만큼 많은 팬을 보유하고 있었죠. 그런데 어느 날, 사고가 터졌습니다. 그 사람이 판매한 식품에서 곰팡이가 발견된 것입니다. 많은 고객들이 이에 대해 항의했습니다. 문제를 바로잡아주길 바랐지요. 하지만 인플루언서 측의 대응 방식은 미흡했습니다. 일명 '피해자 코스프레'를 하기 시작한 것이지요. 그녀는 사과 대신 자신이 읽던 책의 일부를 사진으로 찍어 SNS에 올렸습니다. '누구나 실수할 수 있다. 괜찮다. 곧 지나간다.' 그녀는 잘못을 인정하고 피해를 보상하는 일이 아닌 자기 자신을 격려하고 위로하는 일을 선택했습니다. '사람이 어떻게 완벽해? 실수할 수도 있지' 하는 식으로 문제를 외면했지요. 아마 그녀는 자신의 마음을 토닥여주는 내용의 책을 보고 자신의 생각을 더욱 강화하게 되었을 겁니다. '이것 봐, 책에도 이렇게 나와 있잖아. 내 생각이 역시 맞는 거야' 하면서 말이죠. 하지만 금전 거래가 오가고 누군가가 피해를 입은 상황에서 공개적으로 스스로를 위로하는 것이 적절한 행동이었을까요? 결국 문제의 본질을 직면하지 못한 그녀에게 실망한 많은 팬들이 등을 돌리게 되었지요.

　세상에는 나를 불편하고 불쾌하게 만드는 책, 거부감이 들고 반박하고 싶게 만드는 책이 있습니다. 그런 책을 비판적으로만 보지 말고, 이해하기 위해 노력하면 새로운 관점이 생겨납니다. 나와 다른 사람의 관점을 이해하는 능력을 키우는 연습이 됩니다. '조망수용 능력perspective taking ability', 즉 다른 사람의 입장에서 세상을 바라보는 능력을 기르게 되는 것이지요.

나와 다른 관점을 가진 사람을 이해하는 것은 마치 그 의견이 옳고 내가 틀렸다고 인정하는 일처럼 느껴지기도 합니다. 그래서 거부감이 들지요. 하지만 다른 생각의 수용이 곧 그 의견에 맞춰서 내 생각을 바꾸는 것을 의미하지는 않습니다.

오이를 못 먹는 사람은 김밥이나 비빔밥을 먹을 때 오이를 하나하나 빼내지요. 그럴 때 그 맛있는 것을 왜 버리냐면서 꼴불견이라고 한마디 하기 전에 그 사람의 입장을 생각해보세요(사실 제가 그 꼴불견입니다). 오이를 못 먹는 사람은 실제로 미각 수용기가 남들보다 예민해서 오이에서 불쾌한 향과 맛을 느낀다고 합니다. 이 사실을 알고 나면 그 사람의 입장을 수용할 수 있을 것입니다. '나에게 맛있는 오이가 누군가에겐 역하게 느껴질 수 있구나.' 이렇게 나와 달리 오이를 싫어하는 혹은 먹지 못하는 입장을 수용한다고 해서, 나 역시 앞으로 오이를 먹으면 안 되는 것은 아닙니다. 같아져야 하는 게 아니라 다름을 인정하면 되는 것이니까요.

세상에는 사람의 수만큼이나 다양한 생각이 있습니다. 같은 엄마 배 속에서 태어난 형제자매도 매일 싸우는데, 각자 다른 배경을 가진 사람들은 오죽할까요? 우리는 모두 서로 다른 마음을 가지고 있습니다. 수많은 환경과 성격의 조합을 통해 독특한 생각을 탄생시키지요. 내 생각이 평범하고, 익숙하고, 상식적인 것처럼 보여도 사실 그렇지 않은 경우가 많답니다. 우리는 서로의 생각이 다를 수 있다는 사실을 받아들여야 합니다. 다름을 인정할 때 선을 넘는 '조언'과 '충고'로부터 자유로워질 수 있습니다. 더 이상 함부로 잔소리를 하거나 악플을 다는 행동을 하지 않게 되지요.

우리의 삶은 'OX 퀴즈'가 아닙니다. 인생은 답이 없는 주관식 문제로 이루어져 있습니다. 옳고 그름을 정하려는 순간, 누군가의 인생에 빨간 작대기가 그어집니다. 마음에도 그런 상처가 남게 되지요. 이제 빨간 색연필은 그만 내려두고 채점을 멈추면 어떨까요? 대신에 얼마나 재미있고 창의적이며 다양한 답안이 있는지 살펴보는 겁니다. 그러면 이 살벌한 세상이 조금 더 즐거워질 것입니다.

아홉 번 잘해도 한 번 잘못하면
화를 내는 이유

― 부정성 편향

중학생 때 봤던 카툰의 한 장면이 생각납니다. 네모라는 친구가 동그라미라는 친구에게 모닝콜을 부탁합니다. 동그라미는 매일 아침 전화로 네모의 아침을 깨워줍니다. 하루, 이틀, 일주일……. 어느 날, 동그라미는 깜빡 늦잠을 자서 전화를 하지 못하게 됩니다. 네모는 너 때문에 늦게 일어나서 하루를 망쳤다고 불같이 화를 냅니다. 매일 아침 모닝콜을 했던 친구에게 고맙다는 말 한마디 못할망정 말입니다. 아홉 번을 잘해줘도 한 번 잘못하면 화를 내는 게 인간이라고 합니다. 마음에 들지 않는 점이 하나 생기면, 여태까지 잘한 것들도 의미가 없는 듯이 취급해버리지요.

엘리자베스 루카스Elisabeth Lukas라는 심리학자는 아이들을 대상으로 흥미로운 실험을 했습니다. 먼저 어린아이들을 두 집단으로 나눈 뒤 딸기 바구니를 하나씩 주었습니다. 한 집단에는 탐스럽게 생긴 딸기를 골라내라고 하고, 다른 집단에는 상한 딸기를 골라내라고 했지요. 그 뒤에 딸기를 얼마나 골랐는지 묻자 흥미로운 대답이 돌아왔습니다. 탐스러운 딸기를 고른 아이들은 자기가 고른 것과 비슷한 양을 이야기했는데, 상한 딸기를 고른 아이들은 자기가 고른 것보다 훨씬 더 많은 양을 말한 것입니다. 실제 두 바구니에 담긴 상한 딸기와 탐스러운 딸기의 양은 거의 동일했는데 말이죠. 상한 딸기를 골라낸 아이들은 왜 그렇게 말했을까요?

사람들은 긍정적인 것보다 부정적인 것에 훨씬 더 가중치를 두어 의미를 부여하는 경향이 있습니다. 이것을 '부정성 편향negativity bias' 혹은 '부정성 효과negativity effect'라고 부르지요. 우리는 아홉 번의 칭찬보다 한 번의 비난에 더 민감하게 반응합니다. 한 과목의 점수가 엉망이라면 나머지 과목의 성적이 높아도 시험 전체를 망친 것처럼 좌절합니다. 매일 사랑한다 말하던 애인이 오늘 하루 차갑게 굴면 사랑이 모두 식어버린 것만 같아 슬퍼하지요. 우리는 이렇게 부정적인 것에 더 의미를 부여합니다. 앞의 실험에서 알 수 있듯 이런 경향성은 아주 어린 시절부터 갖게 되거나 선천적으로 타고나는 마음가짐인 것으로 보입니다. 일종의 본능과 같은 '자기보호 기제self-protective mechanism'라는 거죠.

인간의 기본 정서 중에는 슬픔, 혐오, 분노, 두려움 등의 부정적인 정서가 반드시 존재합니다. 왜일까요? '부정 정서negative affect'야말로 우리를 보호해줄 수 있기 때문입니다. 한 가지 퀴즈를 내보겠습니다. 맛있게 먹던 샌드위치 속에서 바퀴벌레를 발견했습니다. 몇 마리가 나왔을 때 가장 불쾌할까요? 두 마리? 세 마리? 많으면 많을수록? 정답은 반 마리입니다. 당연히 그 곤충의 일부가 도무지 보이지 않을 때 가장 불쾌하고 아찔해지지요. 이 불쾌함으로 앞으로 우리는 샌드위치를 먹을 때마다 경계하게 될 겁니다. 혹시 벌레가 들어 있지 않은가 살펴보게 되겠지요. 다시는 그런 일이 벌어지지 않도록 우리를 보호하는 것이죠. 샌드위치가 아무리 맛있어 봤자, 바퀴벌레를 같이 먹어야 한다면 안 먹느니만 못하니까요. 만약 부정 정서를 느끼지 못한다면 어떻게 될까요? 또 바퀴벌레가 들어간 샌드위치를 한 입 물고 말겠지요. 수많은 세균과 함께 말입니다.

사람을 상대할 때도 마찬가지입니다. 아홉 번을 잘해준 사람이 한 번 잘못하면 우리는 실망감을 감추지 못하지요. 내가 당하는 입장이라면 억울하겠지만, 한번 잘 생각해보세요. 우리가 늘 당하는 입장이었을까요? 그 반대의 입장인 경우가 더 많았을 겁니다. 매일같이 밥해주는 엄마에게 오늘 반찬이 짜다며 짜증을 내거나, 잘되던 인터넷이 하루 안 되면 서비스 센터에 전화해 분노를 표출하지요. 뛰어난 직장 동료라도 치명적인 실수를 딱 한 번이라도 하면 엄청난 비난을 합니다. 매일같이 친절했던 식당 직원도 오늘 하루 불친절하다면 컴플레인을 걸고 싶어지고, 저녁 식사를 배달시켰는데 오늘따라 도착이 늦어지면 불평불만 가득한 리뷰를 남기려 듭니다. 매일 약속 시간을 지키던 친구가 한번 약속을 어기면 왜 이렇게 늦었냐며 화를 내기도 하지요. 그들은 모두 잘못한 것보다 잘한 것이 많은 사람들인데, 우리는 왜 이렇게 너그럽게 받아들이지 못할까요? 나의 예민한 모습에 부끄러워지기도 합니다. 하지만 이런 예민함은 나를 보호하기 위한 수단이 되기 때문에 놓지 못하는 것입니다.

우리는 사람이 완벽할 수 없다는 것을 잘 알고 있습니다. 그러니 잘한 점에 감사함을 느끼고, 잘못한 점은 안고 가려고 노력해야겠지요. 사회적 동물이니까요. 하지만 아홉 번 나에게 선물을 준 연인이, 술김에 나를 한 번 때렸다면 용서해야 할까요? 아홉 번 안전 운전을 한 사람이 한 번 사고를 냈다면, 사고가 아닌 건가요? 평생을 선하게 살아온 사람이 실수로 사람을 죽였다면, 용서받아야 하는 건가요? 평생 진실만을 말하던 사람의 치명적 거짓말은 넘어가 줘야 하는 문제인가요? 한 번의 잘못도 그저 잘못일 뿐입니다. 그 잘못의 피해자가 된다면 인생이 복잡해집니다. 우리는 그 폭행의 피해자, 사고의 당사자, 거짓말의 희생자가 되고 싶지 않아 본능적으로 부정적인 모습을 경계하게 되는 것입니다.

———

오히려 긍정적인 것만 보려는 태도가 나 자신에게 해를 입히기도 합니다. 애정결핍이 있는 사람들을 예로 들어보겠습니다. 그들은 쉽게 사랑에 빠집니다. 두세 번 만나고 운명의 상대라 확신하고, 주변 사람의 만류에도 결혼을 약속합니다. 상대방의 나쁜 점을 발견하지 못하거나 보지 않으려고 노력합니다. 하지만 내가 안 본다고 그런 점이 사라지는 것은 아니지요. 언젠간 현실을 받아들여야 하는 순간이 오고, 그 순간 엄청난 상처를 받게 됩니다.

넷플릭스 드라마 「빌어먹을 세상 따위The End of the F***ing World」는 자신을 사이코패스라고 생각하는 제임스와 제멋대로인 문제아 앨리사가 가출을 하면서 이야기가 시작됩니다. 그들은 떠돌이 생활을 하다가 오랫동안 비어 있는 집을 발견하고 며칠 묵을 계획으로 들어갑니다. 하지만 집주인이 곧 돌아오게 되지요. 집주인은 자신의 침대에서 자고 있는 앨리사를 겁탈하려고 합니다. 이를 본 제임스는 앨리사를 지키기 위해 집주인을 살해하게 되지요. 이렇게 해서 두 사람의 도피 여정이 펼쳐집니다.

그런데 어느 날부터 보니라는 여자가 제임스와 앨리사를 따라다니기 시작합니다. 보니는 살해된 집주인의 애인으로, 복수를 하기 위해 두 사람을 따라다닌 거였죠. 하지만 사실 보니는 그 남자의 애인이라기보다는 성적인 이용 대상에 불과했습니다. 그 남자는 수많은 여자를 겁탈하고 살해한 잔혹한 살인마였거든요. 앨리사는 보니에게 그 사람이 자신을 겁탈하려고 했으며, 자기는 정당방위로 그 사람을 죽인 거라고 이야기합니다. 그 사람이 변태 살인마라는 사실도 알려주지요. 보니는 인정하지 않으려 합니다. 그럴 리가 없다며 현실을 부정하고, 그 사람은 좋은 사람이었다고 말하지요. 하지만 결국에는 제임스와 앨리사가 진실을 말하고 있음을 깨닫고 절망에 빠집니다. 이 드라마의 마지막 장면에는 이런 내용의 대사가 나옵니다.

사랑이 결핍된 사람의 문제는 사랑의 모습을 알지 못한다는 거예요. 그래서 있지도 않은 사랑을 보면서 속기도 쉽죠. 하지만 우린 모두 늘 스스로를 속이고 살아요.

있지도 않은 사랑을 보거나, 존재하지 않는 행복을 느끼는 것은 나 자신을 속이는 일입니다. 진실은 언젠가 밝혀지기 마련이지요. 우리가 세상을 바라볼 때 무조건 좋은 점만 보려 한다면, 때때로 상처를 받게 됩니다. 세상에는 분명 나쁜 사람도 있고, 나쁜 일도 일어나니까요. 많은 사람에게 사랑을 받으면 좋지만, 받지 않아도 그만입니다. 좋은 일이 일어나면 기쁘겠지만, 일어나지 않아도 문제가 되지 않습니다. 긍정적인 것은 이렇습니다. 있으면 좋지만 없어도 그만인 성격을 띠고 있지요. 하지만 부정적인 것은 다릅니다. 치명적인 흔적을 남기기 마련입니다. 즉, 있으면 안 되는 것입니다. 그러니 우리가 긍정적인 것보다 부정적인 것에 더 의미를 부여하는 건 자연스러운 일이죠.

강의평가를 확인하는 순간은 대학 강사들에게 한 학기 중 가장 긴장되는 순간입니다. 저도 매 학기 말이 되면 학생들이 성적을 기다리는 것만큼 강의평가를 기다립니다. 긴장 반, 기대 반으로 말이죠. 다행히도 학생들은 대부분 좋은 이야기를 남겨줍니다. 그럼에도 불구하고 꼭 한두 명은 부정적인 말을 쓰곤 하죠. 그 부정적인 코멘트가 저에겐 악플처럼 가슴 아프게 다가옵니다. 며칠간은 맘고생을 하지요. 자려고 누웠다가 이불을 발로 차기도 하고, 아침에 일어나서도 한숨을 쉽니다. 채점을 하다가도 울컥하고, 밥 먹다가도 가슴에 음식이 얹힌 느낌이 납니다. 감정의 소용돌이에 빠져 저보다 강의평가가 낮은 동료에게 신세 한탄을 하다가 욕을 먹기도 하지요. 좋은 말이 더 많은데 왜 호들갑이냐고요? 그런데 어쩌나요? 부정성 편향이 일어나는걸요. 대부분의 학생들이 저를 지지해준다고 해도, 단 한 명의 부정적 코멘트가 제게는 더 크게 영향을 줍니다. 하지만 그대로 무너지지는 않습니다. 골똘히 코멘트를 곱씹다 보면 그 의미를 깨닫는 순간이 옵니다. 다음에는 그런 코멘트를 받지 않기 위해 문제를 개선합니다. 그 코멘트가 다음 학기 강의를 리뉴얼하는 계기가 되는 거죠. 이렇듯 부정적인 것에 의미 부여를 하는 일이 저를 더 나은 사람으로 만들어줍니다.

식탁 위에 놓인 물컵에 물이 반 정도 차 있습니다. 어떤 사람은 이것을 보고 "물이 반이나 차 있네?"라고 말하고, 어떤 사람은 "물이 반밖에 없네!"라고 말합니다. 이 이야기의 교훈은 똑같은 상황이라도 마음을 어떻게 먹느냐에 따라 세상이 다르게 보인다는 것입니다. 긍정적인 시선으로 세상을 바라보자는 얘기죠.

하지만 저는 다르게 보고 싶습니다. 물이 반이나 차 있다고 좋아하는 사람은 물을 더 따를 생각을 하지 않을 겁니다. 현재에 만족하면서 말이죠. 그러다 갑자기 단수가 되어버린다면 어떻게 될까요? 더 이상 마실 물이 없겠지요. 하지만 물이 반밖에 없다고 생각한 사람은 아마도 물을 더 채워놓았겠지요. 문제를 발견하고 해결책을 찾았을 것입니다. 부정적 사고를 통해 경계하고 대비하는 마음을 가지는 것은 분명 우리를 더 나은 삶으로 이끌어줍니다. 그게 바로 우리가 본능적으로 부정적 사고를 하는 이유인 거죠.

세상을 부정적으로 보라고 이야기하는 것이 아닙니다. 부정적인 시선이 자연스러운 현상임을 이해하자는 말이죠. 우리는 부정적인 모습에서 벗어나지 못하는 자신의 모습에 실망할 때가 있습니다. '왜 난 나쁜 것만 눈에 보이는 걸까?' '왜 이렇게 부정적인 데만 초점을 맞출까?' 이런 생각들로 자기 자신을 나무라게 되지요. 하지만 괜찮습니다. 자연스러운 일이니까요. 우리의 삶은 동화 같지 않고, 우리는 온실 속 화초처럼 살아갈 수 없잖아요. 세상을 나쁘게 보는 것이 때로는 우리에게 도움이 됩니다. 우리가 그 감정에 휘둘리지만 않는다면 말이죠.

유명한 극작가 버나드 쇼Bernard Shaw는 이런 말을 했습니다. "낙관론자는 비행기를 만들지만, 비관론자는 낙하산을 만든다."

당신의 부정적인 생각은 하늘을 날 용기를 거둬갈 수도 있지만, 낙하산이라는 놀라운 발명품을 만들어낼 수도 있습니다. 모든 건 생각하기 나름이지요. 부정의 힘을 믿어보세요. 그리고 이용해보세요. 휩쓸리지 않고 다스릴 줄 안다면, 낙하산을 만드는 위대한 발명가가 될 수도 있으니까요.

상처는 가장 가까운 사람에게 받는 법

_ 검은 양 효과

Mnet의 「쇼미 더 머니」라는 프로그램을 아시나요? 시즌 9까지 진행되고 있을 정도로 나름의 역사와 전통을 자랑하는 힙합 오디션 프로그램이지요.

이 프로그램의 심사위원은 경력과 실력을 겸비한 여러 래퍼와 프로듀서입니다. 보통 지원은 무명 래퍼나 아마추어 래퍼 지망생들이 하지요. 하지만 현재 유명세를 타고 있는 프로 래퍼들도 종종 지원자로 등장합니다. 대부분 심사위원과 같은 기획사에 소속되어 있거나 친분이 있는 사이지요. 때로 객관적이고 공정한 평가가 이루어지지 않아 문제가 되기도 합니다. 실제로, 가사 실수 한 번 하지 않은 무명 래퍼는 매력이 없다는 이유로 탈락

했는데, 여러 번 가사 실수를 한 현직 래퍼는 다음 단계로 올라갈 기회를 얻는 일이 있었습니다. 지원자들과 시청자들의 원성을 살 수밖에 없는 장면이었지요.

우리 사회에서 인맥 문제는 왜 끊임없이 생겨나는 걸까요? 인간은 사회적 동물입니다. 함께 살아야 버틸 수 있는 존재지요. 아주 오랜 옛날부터 그랬습니다. 수렵채집을 하던 시절에는 혼자 사는 것보다 함께 지내는 것이 생존에 유리했습니다. 남자는 짐승을 사냥하고 여자는 열매를 따거나 작은 짐승을 잡아 생활했지요. 남자의 경우 혼자 나가서 토끼 몇 마리를 잡는 것보다는 여럿이 나가서 멧돼지 한 마리를 잡는 것이 이득이었을 겁니다. 마을(이라고 부를 만한 것이 있었다면요)에 남은 여자들과 아이들도 한 가정 단위보다 여러 가정 단위로 모여 있는 것이 안전했겠지요. 그래서 '함께'라는 것이 중요했던 겁니다.

이런 이야기는 미국 드라마 「왕좌의 게임Game of Thrones」을 보면 더 쉽게 이해할 수 있을 것입니다. 타르가르옌 가문의 공주 대너리스는 왕국이 무너지면서 야만족 도트라키의 족장 칼 드로고와 결혼을 하게 됩니다. 도트라키 부족이 얼마나 야만적인지 알 수 있는 장면이 있는데요, 바로 결혼식 장면입니다. 이들은 피를 보아야 성대한 잔치가 시작된다고 여깁니다. 먼저 부족원 두 명이 나와 서로 칼을 들고 결투를 시작합니다. 둘 중 한 명의 배가 갈라지고 장기가 쏟아져 나와 바닥이 피로 흥건하게 물들면, 나머지 부족원들은 환호성을 지릅니다. 바로 어제까지 우리 가족이었던 사람이 죽었는데 말입니다. 그렇게 흥분이 고조되어야 비로소 결혼식이 시작됩니다. 첫날밤 그녀는 남편으로부터 강간 수준의 대우를 받게 됩니다. 한 가문의 존귀한 공주가 이런 잔인한 부족의 족장과 결혼을 하게 된 이유는 무엇일까요? 혼자서는 가문을 일으킬 수 없어, 힘이 센 누군가와 함께해야 했기 때문입니다. 과거에는 그랬습니다. 인원수가 곧 힘이었고, 여럿이 함께 있을 때 비로소 원하는 것을 얻을 수 있었습니다.

　현대 사회라고 다를 게 있을까요? 그렇지 않습니다. 함께하는 것이 유리했던 사회적 습성은 우리 세대에도 고스란히 남아 있습니다. 과거에는 물리적 폭력이었다면, 현재에는 정치적인 영향력으로 나타날 뿐이지요. 불리한 일이 있을 때 해당 계통에 아는 사람이 있다면 큰 도움이 됩니다.

　우리나라의 1980년대를 그린 액션범죄 영화 「범죄와의 전쟁: 나쁜놈들 전성시대」를 보면 아주 잘 알 수 있지요. 배우 최민식 씨가 분한 비리 공무원 출신 마약상 익현은 경찰서에서도 되레 서장과의 친분을 앞세워 큰소리를 칩니다. 내가 너희 서장이랑 어제도 함께 사우나를 다녀왔다고 하면서 말입니다. 익현은 수많은 범죄에 연루되면서도 늘 미꾸라지처럼 빠져나가는데, 그 뒤에는 언제나 든든한 인맥이 버텨주고 있기 때문이었습니다. 각 계층의 고위급 인사들에 줄을 댄 그는 상황에 따라 필요한 사람을 찾아 도움을 요청하는 모습을 보이지요.

꼭 범죄 상황이 아니어도 그렇습니다. 어느 집단에 소속되거나 도움이 되는 사람을 많이 알면 알수록, 원하는 것을 얻을 가능성이 커집니다. 급한 병에 걸렸을 때 병원에 아는 사람이 있으면 예약을 당길 수 있습니다. 교통사고가 났을 때 보험사에 지인이 있으면 유리한 결과를 이끌어내기가 쉽지요. 유명 레스토랑의 셰프와 친분이 있으면 웨이팅 시간을 줄일 수 있습니다. 친구가 네일아트 숍을 운영하면 저렴한 가격에 손톱을 꾸밀 수 있겠죠. 이러니 인간은 어딘가에 소속되려 하고, 내 사람을 만들어 그들을 끝까지 지켜내려고 합니다. 결국 내가 속한 울타리 안에 있는 사람을 챙기는 일은 생존을 위한 투쟁이기도 한 것입니다.

인맥이 결국 나의 힘이 된다면, 그들이 강한 것이 곧 내가 강한 것이 됩니다. 그러다 보니 나와 같은 집단에 소속된 사람들을 더욱 사랑하고 높이 평가하게 되지요. 이것을 '내집단 편애ingroup favoritism'라고 하는데, 내집단 편애는 다른 집단에 소속된 사람들을 낮추고 비방하는 것과 동시에 내가 속한 집단의 구성원들을 더욱 높이 평가하는 모습으로 나타납니다. 내집단이 잘 풀리는 것이 곧 내가 잘되는 것이기 때문이지요.

다시 「쇼미 더 머니」 이야기로 돌아가 볼까요? 같은 기획사에 소속된 래퍼가 높은 단계로 올라가면 우리 회사가 유명해집니다. 주식이 오르고 음원이 많이 팔리지요. 나에게도 분명 이득이 있는 것입니다. 반면에 나와 관련 없는 사람이 잘되었을 때는 나에게 떨어지는 '콩고물'이 없습니다. 그러니까 굳이 '남'을 챙길 이유가 없는 것입니다. 물론 정말 놀라울 만큼 잘하는 사람이 오면 인정합니다. 그 사람을 내 사람으로 만들면 되거든요.

하루는 한 신예 래퍼가 예선에 참여했습니다. 그는 유명 힙합 레이블 소속이었습니다. 그날 그 레이블의 수장과 소속 아티스트가 심사위원으로 앉아 있었지요. 지원자는 이미 「고등 래퍼」라는 Mnet의 또 다른 오디션 프로그램에서 검증된 인물로 충분히 유명했습니다. 많은 시청자들의 기대를 받고 있었지요. 그날도 얼마나 예술적인 음악을 보여줄까 기대하며 모두 숨죽인 채 무대를 기다렸습니다. 하지만 결과는 처참했습니다. 고등학생 또래들과 경연을 했을 때 보여준 여유는 사라지고 잔뜩 긴장한 모습을 보였지요. 불안하고 자신감 없는 랩을 선보인 것입니다. 이 모습을 보자 같은 레이블에 소속된 심사위원들이 어떻게 감싸줄 것인가 궁금해졌습니다.

그런데 여기서 내집단 편애가 뒤집어지는 장면이 연출됩니다. 마냥 감싸줄 줄 알았던 심사위원이 기대(?)를 저버리는 발언을 한 것입니다. 평소 방실방실 웃는 귀여운 캐릭터였던 그 심사위원이 정색하면서 말합니다. "너무 못했어요. 같은 소속사인 게 부끄러웠어요." 그 뒤에도 그는 이 실력으로 다음 단계를 가는 건 말도 안 된다며 끝없는 혹평을 퍼부었습니다. 심지어 인터뷰 장면에서 그 레이블의 수장은 제작진에게 이렇게 말했습니다. "그 말을 듣고도 안 울었어요? 카메라 앞에서 울어봐야 정신을 차리지." 잔인한 그들의 발언은 '인맥 힙합' 따위 개나 줘버리라는 식의 강력한 공정함을 보여주었습니다. 그날 이후 같은 레이블 소속 아티스트가 프로그램에 참여하면 무조건 'Fail' 버튼을 누른다는 암묵적인 룰이 만들어지기도 했지요.

내집단 편애는 생존을 위한 본능입니다. 하지만 그 본능이 깨지는 순간이 있습니다. 단점이 도드라지는 사람이 들어올 때입니다. 집단의 구성원을 챙기고 편애하는 이유는 그 사람을 향한 애정과 사랑 때문만이 아닙니다. 그 사람으로 인해 얻게 될 집단의 이익 때문이지요. 그래서 더 이상 이익이 발생하지 않는다고 느낄 때 사람들은 잔인하게 돌변합니다. 장애가 있는 새끼가 태어났을 때 동물들이 어떻게 하는지 아시나요? 버리고 떠납니다. 포식자를 만나면 무리 전체가 위험해지기 때문입니다. 하얀 양 떼에 검은 양 한 마리가 끼어 있으면 어떨까요? 맹수 등 천적의 주의를 끌게 됩니다. 무리에 속한 모두에게 위협이 되겠죠. 그래서 검은 양은 흰 양 무리에서 배척당합니다. 사람들도 마찬가지입니다. 위협이 되는 사람을 배척합니다. 다른 집단에 소속된 사람보다 내집단에 소속된 사람의 단점에 더욱 민감하게 반응합니다. 이런 현상을 '검은 양 효과black sheep effect'라고 부릅니다. 정리하자면, 내집단 구성원이라고 해서 무조건 인정받는 것이 아니라 전체에 이익이 될 때에야 비로소 인정받을 수 있다는 겁니다. 이렇게 따지면 인맥이라는 건 꽤나 합리적인 판단일지도 모르겠습니다(순전히 학문적으로 봤을 때 말이죠). 자체적 검열이 작동하고 있는 것일지도 모르니까요.

인종차별은 어떨까요? 백인들이 자신과 다른 계층의 백인과 흑인 중 누구를 더 차별할 것 같나요? 흑인이라고 예상할 겁니다. 자신과 다르니까요. 하지만 실상은 그렇지 않습니다. 백인 사회에서는 빈민층 백인이 흑인보다 더한 차별을 경험한다고 합니다. 세라 스마시Sarah Smarsh는 저서 『하틀랜드Heartland』에서 세상에서 가장 부유한 나라 미국에서 극빈층으로 살아온 자신의 경험을 적나라하게 밝히고 있습니다. 선진국인 미국에서 사회적 약자인 그들이 고통받는 현실을 낱낱이 고발하지요.

스마시는 가난한 백인은 '백인성'에 권력을 부여하는 사회 안에서 특히 불편한 존재가 된다고 설명합니다. 미국 사회는 다양한 사람들 중 백인을 인종적 표준으로 정하고 나머지 사람들은 타자로 간주하는 경향이 있습니다. 백인성이라는 것은 경제적 안정을 확보하고 있다는 뜻이기도 하지요. 그런데 만약 백인이 가난하다면 어떨까요? 그들은 자신들의 상징성에 위배되는 사람, 즉 가난하고 여유 없는 사람의 존재를 참을 수 없습니다. 거울 속 자신과 닮은 그 사람들의 수준이 떨어진다면 타자화할 수 없기 때문에 특히 혐오감을 느끼게 되는 것이지요. 그래서 가난한 유색 인종보다 가난한 백인이 더 살아남기 힘들다는 것입니다.

어떤가요? 검은 양 효과, 잔인하지 않나요? 내 사람에 대해 더욱 냉정해질 수밖에 없는 현실은, 타자이기에 배척한다는 일반적 상황보다 더 큰 충격을 불러일으킵니다. 하지만 사실 우리 주변에서는 이런 효과가 쉽게 그리고 끊임없이 일어납니다.

외국 팀 축구선수가 경기 중 실수를 할 때는 웃어넘기지만, 우리나라 선수가 실수를 하면 욕설을 퍼붓고 소리를 지릅니다. 왜 그럴까요? '우리나라' 선수니까요. 길거리에서 담배를 피우는 학생들을 보면 쯧쯧 혀를 차고 맙니다. 하지만 우리 아들이라면요? 몽둥이가 어디 있나 찾게 되지요. '우리' 가족이거든요. 문제가 외부인에게 일어날 때는 별것 아닌 것처럼 느껴지지만, '우리' 안에서 벌어질 때는 더 이상 관대해질 수 없습니다.

우리는 사람들에게 크고 작은 상처를 받으며 살아갑니다. 그리고 상처 주는 사람은 으레 나쁜 사람이라고 생각하죠. 나와 거리가 있는 사람, 나와 사이가 좋지 않은 사람이 상처를 준다고 생각합니다. 하지만 가만히 돌이켜보세요. 나에게 진짜 상처를 주는 사람이 누군지 말이죠. 아마 가장 가까운 사람일 겁니다. 가족, 연인, 친한 친구가 그렇지요. 가깝지 않은 사람은 안 보면 그만입니다. 상처도 크게 받지 않습니다. 하지만 가까운 사람은 함께해야 하고 오래 봐야 하니까 상처가 더 크게 다가옵니다. 기대하는 바가 더 크고 받고 싶은 사랑이 더 크기 때문에 배신감도 더 큽니다.

어떻게 하면 좋냐고요? 저도 사람을 고치는 법을 알면 좋겠습니다. 가까운 사람이 나에게 상처 주지 않게 하는 법을 알려드릴 수 있다면 얼마나 좋을까요? 하지만 세상에 그런 노하우는 없습니다. 사람은 쉽게 변하지 않거든요. 변화시킬 수 있는 건 오직 나 자신뿐입니다. 그러니 내가 변해야겠지요. 상처받은 건 나인데 뭘 바꿔야 하냐고요? 다시 한번 생각해보세요. 내가 준 상처는 없는지 말입니다. 내집단 편애가 본능이듯 검은 양 효과도 본능입니다. 나 역시 '우리' 안에 살아가는 이상 누군가에게 상처를 주고 살아왔을 거예요. 지나치게 화를 내고 엄격한 잣대를 세우면서 말이에요. 내가 그들이 변하기를 바라듯, 그들도 내가 변하기를 기다리고 있을지 모릅니다.

프롤로그에서 얘기했던 자두씨를 삼킨 강아지를 생각해보세요. 우리가 주는 상처는 대부분 모르기 때문에, 부주의하기 때문에 주는 거예요. 이렇게 모르고 한 것은 실수지만 알고 하는 것은 잘못입니다. 우리는 이제 알잖아요. 우리가 내집단 편애를 하고 검은 양 효과를 보인다는 것을 말이죠. 그러니 잘못하지는 말아야겠지요. 그리고 다른 사람에게도 알려야겠지요. 실수가 더 이상 잘못이 되지 않도록 말이죠. 어떻게요? 방법은 의외로 간단합니다. 이 책을 선물하면 되거든요!

———

대체 왜 카페에서 공부를 하는 거예요?

_ 여키스·도슨 법칙

'빛도 소리도 없는 방에서 아무것도 하지 않고 일주일을 버티면 5000만 원을 드리겠습니다. 물론 화장실은 언제든 갈 수 있으며 하루 세끼 식사를 제공해드립니다. 도전하시겠습니까?'

특별히 어려운 일을 할 필요도 없습니다. 가만히 있으면 되는데, 일주일만 버티면 돈을 준다고 합니다. 웬만한 대기업 신입 연봉 수준입니다. 안 그래도 쉬고 싶었던 요즘, 이런 '꿀알바'가 어디 있겠습니까? 당연히 도전해봐야겠지요.

실제로 영국 BBC 방송국에서 비슷한 연구를 진행했습니다. 건강한 성인 남녀를 빛과 소음이 차단된 고요한 방에 가둬두고 얼마나 오랫동안 버틸 수 있는지 관찰했습니다. 잠만 자도 하루가 금방 가는데 돈까지 준다니, 많은 참가자들이 기세등등하게 이 연구에 참여했지요. 하지만 48시간 정도가 지나자 기이한 현상이 일어나기 시작했습니다. 참가자들에게 환영과 환청 등 환각 증상이 나타나기 시작한 겁니다. 이들은 아무것도 없는 방에서 벌레가 기어 다니는 것이 보인다고 하고, 소음이 차단된 방에서 목소리가 들린다고 주장했지요. 결국 참가자들은 공포에 떨며 포기를 선언했습니다. 혹시 연구자들이 돈을 주기 싫어서 무서운 자극을 조작한 것 아닐까요? 마치 귀신의 집처럼 말입니다.

참가자들이 경험한 환영과 환청은 연구진의 속임수가 아니었습니다. 바로 그들이 직접 만들어낸 자극이었죠. 그런 걸 어떻게 만들 수 있냐고요? 아니, 그런 걸 왜 만들어내냐고요? 인간이 자극을 추구하는 존재이기 때문입니다. 우리는 자극을 좋아합니다. 아닌 척해도 사실 자극적인 것을 원하지요. 맹숭맹숭한 흰죽을 저녁으로 먹는다고 생각해보세요. 간장이나 소금을 찾게 될 겁니다. 지루한 음악을 듣고 있으면 활기찬 음악이 듣고 싶어집니다. 아무것도 하지 않고 누워 있으면 심심하다 못해 괴롭습니다. 뭐 재미난 거 없을까 하루 종일 TV 채널을 돌리지요. 침대에 가만히 누워만 있어보세요. 편안한가요? 좀이 쑤셔서 몸을 쓰고 싶어질 겁니다.

이런 우리에게 모든 자극이 차단된다면 어떤 일이 벌어질까요? 뇌는 자극 없는 우리의 삶을 보고만 있지 않습니다. 거짓으로라도 자극을 꾸며 만들지요. 있지도 않은 무언가를 눈에 보이게 하고, 들리지 않는 소리가 귀에 들리게 합니다. 환각 증상이 나타나는 겁니다. 미친 사람에게만 나타나는 현상이 아닙니다. 모든 사람에게 나타날 수 있는 현상이에요. 여러분에게도 말이지요. 이런 현상을 '간츠펠트 효과Ganzfeld effect'라고 부르는데, 연구의 참가자들이 바로 이 현상을 경험한 겁니다. 빛도 소음도 차단된 방 안에서 아무런 자극도 제공되지 않자, 뇌에서 가짜 자극을 만들어낸 것이지요.

자극은 정말 필요한 걸까요? 가끔 그런 생각을 합니다. 아무 고민도 걱정도 없이 살아가면 좋겠다고 말이죠. 우린 누구나 적어도 한번쯤 아무런 자극이 없는 안온한 삶을 꿈꿉니다. 그런 삶은 정말 좋을까요? 저는 미국 드라마 「굿 플레이스The Good Place」를 보고 그 생각이 확 바뀌었습니다. 이 드라마는 사후 세계의 이야기를 다룬 작품입니다. 드라마 속 사람들은 살아생전 선행을 베풀 때마다 플러스 점수를 얻고, 잘못을 저지를 때마다 마이너스 점수를 얻는 시스템 속에서 살아가지요. 친환경 소재 빨대를 사용하면 +10점, 거짓말을 하면 −40점, 이런 식으로 말이지요. 그 점수의 총합이 죽어서 굿 플레이스로 갈지 배드 플레이스로 갈지 결정하는 기준이 됩니다. 쉽게 말하면 굿 플레이스는 천국, 배드 플레이스는 지옥인 거죠. 드라마에는 가히 충격적인 장면이 나옵니다. 굿 플레이스의 사람들이 어딘가 나사가 빠진 것처럼 보이는 겁니다. 흥겹게 춤을 추고 있는 것 같지만 영혼이 없어 보이고, 말도 버벅댑니다. 죽기 전에 위대한 학자였던 이가 그곳에서는 멍청이처럼 굴고, 유명한 예술가였던 이는 창작 활동에서 손을 놓았습니다. 알고 보니 원인은 하나였습니다. 그들에게는 각성이 없었던 겁니다. 아무런 걱정도, 고민도, 처벌도 없고, 죽음도 없는 곳에서 살기 때문이었죠. 원하는 것은 뭐든지 얻을 수 있는 곳에서 사람들은 점점 감각을 잃어가고 멍해졌습니다. 부족함이 없는 평안하고 영원한 인생이 오히려 사람들을 바보로 만들어버린 것이지요. 이럴 바에는 굿 플레이스보다 배드 플레이스에서 사는 것이 더 흥미로울지도 모릅니다.

어딘가에서 읽은 한 유머 글에서는 지옥도 아마 진화하고 있을 거라는 이야기를 하더군요. 우리의 고착화된 상상 속에서 지옥은 불구덩이에 빠지고, 괴물에게 피부를 뜯기고, 쇠창살에 찔리는 고통을 영원히 경험해야 하는 곳입니다. 하지만 지옥에 떨어진 사람들이 매저키스트 성향이 강해서 그런 형벌을 고통으로 느끼지 않으면 어떻게 할까요? 지옥 관계자들은 새로운 아이디어를 냅니다. 바로 줄을 세우는 것이지요. 지옥에 도착한 사람들은 영문도 모른 채 줄을 섭니다. 몇 날 며칠 줄을 서서 자기 차례가 되면 어떤 일이 벌어지는지 아시나요? 아무 일도 벌어지지 않습니다. 다시 줄의 맨 뒤로 돌아가게 될 뿐이지요. 이렇게 평생을 아무것도 하지 않은 채 대기하며 살아갑니다. 얼마나 고통스러운 일일까요? 차라리 때리고 괴롭혀달라고 애원할지도 모릅니다. 지루함이란 이토록 무서운 형벌인 것이지요.

드라마 「굿 플레이스」에서 이 문제를 어떻게 해결할까요? 굿 플레이스에 있는 사람들에게 언제든 원한다면 삶을 종료할 수 있는 선택권을 줍니다. 하지만 선택 이후에는 어떤 일이 펼쳐질지 모릅니다. 영혼 자체가 소멸할 수도 있고 또 다른 굿 플레이스로 갈 수도 있지요. 정확한 사실을 아는 사람은 아무도 없습니다. 이제 그들은 고민하게 됩니다. 이 영생을 끝낼 것인가, 계속 살아갈 것인가 하고 말이지요. '끝'이라는 자극이 주어지니 사람들은 활기를 되찾습니다. 더 열심히 즐기고, 더 열심히 사랑하고, 더 열심히 생각하게 됩니다.

자극은 스트레스를 유발합니다. 마음을 무겁게 만들지요. 피하고 싶을 때도 많습니다. 하지만 그 스트레스가 마냥 나쁜 것은 아닙니다. 사람들을 각성시키기 때문입니다. 매운 음식을 먹으면 정신이 번쩍 듭니다. 차가운 물을 몸에 끼얹으면 나른했던 전신이 바짝 긴장하게 됩니다. 갑자기 큰 소리의 노래를 들으면 잠이 확 깨지요. 약간의 긴장감과 함께 스트레스를 느끼지만, 이를 통해 주의가 환기되고 각성되어 오히려 집중력이 향상됩니다. 이렇게 보면 자극은 우리가 무언가를 이루는 데 큰 도움을 주는 셈이지요. 그러니 우리 삶에는 자극이 필요합니다.

심리학자이자 동물학자였던 여키스Robert M. Yerkes와 도슨John

Dillingham Dodson은 이런 현상에 관심을 가지고 있었습니다. 사람들에게는 어느 정도의 자극이 필요할까? 이들은 실험 끝에 너무 적지도 강하지도 않은 각성 수준만이 수행을 최적으로 이끌어 낸다는 사실을 발견하게 됩니다. 그래프로 그려보면 마치 거꾸로 된 U자 모양 같지요. 잘 보면 각성(X축)이 높아지면 과제 수행(Y축)도 증가하게 되지만, 각성이 어느 정도의 수준을 넘어가면 오히려 수행은 감소합니다. 이런 현상을 이 두 학자의 이름을 따 '여키스-도슨 법칙 Yerkes-Dodson Law'이라고 부릅니다.

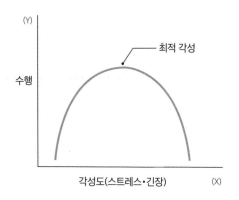

각성 수준이 너무 낮으면 어떨까요? 지루할 겁니다. 고민이 멈추면 생각도 멈추지요. 기계처럼 주어진 일만 하면 일의 능률이 오르던가요? 그렇지 않습니다. 아무 생각 없이 일하면, 일에 대한 보람도 자신에 대한 자부심도 느끼지 못하지요. 집에서 보들보들한 잠옷을 입고 따뜻한 안락의자에 앉아서 책을 펼치면 책이 잘 읽어지나요? 글자가 눈에 들어오지 않습니다. 하품을 하고 눈을 끔뻑거리다가 금세 잠이 들어버리지요. 예술가들은 삶이 평안하면 작품 활동이 잘 되지 않는다고 합니다. 머리가 멍하니 굳어지거든요. 그래서 일부러 가족들과 떨어져 살거나, 돈 버는 일을 거절하고 고난을 자처하는 경우도 있다고 하지요.

그럼 높은 수준의 자극은 어떨까요? 대단한 각성을 일으키긴 할 겁니다. 동시에 극도의 스트레스를 유발하겠죠. 칠판을 손톱으로 긁는 소리를 계속해서 들려준다거나, 뜨거운 불 앞에 세워두면 어떨까요? 너무 괴롭겠지요. 조직폭력배들의 범죄 현장을 숨어서 목격한다고 생각해보세요. 공포감에 휩싸여 아무것도 하지 못할 겁니다. 이렇게 극도의 스트레스 상황에서는 목표를 달성하기가 어렵습니다. 과한 자극은 오히려 독이 되지요.

최적의 각성 수준은 최적의 수행을 이끌어내고, 너무 약하거나 강한 각성 수준은 오히려 과제 수행을 방해합니다. 그러니 쉽지 않겠지만 최적의 각성 수준에 노출되도록 해야 하지요. 그렇다면 최적의 각성 수준이란 어느 정도를 말하는 걸까요?

안타깝게도 여기에 정답은 없습니다. 사람마다 다르기 때문입니다. 아주 예민한 성격을 가진 사람에게는 클래식 음악을 들으며 홍차 한잔 마시는 것이 최적의 각성 수준일 수 있습니다. 힙합 음악을 들으며 자극적인 탄산음료를 마시는 것은 최적의 각성 수준을 넘을 겁니다. 아마 비트의 박자감, 탄산의 청량감에 정신이 산만해져 집중력이 떨어질 거예요. 하지만 어떤 사람에게는 강도 높은 각성이 필요합니다. 시끄러운 록 음악을 틀어놔야 물건 조립을 빠르게 완수하는 기술자도 있습니다. 이렇게 강한 자극이 필요한 사람에게 음악의 볼륨을 줄여 발라드를 틀어주면 어떻게 될까요? 하품만 쩍쩍하다가 손이 느려질 수도 있습니다. 이처럼 최적의 각성 수준은 작업의 난이도, 개인의 능력과 기질에 따라 달라집니다. 어렵지만 자기만의 최적의 각성 수준이 무엇인지를 찾아야 합니다. 나에게 맡겨진 일을 가장 잘 해낼 수 있는 각성 수준을 찾아야 하는 것이지요.

우리나라에 카페 문화가 자리 잡으며 이와 함께 나타난 특이한 종족들이 있습니다. 카페에서 공부하는 사람, 줄여서 '카공족'이라고 불리는 사람들이지요. 이들은 노트북, 책, 펜을 바리바리 싸들고 카페에 가서 자리를 잡습니다. 그리고 커피 한잔, 케이크 한 조각과 함께 공부를 하지요. 안타깝게도 이들을 보는 대중의 시선이 그렇게 곱지는 않습니다. "공부를 도서관에서 해야지. 왜 카페에서 해?" "저거 남들 의식하고 보여주기식으로 하는 거 아닌가?" 카페에서 공부하는 사람들은 허세만 가득 찬 속물인 것 같다며 비난하기도 하지요.

이런 반응을 보면 마음이 아픕니다. 저도 사실 카공족이기 때문입니다. 사실 우리 카공족은 남들의 시선에 별로 관심이 없습니다. 그냥 카페에서 무언가를 할 때 집중이 잘될 뿐입니다. 공간을 채우는 음악, 사람들의 웅성거림, 원두 가는 소리, 우유 스팀 소리, 빵 굽는 냄새, 커피 향기 등 이런 것들이 우리에겐 적당한 수준의 각성이 됩니다. 그래서 카페에 갈 뿐이지요. 그런데 카페는 떠드는 장소라고 단정해버리니, 카공족은 종종 죄인 취급을 당합니다.

왜 공부를 도서관에서 하지 않느냐고요? 카공족에게 도서관은 너무 조용합니다. 숨 막히는 적막은 우리를 예민하게 만들고 긴장 수준을 높입니다. 약간의 소음도 신경이 쓰여서 오히려 집중에 방해가 되지요. 샤프 꼭지 누르는 소리, "여보세요······" 속삭이며 전화 받으러 나가는 소리, 딸각 캔 뚜껑 따는 소리, 또각또각 구두 굽 소리, 문 여닫는 소리, 책장 넘기는 소리 등 조용한 그곳에서는 작은 소음 하나하나가 더 도드라집니다. 차라리 꾸준히 소음이 지속되는 장소에서 공부하는 게 더 낫다고 느끼게 되지요.

독서실에서 공부하는 모든 학생이 좋은 대학에 가요? 도서관에 가는 대학생이 모두 장학금을 받나요? 그렇지 않지요. 독서실이나 도서관과 같은 조용한 장소가 모든 사람에게 최적의 각성 수준을 제공하지는 않는다는 뜻입니다. 물론 도서관에서 공부를 하며 만족스러운 결과를 얻을 수 있는 사람들이 있습니다. 그렇다고 '역시 공부는 도서관에서 하는 거야'라는 결론을 내릴 순 없습니다. 그들의 결과가 도서관에서 공부하는 모든 사람의 결과를 대변하지는 않으니까요. 그들의 최적의 각성 수준이 도서관이라는 장소가 제공하는 조건과 잘 맞아떨어졌을 뿐입니다. 사람마다 최적의 각성 수준은 다릅니다. 누군가에게 소음이라도 다른 누군가에게는 적절한 자극이 될 수 있지요. 또 누군가에게 집중하기 좋은 상황이 누군가에게는 지루함을 불러일으킬 수 있고요.

불행하게도 우리는 평생 공부나 일을 하며 살아야 합니다. 이왕 하는 것 짧은 시간 안에 끝내고 남은 시간을 쉰다면 좋지 않을까요? 그렇게 하기 위해서는 능률을 올릴 수 있는 환경을 찾아야겠지요. 능률이 잘 오르지 않는다고 느껴진다면, 아직 당신만의 각성 수준을 찾지 못한 것입니다. 도서관에서 빌린 책을 기한 내에 읽어야 할 때, 자격증시험을 준비할 때, 승진 준비를 할 때, 보고서를 써야 할 때, 심지어 설거지를 할 때, 청소기를 돌릴 때, 빨래를 갤 때도 저마다 필요한 각성 수준이 있습니다. 그 수준을 찾아내는 것이 우리의 과제입니다.

혹시 너무 높은 각성 때문에 스트레스를 받고 있나요? 불안 때문에 쉽게 집중하기가 어렵나요? 그럼 자극을 줄여보세요. 반신욕을 하거나 잔잔한 음악을 듣는 겁니다. 아로마 향을 맡거나 적당한 수면을 취하는 것도 도움이 됩니다. 오히려 너무 각성이 낮은 상황에 지루함을 느끼고 있다고요? 그럴 땐 자극을 찾아야 합니다. 누리꾼들에게서 검증받은 '노동요'를 검색해서, 적당한 걸 골라 들으며 몸을 흔들어보세요. 큰 소리로 책을 읽거나, 정신이 번쩍 들 만큼 시큼한 사탕을 먹어보세요. 시간 압박을 느낄 정도로 일을 미루고 긴장감으로 집중력을 높여보는 것도 방법입니다. 그것도 아니라면 가방을 싸 카페에 가보세요. 혹시 모르지요. 카공족을 탐탁지 않게 여겼던 당신이 오늘자로 카공족이 되어버릴지도요.

뭐가 됐든 당신이 무언가를 잘할 수 있는 그 순간을 찾아보세요. 그렇게 최적의 각성 수준을 찾는다면, 당신이 가진 잠재력을 훨씬 더 많이 발휘할 수 있을 것입니다.

그렇게 유난을 떨더니
헤어질 줄 알았어

— 후견지명

세상에서 가장 쓸데없는 일이 연예인 걱정이라고 하지만, 우리는 연예인의 일거수일투족에 관심이 참 많습니다. 특히 연애사에는 더 관심이 많지요. 한 연예인 커플이 이혼을 했습니다. 여자 측의 일방적인 공개로 대중들에게 이 사실이 알려지게 되었지요. 기사가 나자 많은 사람들이 이야기했습니다. 남자가 뒤통수칠 것 같았다, 어쩐지 너무 일찍 결혼한다 했다, 딱 봐도 남자 생긴 게 여자 팔자 말아먹을 상이다 등등. 사람들은 온갖 비난을 하면서 남자를 나쁜 놈으로 몰아갔습니다. 그런데 남자 측에서 반박을 하기 시작했습니다. 새로운 사실이 밝혀지자, 비난의 화살은 여자 쪽으로 옮겨가게 됩니다. 이번에는 저 여자 예전부터 이상한 짓 많이 했었다, 원래 성격이 더럽기로 유명했는데 여태까지 같이 살아준 남자가 보살이다, 최근 안색이 안 좋은 게 뭔 일이 있을 줄 알았다 등의 이야기들이 터져 나왔지요. 그러자 여자 측에서 충격적인 사실 하나를 폭로합니다. 또다시 화살은 남자 쪽을 향합니다. '요즘 사회적으로 물의를 일으킨 A하고도 친구라고 하지 않았냐? 끼리끼리는 사이언스다!' 그 후로도 화살은 여기에서 저기로 몇 번이나 옮겨 다녔는데, 참 재미있는 것은 그때마다 사람들이 '그럴 줄 알았다'고 하는 것이었습니다. 우리가 마법사나 예언가도 아닌데, 뭘 어떻게 그럴 줄 알았다는 걸까요?

임현 작가의 단편소설 「엿보는 손」에서도 이와 비슷한 상황을 볼 수 있습니다. 세탁소를 운영하던 아버지는 어느 날 아들에게 무거운 목소리로 고백을 합니다. 동네 부동산 여자와 손을 잡았고, 그 이후로 '형님'이라고 부르던 그녀의 남편 얼굴 보기가 미안해졌다는 말을요. 그리고 얼마 후 아버지는 집을 떠나버립니다. 부동산 여자도 함께 사라졌지요. 아들은 세상에는 일이 벌어진 뒤에야 분명해지는 것이 있다는 생각을 되뇌입니다. 마치 아버지가 떠나고 나서야 그 일을 알게 된 것처럼 말이죠. 하지만 동네 사람들은 마치 오래전부터 예견했다는 듯한 태도를 보입니다. 아버지가 사라지기 전까지 아버지를 만나 함께 밥도 먹고, 담소도 나누고, 세탁물도 맡기며 아무렇지도 않게 지내던 그들이 수군거립니다. 대놓고 입을 모아 이야기하기도 합니다. 그럴 줄 알았다고 말이죠.

동네 사람들은 여러 가지 정황상 두 사람의 불륜은 확실했다고 말합니다. 둘이 미심쩍은 낌새를 풍겼다고도 하지요. 세탁소에 단둘이 있던 그들과 자주 마주쳤는데, 그럴 때마다 그들이 괜히 허둥댔었다고 증언하는 사람도 있었습니다. 아버지가 떠나기전에는 한번도 나온 적 없던 이야기들이었습니다. 이런 말은커녕 미심쩍은 시선 한번 보낸 적이 없었던 동네 사람들이 이 모든 것을 알고, 예상하고 있었다네요.

이 사람들은 유난히 허풍이 심하거나 정신이 이상한 사람들일까요? 아닙니다. 대부분의 사람들이 이런 모습을 가지고 있습니다. 저도, 여러분도 말이죠. "아니에요. 저는 댓글 같은 거 달지 않고, 연예인 얘기나 남 얘기에 관심 없어요." 이렇게 말하고 싶으신가요? 그럼 이런 경우는 어떤가요?

"다음 주 월요일에 내가 출근을 안 하면 로또에 당첨된 줄로 알아라!" 이렇게 큰소리 떵떵 쳐보신 적 없나요? 하지만 기대했던 일은 좀처럼 벌어지지 않습니다. 그러면 우리는 생각하지요. '아, 이럴 줄 알았어.' 두근두근 설레는 마음으로 면접을 보고 온 날, 왠지 잘 풀린 것 같아서 기대하고 있었는데 불합격 사실을 알게 되면 어떻게 반응하나요? 혹시 "왠지 안 될 거 같았어"라고 하지 않으시나요? 주식이 떨어지면 보통 좌절하며 이렇게 말합니다. "떨어질 줄 알았는데! 그때 팔았어야 했는데!" 누군가에게 도와달라고 부탁할 때는 굽신대다가 거절당하면 "저 사람 그럴 줄 알았어" 하잖아요. 신께 간절히 기도하던 소원이 결국 이루어지지 않을 때도, 우리는 이렇게 말합니다. "안 될 줄 알았어." 그럴 줄 알았으면서 머리 숙여 부탁은 왜 하고, 애타게 기도는 왜 한 걸까요?

가끔 우리는 마치 점쟁이라도 된 듯이 "그럴 줄 알았다"라고 이야기합니다. 물론 그 일이 일어난 후에 말이죠. 그 전에는 사실 몰랐으면서, 알고 있었으면 그렇게 하지 않았을 거면서, 자신은 이미 결과를 알고 있었다고 생각하지요. 이런 심리를 '후견지명_{後見之明}'이라고 합니다. 미래를 예언하는 선견지명이 아니라, 일이 다 벌어지고 나서야 이미 결과를 예견하고 있었다고 착각한다는 뜻이죠. 사건이 일어나고 나면 '그럴 줄 알았다'는 생각에서 벗어나기가 힘듭니다. 왜일까요?

우리는 사건이 일어나기 전에 그 결과에 대한 여러 가지 가능성을 상상합니다. 로또를 사고 '1등에 당첨되면 그 돈으로 뭘 할까?'하는 생각부터 시작해서 '2등 되면 아깝겠다', '5등 되면 그래도 본전은 뽑은 거니까 그 돈으로 다시 로또 사야지', '내가 운도 안 좋은데 그런 일이 생길까?'와 같이 일어날 수 있는 모든 가능성에 대해 생각하게 되지요. 보통 사건의 결과는 내가 예측했던 여러 가지 가능성 중 하나와 비슷하기 마련이고요. 그러면 내가 그 생각만 하고 있었다고 착각하는 겁니다. "그럴 줄 알았어!" 하면서요.

연예인 A군과 B양의 열애 사실이 밝혀지면 우리는 여러 가지 가능성을 상상합니다. '둘이 결혼하겠지? A가 바람나려나? B가 성격이 이상하다는 소문이 있던데 차이지 않을까?' 그러다 둘이 결혼하면 이렇게 생각합니다. '그럴 줄 알았어.' 하지만 둘이 헤어져도 똑같이 생각하지요. '그럴 줄 알았어.' 왜냐면 그 모든 가능성을 이미 다 생각해봤으니까요. 우리는 이럴 줄도 알았고, 저럴 줄도 알았던 것입니다. 온갖 예측을 미리 다 해봤기 때문에, 뭐라도 하나 걸리면 그럴 줄 알았다고 말할 수 있는 거지요. 그래서 후견지명을 '사후 확신 편향hindsight bias'이라고도 부른답니다. 일단 사건이 일어나고 나면, 예전에 자신이 생각했던 여러 가능성 중 결과와 일치하는 가능성 하나만 선택해, 그것만이 자신의 예측이었던 것처럼 확신하는 경향이라는 뜻이지요.

만약 정말 중대한 사건에서 사후 확신 편향을 보였다가 자신이 틀렸다는 사실을 알게 되면, 앞으로는 좀 더 신중히 생각하고 말하게 될 겁니다. 하지만 대부분의 사건은 그렇지가 않죠. 우리가 "그럴 줄 알았어"라는 말을 하는 경우는 보통 "아니면 말고"가 가능한 경우입니다. 옆집 아줌마를 험담할 때, 연예인 지라시 내용을 전달할 때처럼 내 인생과 크게 관련이 없는 일을 이야기하면서 이랬다더라, 저랬다더라 쉽게 말하지요. 사실이 아닌 걸로 밝혀져도 손해 보는 것이 없으니까요. 그러니 이런 착각 속에서 살고 있는 자신의 모습을 잘 발견하지 못할 뿐, 누구나 크고 작은 일들 속에서 후견지명을 하고 있답니다.

후견지명은 경계해야 합니다. 스스로가 후견지명을 하고 있다는 사실을 모를수록, 우리는 자신을 뛰어난 예언가로 착각하게 됩니다. 열 번의 "그럴 줄 알았어" 중에서 일곱 번은 틀리고 세 번은 맞았을 때, 그 일곱 번을 간과해버립니다. 그리고 세 번의 정확률만 가지고 남들보다 뛰어난 감을 가졌다고 생각하거나, 남들이 보지 못하는 것을 본다고 착각하지요. 자신이 뭐 대단한 사람이 된 것 같은 오해를 하게 되는 겁니다. 거기서 그치지 않고 주변 사람들을 피곤하게 만들기도 하지요.

친구가 결혼생활이 힘들어 이혼하고 싶다 하면 "내가 그 사람 별로라고 했잖아. 너네 그렇게 될 줄 알았어"라며 가슴 찌르는 소리를 하고, 취업이 어렵다는 친구에게 "너 그렇게 맨날 술만 마시더니 그럴 줄 알았어"라고 잔소리를 합니다. 그 사람이 처한 어려운 상황에 대해 공감이나 이해는 하지 않게 되지요. 자신의 예지력에 대해 우월감을 느끼고, 내 말을 듣지 않은 사람을 비난하기가 쉬워집니다. 결과적으로 주변 사람들과는 점점 멀어지겠지요. 또 자기 판단력에 대한 과신으로 객관적인 분석을 하지 못하게 되면, 중요한 의사결정을 할 때 치명적인 실수를 할 수도 있습니다. 그땐 '그럴 줄 알았어'라고 생각해도 이미 늦어요.

한 추리소설 작가는 이런 말을 남겼습니다. "독자는 반드시 범인을 찾아낸다. 이야기 속의 인물들을 한 번씩은 의심하니까."

우리는 마치 추리소설을 읽는 독자처럼 세상을 바라봅니다. 모든 가능성을 염두에 두면서 말이지요. 그러니 "뻔하다", "시시하다"라는 말을 쉽게 할 수 있는 겁니다. 하지만 이런 마음가짐이 내가 모든 것을 알고 있었다는 증거는 아닙니다. 오히려 아무것도 몰랐다는 반증일지도 모르지요. 이제 '그럴 줄 알았어'보다는 '이럴 수가! 생각도 못했네!'의 마음으로 살아보는 것은 어떨까요? 상상도 못한 결말에 깜짝 놀라는 것처럼 세상이 조금 더 흥미진진해질지도 모르잖아요.

그 사람에 대해
판단하기 전에

— 행위자 · 관찰자 편향

모든 상황이 마치 나를 망치려고 작정한 듯 엉망으로 돌아가는 날이 있습니다. 나는 최선을 다해 노력하는데 일이 꼬이는 날이 있기 마련이지요. 그럴 때는 억울한 마음이 밀려옵니다. 왜 하필 나에게 이런 일이! 양손에 머리를 파묻습니다. 이때 가장 서러운 것은 상대방의 반응이지요. 나에게 어떤 일이 일어났는지도 모른 채, 내 겉모습만 보고 실망하는 반응 말입니다.

좌충우돌 청년들의 창업 스토리를 다룬 tvN 드라마 「스타트업」에서 본 에피소드의 한 장면입니다. 주인공 도산은 어린 시절에 수학 올림피아드 최연소 대상을 수상하면서 천재 유망주로서 기대를 한 몸에 받고 자라납니다. 하지만 이기는 것보다 지는 것이 편한 순박한 성격 덕에 큰 성과를 얻지 못합니다. 지지부진 연구에만 몰두하는 도산을 아버지는 못마땅해하지요. 하루는 도산이 샌드박스라는 창업 지원 프로그램에 합격하고 아버지에게 희망찬 이야기를 합니다. 하지만 아버지는 그동안 도산이 보여준 모습을 생각하고 응원 한마디 해주지 않습니다. 기가 죽은 도산은 아버지를 뒤로 한 채 문을 쾅 닫고 나갑니다. 그러자 아버지는 화를 냅니다. 저거 뭘 잘했다고 문을 쾅 닫냐고, 시위 하냐고 말이지요. 그 순간 도산이 뻘쭘한 표정으로 문을 열고는 말합니다. 지금 문이 닫힌 건 바람 때문이었고, 자기가 닫은 것이 아니라고요. 도산은 오해하실까 봐 말씀드린다고 덧붙이고 문을 살포시 닫으며 밖으로 나갑니다. 그 모습을 본 어머니는 오히려 아버지에게 화를 냅니다. 격려 좀 해주는 것이 뭐가 어렵냐고 말이지요. 여전히 바보 같은 아들의 모습에 황당해하는 아버지를 뒤로 하고, 이번엔 어머니가 문을 쾅 닫고 방으로 들어갑니다. 그러고 나서 그녀는 문을 살짝 열어 고개를 빼꼼 내밀고 말합니다. "이거는 바람 때문에 쾅 닫힌 것 아니야!"

겉으로 보기엔 똑같은 일이라도 어떨 땐 상황 때문에, 어떨 땐 의도에 의해 일어납니다. 하지만 많은 이들이 문제는 상황 때문이 아니라 의도 때문에 생긴다고 생각하지요. 문을 쾅 닫은 건 바람이 아니라, 반항심을 표출하는 버릇없는 아들놈이라고 생각하는 것처럼 말입니다.

———

착시 현상을 소개할 때 빠지지 않는 그림이 있습니다. 바로 '루빈의 컵Rubin vase'이지요. 이 그림은 어두운 배경의 프레임 안에 밝은색의 컵이 놓여 있는 것처럼 보입니다(a). 하지만 그림의 테두리를 지우면 다른 형태가 눈에 들어옵니다. 서로 마주보고 있는 두 사람의 옆모습이 보이는 것이지요(b).

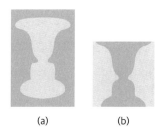

(a)   (b)

지각심리학에서는 이러한 현상을 '전경과 배경figure-ground' 현상이라고 부릅니다. 우리는 어떤 자극을 볼 때 전체의 모습을 아울러서 보는 것이 아니라, 도드라지는 부분에 시선을 빼앗기게 됩니다. 이때 시선을 빼앗는 주인공이 되는 부분을 전경이라고 부르고, 나머지 부분을 배경이라고 부릅니다. (a)에서는 밝은색 컵 부분이 전경이 되어 어두운 바탕이 눈에 들어오지 않고, (b)에서는 밝은 얼굴 부분이 전경이 되어 어두운 바탕이 눈에 들어오지 않지요. 우리는 전경에 시선을 빼앗기면 배경 처리된 영역을 유심히 보지 않는 경향이 있습니다. 이런 전경과 배경 현상은 그림을 볼 때뿐만 아니라 사람을 볼 때도 나타나지요.

행동을 하는 사람을 행위자, 그 사람을 지켜보는 사람을 관찰자라고 해봅시다. 행위자는 주로 판단을 당하고, 관찰자는 판단을 합니다. 뮤지컬을 생각해볼까요? 배우는 행위자이고 관객은 관찰자가 됩니다. 배우는 연기를 평가받고, 관객은 배우를 보며 연기를 잘하는지 판단하지요. 이때 행위자와 관찰자는 서로 다른 곳을 바라봅니다. 우선 배우의 눈에는 주변 환경이 보입니다. 무대장치, 상대 배우, 관객, 커튼 등이 눈에 들어오지요. 주변 상황이 전경이 되는 것입니다. 자신의 모습은 보이지 않습니다. 배경이 되는 것이지요. 숙련된 배우라 해도 자신이 지금 어떤 모습으로 연기하고 있는지 알 수가 없습니다. 그래서 때로는 바지 지퍼가 열리거나, 머리가 흐트러지거나, 화장이 번진 것도 모른 채 연기를 강행하지요. 여러분도 한번 생각해보세요. 여러분 자신의 표정이나 행동이 눈에 보이나요? 보이지 않을 것입니다. 주변 환경만 보일 뿐이죠.

하지만 관객의 입장에서는 배우가 도드라지게 보입니다. 관객은 배우의 목소리, 손짓, 동작 등에 집중하게 되지요. 배우의 행동 자체를 전경으로 인식하며, 무대나 주변 환경은 제대로 보지 못합니다. 주인공에게 몰입하는 순간, 옆에 있는 엑스트라가 비틀거려도 모르고 지나갑니다. 엄청난 굉음이 나지 않는다면 무대장치 중 하나가 쓰러져도 못 보고 넘어가지요. 커튼 색이 바뀌어도, 스태프가 허리를 숙이고 지나가도 모르는 경우가 대부분입니다. 주변을 배경 처리하기 때문입니다.

　누군가가 어떤 행동을 했을 때, 그 사람이 처해 있는 상황은 우리 눈에 잘 보이지 않습니다. 우리는 그 사람의 행동 자체에만 시선을 두게 되지요. 이렇게 관찰자는 행위자의 행동 그 자체를 전경으로 여기고, 행위자는 자신이 처한 환경을 전경으로 여기게 되는 특성이 있습니다. 이를 '행위자-관찰자 편향actor-observer bias'이라고 부릅니다. 행위자-관찰자 편향이 시작되면 내 잘못은 어쩔 수 없는 상황 탓으로, 남의 잘못은 그 사람의 인격 탓으로 돌리는 실수를 범하게 되지요. 대부분의 사람들이 이렇게 원인에 대해 잘못된 판단을 하기 때문에 이런 태도를 '기본적 귀인 오류fundamental attribution error'라고 부르기도 합니다. '내로남불', 즉 '내가 하면 로맨스, 남이 하면 불륜'과 같은 태도가 바로 기본적 귀인 오류의 전형적인 예입니다. 행위자는 사랑에 빠질 수밖에 없었던 상황을, 관찰자는 불온한 그들의 선택을 바라보니까요.

　관찰자는 행위자의 도드라지는 모습을 바탕으로 의도를 파악하려 하는데, 이때 가장 쉬운 판단은 그 사람의 성격을 탓하는 것입니다. 이를테면, 약속 시간에 늦은 친구를 보고 게으르다고 생각해버리는 것이죠. 짜증내는 친구를 보고는 성격이 나쁘다고 생각합니다. 길거리에서 어깨를 부딪치고 가는 사람은 성격이 이상하다고 생각합니다. 문 앞에 뻔히 꺼내놓은 쓰레기를 보고도 버려주지 않는 배우자에게 이기적이라고 말합니다. 그래서 욕을 하거나, 비난을 하고, 미워하기도 합니다. 하지만 상대방은 그 반응에 억울해하지요. 약속 시간에 늦은 친구는 오는 길에 사고가 났을 수도 있습니다. 짜증내는 그 친구는 오늘 아침부터 상사에게 비인격적인 대우를 받아 감정적으로 격해진 상태일 수도 있고요. 어깨를 치고 간 사람은 가족이 다쳤다는 연락을 받고 눈에 보이는 것 없이 병원으로 달려가던 중이었을지도 모릅니다. 뻔히 보라고 놔둔 쓰레기도 출퇴근에 정신없는 배우자의 눈에는 정말로 들어오지 않았을 수 있지요.

두통으로 몇 날 며칠을 고생했던 적이 있습니다. 머리를 누가 북채로 두들기는 것처럼 괴로웠지요. 그날은 중요한 미팅이 있는 날이었고, 저는 두통을 견디며 그 자리에 참석했습니다. 그런데 회의가 끝난 후 상사가 정색하며 이렇게 말했습니다. "고은 씨, 회의하는 데 표정이 왜 그래? 너무 건방진 거 같아. 마음에 들지 않는 게 있으면 이야기를 해." 그 말에 저는 큰 상처를 받았습니다. 이렇게 아픈 걸 견뎌가면서 회의에 참석했는데, 돌아오는 반응이 건방지다는 훈계라니! 하루 종일 우울했지요. 그러다 문득 거울에 비친 제 표정을 보고 깜짝 놀라고 말았습니다. 두통을 견디는 제 표정에는 짜증이 가득했습니다. 미간에 주름이 잡히고 눈은 찡그린 채 입을 앙 다물고 있었지요. 누가 봐도 화가 가득한 건방진 표정이었습니다. 저에게는 나름 그럴 만한 사정이 있었지만, 상대방은 알 턱이 없었으니 오해할 만했겠지요.

———

그 뒤로 참기 힘든 통증이 있을 때는 미리 상황을 설명하기로 했습니다. 오늘은 몸이 좋지 않아 쉬겠다고 이야기하거나, 평소처럼 활기차지 않아도 양해해달라고 말이지요. 그러면 겉으로 드러난 저의 행동만 가지고 제 의도를 오해하지 않을 테니까요. 저 역시 상대방의 오해로 상처를 받을 일이 없고 말이지요. 이처럼 우리는 노력해야 합니다. 적극적으로 알려야 하지요. 말을 하지 않으면 알 수 없는 상황이 있고, 알려고 하지 않으면 오해할 수밖에 없는 상황이 있으니까요.

제게 심리학을 배우던 한 학인이 하루는 이런 이야기를 꺼냈습니다(그분의 표현을 그대로 옮겨보겠습니다). "남편 성격이 지랄 맞아서 퇴근할 때마다 얼굴에 죽상을 하고 있는데, 꼴 보기가 싫어서 이혼하고 싶어요." 제가 물었습니다. "남편분께도 그럴 만한 사정이 있지 않을까요?" 그녀는 굉장히 서운해했습니다. 그냥 공감해주고 자기편을 들어주면 안 되는 거냐고요. "공감해주고 편을 들어주는 것이 어려운 일은 아니에요. 하지만 제 공감이 당장 선생님의 기분을 풀어드릴지 몰라도, 오늘 저녁 남편 분 얼굴을 보면 또 같은 기분이 올라올 텐데요. 저는 선생님이 본질적으로 행복해지시기를 바랍니다." 저는 이렇게 말씀드리며 기본적 귀인 오류에 대한 설명을 했습니다. 이 이야기를 들은 선생님은 자기 연민에서 빠져나와 문제의 본질을 직면하기로 했습니다.

그날도 선생님의 배우자는 일그러진 얼굴로 집에 들어왔습니다. 그녀는 감정이 욱하고 올라왔지만 꾹 참고 남편이 처해 있는 환경을 이해해보기로 했답니다. 그래서 오늘 회사에서 무슨 일이 있었냐고 물어봤지요. 그랬더니 남편이 갑자기 선생님께 기대어 꺽꺽 울기 시작하더라는 겁니다. 놀란 그녀는 남편의 등을 토닥이며 이야기를 들어주었습니다. 알고 보니, 회사 상사가 폭언에 물건까지 던지면서 매일 남편을 괴롭히고 있었습니다. 이 상황을 알 수 없었던 가족들은 인상을 쓰고 집으로 돌아오는 그를 무시했고, 가족에게마저 위로받지 못한 그는 지칠 대로 지쳐 있었습니다. 그녀는 힘들게 일하고 돌아온 남편을 한 번도 격려해주지 못한 자기 자신이 부끄러워졌습니다. 몰랐던 상황을 알게 되니 남편의 행동을 이해할 수 있었던 것이지요. 그렇게 두 사람은 이직을 준비하고, 또 상담을 받으며 세상에 둘도 없는 잉꼬부부가 되었답니다.

모든 오해는 당사자의 성향 혹은 선택과 환경의 상호작용으로 일어납니다. 어쩔 수 없는 상황과 그에 대해 설명하지 않는 태도 혹은 의도적으로 선택한 행동과 이를 부추기는 상황의 상호작용으로 일어난다는 말입니다. 어떤 한 가지 원인만으로 생겨나지는 않지요. 하지만 이 두 가지를 동시에 보기는 참 어렵습니다. 하나가 눈에 띄면 다른 하나가 안 보이거든요. 그래도 방법은 있습니다. 두 가지를 번갈아가며 보는 것입니다.

루빈의 컵에서 컵이 보이는 사람은 컵만 보게 됩니다. 사람의 옆얼굴이 보이는 사람은 옆얼굴만 보게 되지요. 하지만 그림 안에 두 가지 형태가 모두 존재한다는 사실을 알게 되고 나면, 컵이 보였다가 옆얼굴이 보였다가 합니다. 하나만 보고 싶어도 다른 대상의 존재를 알게 된 이상, 다른 것도 자꾸 보입니다. 동시에 보이지는 않지만 번갈아가며 보이지요. 여러분은 오늘 알게 되었습니다. 어떤 일이 일어난 원인은 성향과 상황 모두에 있다는 것을 말이죠. 이 사실을 안 이상 하나만 보기는 어려울 것입니다. 성향을 탓하려다가도 상황을 생각하게 되겠지요.

누군가의 행동을 함부로 판단하기 전에 그 사람이 처한 상황을 바라봐 주세요. 분명 그럴 만한 사정이 있을 테니까요. 여러분이 먼저 마음을 열고 이해한다면, 그들도 여러분의 삶을 같은 시선으로 바라봐 줄 것입니다. 이해는 언제나 돌아오는 것이니까요.

세상은 나를 중심으로
돌아가지 않는다

_ 마음 이론

JTBC 드라마 「청춘시대」의 등장인물 중 하나인 예은은 무심하고 이기적인 남자친구와의 이별을 결심합니다. 그런데 그 과정에서 상상도 못했던 남자친구의 본모습이 드러나기 시작하지요. 이별 통보를 받은 그가 예은을 납치해 자신의 자취방에 감금하고 잔인하게 폭행한 것입니다. 다행히 친구들의 도움으로 위기에서 벗어나게 되지만 예은은 그 뒤로 오랫동안 트라우마에서 벗어나질 못하지요. 사랑했던 남자친구에게 끔찍한 일을 당했다는 사실보다 그녀를 더 힘들게 했던 건 주위 사람들의 시선이었습니다. 대학 친구들은 가해자인 남자친구가 아닌 피해자인 예은을 보고 손가락질을 하며 수군거렸지요. 평소 인기가 많았던 예은은 한순간 이상한 사람 취급을 당하게 되자 그 상황을 견디지 못합니다. 결국 휴학을 하고 고향 집으로 내려온 그녀는 힘없이 소파에 풀썩 누워 생각합니다. 어렸을 때는 세상 모든 것이 자신을 사랑하기 위해 존재했는데, 지금은 자신이 그저 많은 사람 중 하나에 불과하구나 하고 말이죠.

우리도 어린 시절에는 이런 생각을 하며 살았습니다. 세상의 중심은 나이고, 세상이 나를 위해 돌아가는 줄 알았지요. 내가 가장 소중하고, 내가 세상의 전부였습니다. 모두가 내 마음을 알 것이고, 누구나 내 마음을 이해해줄 것이고, 남들도 내 마음과 같을 것이라고 생각했습니다.

아이들은 이런 '자기중심적 사고egocentrism'를 합니다. 내 생각이, 내 감정이, 내 마음이 세상의 중심이 된다고 느끼는 것입니다. 다른 사람과 내가 다른 마음을 가지고 있을 거라곤 상상도 하지 못합니다. 그래서 내 시선과 남들의 시선이 같을 거라고 믿고, 자기가 세상의 중심인 양 착각하게 됩니다. 실제로 세 살 정도 된 아이들에게서는 재미있는 모습이 나타납니다. 아이에게 인형의 앞모습을 보여주고 나서, 반대편에 앉아 있는 친구가 인형 얼굴을 알고 있겠느냐 물으면 그렇다고 대답하는 것이죠. 친구는 인형 뒤통수밖에 못 봤지만 그런 사정은 생각하지 못합니다. 내가 보는 세상을 다른 친구들도 보고 있다고 믿거든요. 또 자신의 눈만 가리면 세상이 온통 깜깜해진다고 생각합니다. 그래서 이 시기에 아이들은 까꿍 놀이를 하면 자지러지게 웃는 것이지요. 눈만 가리면 세상의 불이 꺼지니까요.

우리는 보통 자기중심적인 것이 곧 이기적인 것이라고 생각하는데, 엄연히 이 둘은 다릅니다. 자기중심적이라는 것은 자신의 이득만 꾀하려는 것이 아니라, 세상의 중심을 자기라고 착각하는 것이거든요. 할머니가 세 살 정도 된 손주를 데리고 백화점에 갑니다. 그리고 엄마에게 줄 선물을 골라보라며 뽀로로 가방과 샤넬 가방을 보여줍니다. 아이는 어떤 가방을 고를까요? 백이면 백 망설임 없이 뽀로로 가방입니다. 아이는 자신이 뽀로로 가방이 갖고 싶어서 이기적인 선택을 한 걸까요? 아니지요. 그저 자기중심적인 선택을 한 것입니다. 자기의 마음과 다른 사람의 마음이 같다고 생각하기 때문에, 내가 좋아하는 걸 엄마도 좋아할 거라고 확신한 겁니다. 아이는 이기적인 선택이 아닌, 엄마를 위한 선택을 했던 거지요. 단지 엄마의 마음이 내 마음과 다를 수 있다는 사실을 인지하지 못하고 있을 뿐입니다.

이렇게 자기중심적인 사고를 하던 아이들도 시간이 지남에 따라 성숙하게 됩니다. 어느 순간이 되면 다른 사람과 나의 마음은 다를 수도 있구나, 나에게 내 마음이 있는 것처럼 저 사람은 저 사람만의 마음을 가지고 있구나 하고 깨닫게 됩니다. 이런 깨달음의 과정을 심리학에서는 '마음 이론 theory of mind'이 형성되었다고 이야기하지요. '세상은 나를 중심으로 돌아가는 곳'이라는 생각에서 '세상은 각자의 마음을 가진 사람들이 모여 있는 곳'이라는 생각으로 바뀌기 시작하는 겁니다. 이제 아이는 내가 좋아하는 음식을 친구는 싫어해서 안 먹을 수도 있고, 내가 좋다고 하는 행동을 엄마는 싫어해서 화낼 수도 있으며, 내가 아는 것을 동생은 모를 수도 있다는 것을 이해하게 됩니다. 즉, 남들이 나와 다른 생각을 할 수도 있음을 알게 되는 겁니다.

발달심리학적으로 볼 때 마음 이론은 세 살에서 네 살 정도에 발달합니다. 실제로는 성인이 되어서도 마음이 온전히 발달하지 않은 사람들이 생각보다 많지만요. 연인 사이를 예로 들어 봅시다. 한 사람이 다른 사람에게 애정 표현을 요구하며 "자기야, 나 사랑해?" 하고 물어보면 "응, 사랑해" 하면 됩니다. 그런데 화를 내는 사람이 있습니다. "꼭 말로 해야 알아?" 물론 애정 표현이 부끄러워서 그러는 사람들도 있겠지요. 하지만 어떤 사람들은 내 마음을 당연히 상대방이 알 것이라고 생각합니다. 그래서 자꾸 당연한 질문을 하는 것을 귀찮게 여깁니다. 당신의 마음은 당신이 알지 상대방은 모릅니다. 내 마음을 상대방이 척척박사처럼 알아차릴 거라는 생각, 그게 바로 자기중심적 사고입니다.

자기 분야에서만 사용하는 전문용어나 외국어, 비속어를 아무렇지도 않게 쓰는 사람들도 있습니다. 뭔가 있어 보이는 사람처럼 보이려고 일부러 어려운 용어를 쓰는 경우도 있지만, 보통은 자기가 아는 것을 남들도 당연히 알고 있을 거라고 생각하고 그러는 경우가 많습니다. 상대방이 자기 말을 이해하지 못할 것이라는 생각조차 못 하는 것이지요.

　이런 사람도 있습니다. 자신의 취향이 무조건 옳고, 다른 사람도 당연히 그렇게 생각할 것이라고 믿는 사람이지요. 저는 김치를 못 먹습니다. 설렁탕을 먹어도 절대 깍두기 국물을 붓지 않지요. 그런데 허락도 받지 않고 제 설렁탕에 깍두기 국물을 부어버리는 사람이 있습니다. 소고기를 바싹 구워 먹거나 냉면을 잘라 먹으면 먹을 줄 모른다고 놀리지요. 당신과 나의 취향이 다를 수 있다는 사실을 이해하지 못하는 것입니다. "난 배우 A가 예쁘다는 사람이나 아이돌 B가 잘생겼다고 하는 사람, 진짜 어이가 없어. 눈이 어떻게 된 거 아냐?" 이런 말을 입에 달고 사는 사람도 있습니다. "내 눈엔 A와 B가 별로 이쁘고 잘생긴 거 같지가 않아"라고 말하면 될 텐데, 왜 나와 다른 의견을 받아들이지 못할까요?

　이 사람들은 나쁜 사람일까요? 비난받아 마땅할까요? 자세히 들여다보면 이 사람들에게 악의는 없습니다. 그저 다른 사람이 나와 다른 마음을 가지고 있다는 당연한 사실을 아직 이해하지 못할 뿐입니다. 상처를 주려는 의도는 전혀 없을 겁니다. 진짜로 연인이 내 마음을 알아줄 것이라고 착각할 뿐이고, 내가 아는 지식을 남들도 알고 있을 것이라고 생각할 뿐이고, 진짜 맛있는 설렁탕 국물을 맛보여주고 싶어 할 뿐이겠지요. 마치 세 살짜리 아이가 엄마에게 뽀로로 가방을 사주고 싶어 했던 것처럼 말입니다. 앞에서 말했던 것처럼, 자기중심적인 것과 이기적인 것은 다르니까요.

세상에는 성인이 되어서도 미성숙한 어린아이의 마음을 가진 사람들이 있습니다. 자기중심적으로 세상을 바라보고, 다른 마음을 이해하지 못하는 것이죠. 그런 사람을 보면 마음 이론을 떠올리면 됩니다. '아, 저 사람은 어린아이의 마음을 가졌구나!' 이렇게 생각하면 그들을 미워할 필요도, 그들로부터 상처를 받을 필요도 없답니다.

남편이 설거지를 하게 만드는 법

_ 손다이크의 효과의 법칙

실험실에서 동물의 행동을 최초로 연구한 것으로 알려진 심리학자 손다이크Edward Lee Thorndike. 그는 '효과의 법칙law of effect'이라는 놀라운 심리 현상을 발견하게 됩니다. 내용은 이렇습니다. '어떤 행동의 결과가 그 행동의 재발을 통제한다.' 어렵나요? 쉽게 말해서, 어떤 행동을 했는데 결과가 좋으면 그 행동을 또 한다는 뜻입니다. 이게 왜 놀랍냐고요? 이렇게 당연한 이야기를 발견이라고 하냐고요? 여러분, 우리 자신을 한번 돌아봅시다. 이 당연한 효과의 법칙을 과연 우리가 잘 이용하고 있느냐는 말이죠.

보통 '맘 카페'라고 불리는 육아 커뮤니티에서 재미있는 글을 하나 읽었습니다. 제목은 이랬습니다. '남편 때문에 열불 터져 죽겠어요!' 남편이 어느 날 안 하던 설거지를 하고 있더라는 겁니다. 뭘 잘못 먹었나 싶어 봤더니, 그릇 닦는 수세미가 아닌 싱크대 닦는 수세미로 아이 숟가락이며 물컵을 닦고 있었다는 거죠. "이 인간아, 내가 못 살아! 비켜!" 화가 난 그녀는 손바닥을 등짝에 세게 날려주면서 아기 식기를 다 삶아 소독했다는 내용이었습니다. '공감한다', '속상하겠다', '우리 남편도 그런 적 있다' 등의 댓글이 가득했죠. 맞아요. 속상할 거예요. 아기 입에 닿는 소중한 식기를 찌든 때며 곰팡이 묻은 싱크대 수세미로 닦다니 말이지요. 화가 나고 속상한 마음 충분히 이해합니다. 하지만 등짝을 때리다니요. 안타깝게도 오늘 이후로 다시는 설거지하는 남편을 볼 수 없을 겁니다.

손다이크가 말하는 효과의 법칙에 따르면, 유기체는 어떤 행동 뒤에 좋은 결과가 따라와야 그 행동을 또 하고 싶어 합니다. 여기서 유기체는 비둘기가 될 수도 있고, 개가 될 수도 있고, 우리 인간이 될 수도 있죠. 설거지를 했을 때 기뻐하는 아내의 표정과 칭찬은 좋은 결과가 됩니다. 하지만 '등짝 스매싱'은 나쁜 결과가 되지요. 나쁜 결과는 그 행동을 다시 하고 싶지 않게끔 만든답니다. 설거지를 하고 등짝 스매싱을 받은 남편은 다시는 그 행동을 하고 싶지 않겠지요.

잘 생각해보세요. 누군가 내가 열심히 노력한 것에 대해 나쁘게 이야기한다면, 어떤 마음이 들까요? 정성껏 선물을 골라 친구에게 줬는데 필요 없는 것이라는 말이 돌아오면, 우리는 어떤 반응을 보이나요? '아, 이 친구의 취향은 이게 아니니까 다음에는 조심해야겠다'라고 생각하나요? 그렇지 않습니다. '줘도 고마운 줄도 몰라!' 하면서 다시는 선물을 주지 않을 것입니다. 기념일에 열심히 만든 초콜릿을 선물로 건네주었는데 돌아오는 말이 "뭘 이런 걸 만들었어. 사 먹는 게 더 맛있는데!"라면 어떨까요? '내가 다시 이런 거 만들어주나 봐라' 하며 다짐하게 되겠지요. 상대방도 마찬가지입니다. 나쁜 반응은 그 행동을 다시는 하고 싶지 않게 만듭니다. 이런 걸 알면서도 우리는 나쁜 결과를 통보하며 상대방의 행동을 통제하려 하는 실수를 반복합니다. '이러지 마', '저러지 마', '마음에 안 들어', '더 잘해줘', '더 노력해줘' 등의 말을 하면서 왜 상대방이 변하지 않는지 답답해하지요. 원래 통하지 않는 방법을 쓰고도 말입니다.

'스키너 상자Skinner box'라고 들어보셨나요? 심리학자 스키너 B. F. Skinner가 동물의 행동을 강화하기 위해 개발한 장치 이름입니다. 그는 동물들을 상자에 가둬두고, 어떤 행동 하나를 하면 동물들이 원하는 보상이 나오게 설정했습니다. 레버를 누르면 간식이 나오거나, 버튼을 누르면 물이 나오거나, 줄을 당기면 문이 열려서 상자에서 탈출할 수 있게 해놓았지요. 동물들은 이것저것 행동을 해보다가 자기가 원하는 결과가 나오는 행동을 알아차립니다. 그리고 그 행동을 반복했지요. 학습이 일어난 것입니다.

이제 우리가 스키너가 되는 겁니다. 상대방을 상자에 가두고 내가 원하는 행동을 이끌어낼 수 있을 것입니다. 먼저 그 사람이 기분 좋아하는 결과가 무엇일까 생각해보는 거예요. 내 미소일까, 칭찬일까, 격려일까, 아니면 혹시 돈? 그 사람이 좋아하는 것이 무엇인지 파악되었다면, 그 행동 비스름한 무언가가 나오기만 해도 좋은 결과를 주는 겁니다. 좋은 결과를 경험한 유기체는 비슷한 행동을 반복하려고 할 테니까요.

물론 그 사람의 행동이 영 내 성에 차지 않을 수도 있어요. 내 기준은 100이어서 100만큼 행동하지 않으면 칭찬해주기 싫을 수 있지요. 그런데 아주 작은 시도에도 좋은 결과를 보여주는 게 중요합니다. 그렇게 하지 않으면 상대방은 영영 시도하지 않게 될 거예요. '옆집 누구는 알아서 잘한다는데, 꼭 내가 이렇게까지 해야 하나?' 하는 생각에 억울할 수도 있지요. 하지만 우리 처음에 이야기했잖아요. 효과의 법칙은 너무나 당연한 거라고요. 이 당연한 걸 하기만 하면, 내가 원하는 걸 얻을 수 있습니다.

신혼 초, 남편은 어찌나 순수하고 솔직했는지 제가 끓인 콩나물국에서 비린내가 난다고 말해버렸습니다. 그 뒤로 우리 집 요리 담당은 남편이 되었죠. 저도 나쁜 결과가 따르면, 다시는 그 행동을 하지 않아요. 원래 심리란 그런 거예요. 그러니 어설프지만 웃어줍시다. 칭찬해주고, 잘했다고 말하고, 고맙다고 하는 거죠. 누가 처음부터 잘하겠어요.

원래 우리 집 청소 담당은 저였습니다. 제가 더 꼼꼼하고 먼지를 잘 찾아내거든요. 그런데 어느 날, 남편이 100만 원짜리 무선 청소기를 사주면 자기가 청소를 하겠다고 하더군요. 사실은 저도 가지고 싶었는데 먼저 말을 꺼내주니 참 고마웠죠. 거금을 들여 무선 청소기를 장만했습니다. 청소기가 배달되고 남편이 열심히 성능을 시험해보았어요. 하지만 꼼꼼하지 못한 남편의 청소 솜씨 덕에 머리카락이며 먼지는 있던 자리에 그대로 있었죠. 하지만 우리는 서로 축하했습니다. "와, 정말 집에서 쾌적한 냄새가 난다!" "마치 숲에 온 것 같아! 돈값을 하네!" 그렇게 시간이 지나자 남편의 청소 기술은 날로 늘어 이제 저보다 훨씬 잘합니다. "여기 먼지 그대로 있잖아! 청소기 비싼 걸 사면 뭐 하냐, 인간아? 결국 다 내 일이지, 뭐." 만약 제가 첫날 이런 반응을 보였다면 어땠을까요? 청소는 여전히 제 몫이었겠지요?

이런 상황은 부부에게만 일어나는 문제가 아닙니다. 친구 사이, 직장 동료 사이, 사장님과 고객 사이에서도 얼마든지 일어날 수 있는 것이지요. 우리는 어쩔 수 없이 관계 안에서 살아가야 하고, 서로 빚지고 베풀며 살아야 합니다. 하지만 함께하다 보면 상대방의 행동이 기대에 못 미칠 때가 더 많습니다. 내 자식이 전교 1등을 했으면 좋겠지만 현실은 꼴등일 수 있지요. 연인이 외제차를 끄는 갑부였으면 좋겠지만 우린 버스밖에 못 타는 뚜벅이 커플일지도 몰라요. 배우자가 애정표현을 자주 해주길 바라지만 자기 전에 "자라" 한마디가 전부인 무뚝뚝한 사람일 수도 있어요. 친구가 내 말도 좀 들어줬으면 좋겠는데 항상 자기 할 말만 해요. 형은 가족끼리 부탁하는 건 당연한 줄로만 알죠. 직장 상사는 꼭 말 한마디를 해도 사람 복장 터지게 기분 나쁜 소리만 해요. 고객은 갑질이 심하고 사장님은 고압적이에요. 그런데 어쩌겠어요? 자연인처럼 산에 들어가서 혼자 살 수도 없는 노릇이고, 우리는 결국 함께해야 하는 존재인걸요.

상대방이 영 마음에 안 드는 행동만 하진 않을 거예요. 어설프게나마 노력하는 모습을 보이는 순간이 오거든요. 그 순간을 놓치면 안 됩니다. 그때가 기회예요. 평생 싱크대 앞에는 설 것 같지 않던 배우자가 어느 날 무슨 바람이 들었는지 고무장갑을 끼는 날이 올 수 있어요. 그리고 내 마음에 들지 않는 방식으로 노력을 하겠죠. 이를테면, 라면 국물이 흥건한 냄비에 깨끗한 물컵이며 식기를 담그고, 온통 기름기를 묻혀가며 설거지를 하는 거죠. 그래도 칭찬해주세요. 효과의 법칙을 이용할 절호의 찬스가 왔으니 잡아야지요. 당신이 나를 위해 설거지를 해줘서 너무 행복하다고 말하세요. 나중에 어차피 내가 컵이며 냄비며 다시 다 닦아야겠지만, 마음에 없는 소리라도 그냥 하는 겁니다. 그러면 놀라운 일이 벌어집니다.

어느 날, 배우자는 문득 그 컵을 보고 당신의 미소를 떠올리며 행복감을 느끼게 될 거예요. 다시 한번 설거지를 해보고 싶다는 마음이 드는 거죠. 물론 그 생각이 자주 들진 않아요. 또 생각이 든다고 반드시 행동으로 옮기지도 않아요. 사람 쉽게 안 변하거든요. 그런데 절대 안 변한다는 건 아니에요. 느리게, 조금씩 변할 수도 있지요. 좋은 결과를 주고 기다려보세요. 우리 눈에 보이지 않을 뿐, 그 사람의 마음속에서 조금씩 변화의 씨앗이 싹을 틔우고 있을 거예요.

이렇게까지 비위를 맞추면서 살아야 하나 싶을 수도 있어요. 그렇죠. 말 안 해도 알아서 착착 해줬으면 좋겠지요. 나만 그렇게 하고 있다는 사실에 때로는 억울하고 화가 나기도 할 거예요. 그런데 어쩌겠어요. 내 곁에 있는 사람은 내가 선택한 사람인걸요. 알아서 착착 잘하는 사람을 선택하지 않았으니, 결국 관계의 열쇠도 내가 가지고 있는 것이겠죠. 자존심을 지키며 칭찬하지 않고 지금과 똑같이 사는 삶과 상대방에게 미소를 지어주고 나를 행복하게 하는 행동을 이끌어내는 삶 중 우리는 선택할 수 있어요. 당신은 어떤 삶을 선택하시겠어요?

CHAPTER 4
너무 애쓰지 않고 나답게

내향적인 성격을 고치고 싶어요

— 외향성과 내향성

심리학을 전공했다고 하면 많은 사람들이 고민을 꺼내놓는데요, 그중 가장 많이 듣는 말은 바로 이겁니다. "내향적인 성격을 고치고 싶어요." 도대체 내향적인 성격이 어떻기에 이렇게 다들 고치고 싶어 하는 걸까요?

우리는 성격을 보통 '내향적introvert'이거나 '외향적extrovert'이라고 정의합니다. 외향적인 성격의 사람은 확실히 좋은 사람인 것처럼 느껴집니다. 외향적인 사람 하면 청중들 앞에서 호탕하게 웃고 있는 모습, 미소를 지으며 그를 바라보는 사람들에게 둘러싸인 모습, 활기차게 분위기를 주도하는 모습 등이 상상될 것입니다. 반대로 내향적인 사람에 대해서는 어떤 이미지가 떠오르나요? 어둡고, 차갑고, 외로워 보이거나, 어딘가 힘이 없어 보여서 곁에 있으면 나까지 진 빠질 것만 같은 이미지를 떠올린 분들이 많을 것입니다. 이렇게 우리는 보통 외향적인 사람에 대해서는 힘이 넘치는 밝고 명랑한 이미지, 내향적인 사람에 대해서는 힘이 없는 어둡고 약한 이미지를 떠올립니다.

> 나는 그저 가만히 있는 걸 좋아하는 아이일 뿐이었다.
> 변화나 시끄러운 걸 좋아하지 않았고, 몸을 움직이는
> 놀이도 즐겨하지 않았다. 집에 있던 많지 않은 책을 읽
> 고 또 읽거나, 다 쓴 달력 뒷장에 빼곡하게 낙서를 하거
> 나, 반듯하게 누워 천장의 벽지 무늬를 눈으로 따라가
> 며 상상하거나, 그도 아니면 창밖을 멍하게 바라보는
> 걸 좋아했다. 엄마는 그런 나를 게으르다 표현했고, 동
> 생은 꿍꿍이가 있는 사람처럼 보인다고 놀렸다. 아버지
> 만이 세심한 성격이라고 말해주었다.
>
> 김이설, 『우리의 정류장과 필사의 밤』,
> 작가정신, 2020, p.57~59

앞서도 언급했듯이, 김이설 작가의 『우리의 정류장과 필사의 밤』에는 시인이 되고 싶어 하는 여자가 등장합니다. 그녀는 그저 가만히 있거나, 글을 읽고 쓰는 것을 좋아하는 사람일 뿐입니다. 하지만 동생과 엄마는 그녀를 오해합니다. 게으르거나 꿍꿍이가

있는 사람처럼 보이고, 문제가 있다고 생각하지요. 이런 가족들의 시선에, 그녀는 자신이 어딘가 잘못된 사람인 양 기가 죽습니다. 또 자신이 꿈꾸는 시인이라는 직업에 확신을 가지지 못해 좌절감을 느끼지요. 그녀는 그렇게 점점 수동적인 사람으로 살아가게 됩니다.

우리는 내향적인 사람에 대해 부정적인 이미지를 가지고 있습니다. 열정적이지 않고 게으르다고 말이지요. 하지만 에너지의 양은 개인에 따라 달라지는 것이지, 외향성과 내향성에 따라 달라지는 것이 아닙니다. MBC의 「나 혼자 산다」라는 예능 프로그램은 혼자 사는 연예인들이 하루를 어떻게 보내는지 가감 없이 보여주지요. 리얼 예능이다 보니 그들의 하루 일과 속에서 각자의 성격도 고스란히 드러납니다. 외향적인 연예인들은 친구와 만나거나 운동이나 쇼핑을 하는 등 밖에 나가서 활동하느라 바쁩니다. 그런데 흥미로운 건 내향적인 사람도 바쁘기는 마찬가지라는 사실입니다. 집 밖으로 나가지는 않아도 내내 사부작사부작 무언가를 만들거나 집을 꾸미는 등 일을 벌이고, 뭔가 고장난 것을 고치면서 하루를 분주하게 보내죠. 내향적이라고 활동을 안 하는 건 아니라는 말입니다.

때로는 성격과 상관없이 쉽게 지치는 사람도 있습니다. 시장한번 다녀오고 진이 빠져 소파에 기대 30분씩 잠을 청하는 사람도 있고, 책을 읽거나 TV를 보다 누워서 쉬기를 반복하는 사람도 있습니다. 멀리 캠핑을 떠나서도 캠핑의자에서 자는 시간이 대부분인 사람도 있고, 집에서 진짜 아무것도 안 하고 쉬기만 하는 사람도 있습니다. 에너지가 적기 때문이지요. 외향적인 사람도 에너지가 부족하면 활동 후 쉽게 지치고, 내향적인 사람도 에너지가 넘치면 하루 종일 바쁜 '집순이', '집돌이'가 되는 것입니다. 외향성과 내향성은 에너지의 많고 적음을 의미하는 것이 아니라는 얘기지요.

외향성과 내향성은 단어 그 자체로도 알 수 있듯이 방향성을 의미합니다. 즉, 바깥을 향한 성질, 안을 향한 성질을 의미하지요. 사람은 누구나 자신만의 에너지를 가지고 있는데, 그 에너지의 방향이 밖으로 향해 있을 때 외향적이라고 합니다. 외향적인 사람들은 외부 세계 지향적인 활동을 선호합니다. 이를테면, 사람들이 많은 번화가에 가는 것을 즐기고, 마음속에 있는 생각을 말로 표현하길 좋아하고, 노래하거나 춤추기를 좋아하고, 남들 앞에 나서길 좋아하고, 활동적인 취미를 즐기지요. 이렇게 겉으로 드러나는 에너지가 풍부하다 보니 좋은 사람처럼 보이는 경우도 많습니다.

반대로 내향적인 사람은 에너지가 안을 향해 있습니다. 이런 사람은 말하기보다는 생각하는 것을 좋아하고, 전화하기보다는 문자메시지 보내는 것을 편하게 여깁니다. 하고 싶은 말을 직접 말로 하기보다 글로 써서 풀어내는 것이 편하고, 운동보다 독서가 좋고, 몸을 움직이는 외적 활동보다 사유나 탐구를 하는 내적 활동이 더 익숙하지요. 결국 성격이란 나에게 편한 방향에 맞는 행동을 선호하는 것입니다.

우리 잠시 양손을 깍지 껴볼까요? 왼손 엄지손가락이 위로 올라간 분도 있을 것이고, 오른손 엄지손가락이 위로 올라간 분도 있을 겁니다. "오른손이 올라가신 분들은 조금 문제가 있는 것 같아요. 원래 왼손이 올라가는 게 정상이거든요⋯⋯." 제가 이렇게 말한다면, 이 책을 읽은 것을 후회하시겠죠? 이 사람 사이비 아닌가 의심하실 수도 있을 거예요. 방향에는 옳고 그름이 없다는 걸 다들 알고 있을 테니까요.

예전에는 실제로 왼손잡이를 문제아로 여긴 적도 있습니다. 왼손을 쓰는 것은 정상이 아니라고 생각해서, 아이가 왼손으로 음식을 잡기 시작하면 혼내고 고치려고 훈육했지요. 하지만 지금은 그러지 않잖아요. 왼손을 쓰건 오른손을 쓰건 무슨 상관인가요? 젓가락질만 잘하고 글씨만 쓸 줄 알면 그만인걸요. 이 문제에는 정답이 없다는 것을 이제 우리는 알고 있지요. 성격도 그렇습니다. 외향적이면 어떻고 내향적이면 어떤가요? 성격에 옳고 그름은 없습니다. 굳이 반대 방향으로 바꿔야 할 이유도 없습니다. 내가 선호하는 방향을 어떻게 하면 더 근사하게 활용할 수 있을까 고민하는 것이 더 현명한 일이죠.

다시 한번 손을 깍지 껴봅시다. 이번엔 손깍지를 억지로 반대

방향으로 바꿔보세요. 어색하다 못해 불편해서 당장이라도 깍지를 풀고 싶을 거예요. 깍지뿐만이 아닙니다. 앉아서 다리를 꼬을 때, 팔짱을 낄 때도 마찬가지입니다. 우리는 습관처럼 선호하는 방향이 있습니다. 반대 방향을 취하면 몸 어딘가가 고장 난 것처럼 이상한 느낌이 듭니다. 평소 방향으로 돌려놓으면 그때야 제자리를 찾은 것처럼 편안해지지요. 우리의 신체가 자연스럽게 선호하는 방향이 있기 때문입니다.

마찬가지로 성격도 선호하는 방향이 있습니다. 어떤 사람은 바깥으로 에너지를 쓰는 활동을 선호하고, 어떤 사람은 안으로 에너지를 쓰는 활동을 선호하는 것이죠. 만약 성격을 고치려고 반대로 행동한다면, 마음 어딘가가 고장 난 것처럼 나 자신이 불편하게 느껴질 거예요.

세상이 외향적인 사람을 선호하는 것 같고, 내향적인 사람은 도태될 것 같아 불안한가요? 성격을 고치지 않으면 소외될까 봐 두려운가요? 내향적인 사람들 중에는 이런 고민을 하는 분이 많습니다. 이들을 성격이 안 좋은 사람들로 보는 시선도 분명히 존재하지요. 하지만 외향적인 사람이라고 해서 다 좋은 사람일까요? 사실 그렇지는 않지요. 외향적인데 우호성이 떨어지는 사람이 있습니다. 에너지는 밖을 향하는데 관계를 맺는 기술이 미흡한 것이죠. 그런 사람들은 오히려 남들을 불편하게 합니다. 예를 들어, 다들 집에 가고 싶어 하는데 회식자리를 마련하는 등의 행동을 하는 거죠. 분위기 파악을 못 하고 재미없는 농담을 계속 던지는 사람, 앞에 있는 사람이 하품을 참느라 코가 빨개진 것도 모르고 자기 이야기를 늘어놓는 사람, 배려 없는 말로 남들의 마음을 상하게 하는 사람, 권위적이고 남들 위에 군림하려는 사람도 우호성이 떨어지는 외향적인 사람일 수 있어요. 에너지가 밖을 향하고 있으니까요. 저 사람은 평소에는 좋은 사람 같은데, 화만 나면 분을 못 참는다? 이 사람은 그냥 분노 조절이 힘든 외향인일 뿐이에요. 평소에는 좋은 에너지가 표출되고, 화가 나면 나쁜 에너지가 표출되는 것이죠.

반대로, 내향적인 사람이라고 다 나쁜 사람도 아닙니다. 에너지가 안으로 향하다 보니 사려 깊은 사람들이 많지요. 이들은 많은 인원이 모이는 자리를 즐기지는 않지만 적은 수의 사람들과는 깊이 있는 관계를 잘 맺고, 다른 사람의 입장을 공감하고 이해하는 능력이 뛰어납니다. 말하는 것보다 들어주는 것을 더 잘하니, 힘들고 어려운 일이 있을 때 생각나는 사람이 되기도 하지요. 말을 많이 하지 않아서 재미가 없을지는 모르지만, 함부로 하지 않으니 말실수로 상처를 주는 일도 적습니다. 어때요? 꽤 괜찮은 사람처럼 보이지 않나요?

내향적인 사람의 대표적 강점은 일을 잘한다는 것입니다. 한 가지 일에 몰두하는 것이 체질에 맞다 보니 맡은 일에 집중하여 전문가가 될 가능성도 큽니다. 실제로 세상을 바꾼 위대한 인물

중에는 내향적인 사람이 많습니다. 이순신 장군 역시 내향적인 성격을 가지고 있었다고 알려져 있죠. 그 큰 군대를 이끌고 엄청난 리더십을 발휘한 위인이 내향적이었다니, 흥미롭지 않나요?

영화 「명량」 중 이순신 장군이 전략을 짜는 장면에는 우리 상상 속 장군의 이미지와는 전혀 다른 모습이 나옵니다. 그는 사람들을 모아 작전회의를 하지 않습니다. 소리치고 설득하고 동기부여를 하지도 않습니다. 혼자 자신의 방에서 고뇌하지요. 또 다른 장면에서도 전형적인 장군과는 다른 모습이 나오지요. 잇따른 패배로 지친 조선의 백성들은 마지막 희망으로 삼았던 거북선마저 불타버리자 좌절합니다. 전의를 상실한 군사들과 두려움에 찬 백성들은 사실상 패배를 확신하게 되죠. 고작 열두 척의 배로 왜군을 무찔러야 했으니까요. 설상가상으로 330척이나 되는 적선이 몰려오는 것을 본 군사들은 전투를 포기합니다. 이순신 장군이 탄 대장선 한 척을 뺀 나머지 열한 척의 배는 장군을 뒤로한 채 도망가고 말지요. 그런데 이때, 영화 속에서 정말 영화 같은 장면이 펼쳐집니다. 파도의 흐름을 꿰고 있던 이순신 장군이 왜군의 배가 침몰하도록 유도한 것입니다. 기적 같은 승리를 이끌어낸 것이죠. 패배감에 휩쓸렸던 상황에서 이 반전은 우리의 마음을 벅차오르게 만들기에 충분했습니다.

하지만 저는 영화를 볼 당시 조금 다른 생각을 했습니다. 지쳐가는 백성들, 장군을 배신하고 도망가는 군사들을 보며 안타까웠습니다. 그래서 속으로 계속 군소리를 해댔지요. '아니, 장군님! 계획이 있다고, 다 생각해놓은 게 있다고, 걱정하지 말라고 말해주시면 안 되나요? 그러면 사기가 진작되지 않을까요? 혼자만 알고 계시지 말고, 저기 파도가 치면 왜군의 배가 침몰할 거라고, 나만 믿고 조금만 버티라고 말해주시면 안 되나요? 그러면 나머지 열한 척이 도망가지 않고 곁에 있어주지 않았을까요?' 이순신 장군은 왜 그렇게 끝까지 혼자만 생각하고 있었을까요? 내향적이어서 그랬겠지요. 그 내향성이 없었다면, 이순신 장군은 제 바람대로 자신의 전략을 떠벌리고 다녔을지 모릅니다. 그러다 전략이 첩자를 통해 새 나갔다면 그날의 승리는 없었겠죠. 리더는 소리치고 명령하고 사람들에게 동기를 부여하는 사람이 아닙니다. 상대방의 장점과 단점을 파악하고, 상황을 꿰뚫어 보고, 전략을 짜기 위해 에너지를 집중하는 능력을 갖춘 사람이지요.

이순신 장군 외에 또 다른 유명 내향인으로는 빌 게이츠Bill Gates, 워런 버핏Waren Buffet, 아인슈타인 등이 있습니다. 내향적인 성격이 몰두하고 집중하는 데 강해서, 한 분야에서 탁월한 성취를 이룰 수 있는 것이겠죠.

불은 잘 쓰면 유용하지만 잘못 쓰면 사고가 납니다. 그렇다고 불을 영원히 꺼버리는 멍청이는 없습니다. 성격도 마찬가지입니다. 각자의 성격에는 분명 장점과 단점이 있습니다. 외향적인 사람도 단점을 가지고 있지만, 내향적인 사람도 장점을 가지고 있지요. 내향적인 성격이 마음에 들지 않는다고 성격을 바꿀 필요는 없습니다. 내가 가진 성격, 내가 가진 방향성을 어떻게 하면 더 좋은 방향으로 발현시킬 수 있을까 고민하는 것이 우리에게 주어진 과제입니다. 내향성의 단점 때문에 성격을 바꿔버린다는 건 불이 위험하다고 불을 영영 꺼버리는 것과 같아요. 불나는 게 무서워서 추운 겨울에 오들오들 떨면서 불편하게 사는 것을 선택하는 일과 같지요. 내향적인 성격을 고치고 싶다는 분들께 묻습니다. 어쩌면 당신의 미래가 빌 게이츠, 워런 버핏, 아인슈타인의 삶과 같은 방향으로 향할지도 모릅니다. 정말 바꾸시겠어요?

매번 다른 모습의 나,
혹시 다중인격인가?

— 자기복잡성

코로나-19로 대면 강의가 불가능한 요즘, 저는 카메라 앞에 앉아 수업을 합니다. 내 앞에서 들어주는 학생 하나 없는데 카메라를 보면서 자연스럽게 이야기를 하는 건 여간 어려운 일이 아닙니다. 그래도 학생들이 나를 보고 있다는 상상을 하며 카메라 앞에 인형 하나를 가져다놓고 눈 맞춤을 하며 촬영합니다. 저는 평소 강의를 할 때 이야기가 잘 전달될 수 있도록 최대한 또박또박 말하는 편입니다. 아나운서처럼 호흡과 발성을 가다듬고 최대한 성숙한 목소리를 내려고 노력하지요.

언제나 그런 모습을 보이는 건 아닙니다. 남편 앞에 있을 때는 또 다른 제 모습이 나오지요. 우선 발음이 뭉개집니다. 또박또박 말하는 것은 힘이 들기 때문에 웅얼거리며 말합니다. 말하기에 신경을 쓰지 않아서 때로는 의도하는 것과 전혀 다른 엉뚱한 단어가 튀어나오기도 합니다. 이런 제 모습을 알고 있는 남편에게 제 강의 영상을 보여주는 것은 꽤나 부끄러운 일이지요. 한껏 가다듬은 목소리가 닭살 돋게 느껴지거든요. 이런 제 마음을 잘 아는 남편은 저를 놀리려고 가끔 제 수업 영상을 켜는데, 그럴 때마다 저는 당혹스러워하며 일단 볼륨부터 줄입니다.

누구에게나 이와 비슷한 경험이 있을 겁니다. 이 사람 앞에서는 이렇게 행동하고, 저 사람 앞에서는 저렇게 행동한 일 말입니다. 다중인격도 아니고, 나는 왜 이렇게 일관성이 없게 행동할까? 자신의 모습에 혼란스럽고 불편한 기분이 들지요. 친한 친구들을 만나서 우악스럽게 떠들다가 목이 쉰 채로 집에 올 때면 때로 자괴감이 듭니다. '나는 원래 시끄럽고 오버하는 사람이 아닌데 오늘따라 왜 그랬지?' 다시 그 상황이 되면 조금 더 얌전히 '나답게' 있어야겠다고 다짐합니다. 어떨 때는 당당하지 못한 내 모습에 화가 나기도 합니다. 원래는 할 말을 똑 부러지게 잘하는데, 오늘따라 그 사람 앞에서 말문이 막혔던 내 모습이 부끄러워집니다. '그 말을 했어야 했는데 왜 버벅대기만 했지?' 바보 같았던 내 모습에 속이 상합니다. 상황에 따라 다른 내 모습을 보며 혼란을 느낍니다. 나답게 행동하고 싶은데 쉽지가 않습니다. 왜일까요?

사실 나다운 게 뭔지 모르기 때문입니다.

우리는 '나'라는 사람을 일관성 있는 하나의 덩어리로 정의하고 싶어 합니다. MBTI 검사에 따라 열여섯 가지 유형 중 하나로 정의하고 싶어 하는 것처럼 말이죠. 우리는 어떤 상황이든 누구와 함께 있든, 전형적인 나의 모습이 존재하길 바랍니다. 이렇게 일관적인 사람이 되고 싶은 바람과 달리 우리 안에는 다양한 모습이 존재합니다. 저의 경우에도 말 잘 듣는 엄마의 착한 딸, 권위 있는 말투를 쓰는 대학 강사, 애교 많은 아내, 장난기 넘치는 이모, 진지한 작가 등 다양한 모습을 가지고 있지요. 가까운 사람들 앞에선 우스갯소리도 잘하고 분위기를 이끌어가는 대범한 제가 있는가 하면, 처음 보는 사람 앞에선 쉽게 말도 못 꺼내는 소심한 저도 있습니다.

우리는 상황에 따라 달라집니다. 너무 달라서 이질감이 느껴질 때도 있지요. 그럴 때마다 혼란스럽고 마음이 불편해집니다. 나는 도대체 누구일까? 나다운 건 뭘까? 고민에 빠지며 한결같은 내 모습을 찾으려고 노력하지요. 하지만 어느 것이 진짜 나인지 잘 알 수 없습니다. 당연합니다. 사실 하나의 '나'는 없거든요. 나는 다양한 모습의 총합입니다. 이렇게 다양한 나의 총체를 '자기self'라고 부르지요. 그리고 이런 다양한 모습이 많을수록 '자기 복잡성self-complexity'이 높다고 이야기합니다.

어떤 사람은 삶의 모든 순간을 주도적인 자기의 모습으로 살아가기도 합니다. 어느 상황에나 동일한 모습을 보이지요. 영화

「사운드 오브 뮤직Sound of Music」의 한 장면이 생각납니다. 여기에는 아버지와 일곱 명의 아이들이 나옵니다. 아버지는 해군 대령으로 권위주의적이고 엄격한 인물이지요. 하루는 마리아라는 가정교사가 그 집에 들어오게 되는데, 이때 아버지는 자녀들을 일렬로 세워놓고 군대식으로 소개합니다. 가정에서는 아버지의 모습으로 존재해야 하는데 자녀들을 마치 군인들처럼 대한 것이죠. 이렇게 상황이 어떻든 함께 있는 사람이 누구든, 변함없는 자신의 정체감으로 살아가는 경우 자기 복잡성이 낮다고 할 수 있죠.

자기가 단순하거나 하나에 집중이 되어 있으면 한결같은 사람으로 보입니다. 하지만 '한결같다'는 것이 무조건 좋은 것은 아닙니다. 융통성이 없는 모습으로 주변 사람들을 힘들게 할 수 있고, 실패를 극복하는 데도 도움이 되지 않지요. 대한민국에 태어나 열아홉 살이 되기까지 우리는 어떤 자기로 살아가나요? 좋은 대학을 목표로 공부하는 '수험생 자기'입니다. 유치원을 다닐 때부터 영어 학원을 다니고, 초등학생이 되면 학교, 학원, 독서실을 오가는 삶을 삽니다. 오직 좋은 대학에 가는 목표를 가진 나, 그 외의 다른 자기는 없습니다. 그러다 보니 수능을 망치면 19년 인생이 송두리째 무너집니다. 인생 전부가 부정당하는 기분에 빠져 좌절할 수밖에 없죠. 하나의 자기로만 살다가 그 자기가 실패하면, 나라는 존재 자체가 실패한 것처럼 느끼게 됩니다.

그러다 대학에 갑니다. 그럼 이제 어떤 자기로 살아갈까요? 좋은 직장에 취업하려는 '취준생 자기'로 살아갑니다. 자격증을 따고, 어학시험을 보고, 인턴 경험을 쌓고, 어학연수를 다녀오고, 봉사활동을 하는 등 돈을 벌기 위해 돈을 씁니다. 하지만 취업은 쉽지 않아요. 원하는 직장에 들어가기는 하늘에 별 따기죠. 그러면 또 나의 인생 자체가 부정당하는 느낌이 듭니다. 하나의 자기로 살아가다가 목표했던 이상향에 도달하지 못하면 버텨내지 못하는 것이죠.

반면에 자기 복잡성이 높은 사람은 다양한 자기를 가지고 있습니다. 역할, 취향, 능력, 외적인 모습까지 말이죠. 자기 복잡성은 삶의 다양한 어려움으로부터 나를 보호해줄 수 있습니다. 오로지 좋은 대학을 목표로만 살아온 고3 학생은 수능을 망치면 인생이 끝났다고 좌절합니다. 하지만 일찌감치 자신이 랩에 재능이 있다고 깨달은 학생은 부모님 몰래 음악을 준비합니다. 비트도 찍고 가사도 쓰면서 자신의 재능을 발전시킵니다. 수능시험을 망쳐도 괜찮습니다. 대학을 가지 않아도 나의 가치를 높일 또 다른 목표가 있기 때문입니다. 직장인으로서의 자기가 인생의 전부인 사람은 직장 상사나 동료로부터 인정받지 못하면 자신의 존재 자체가 부인당하는 느낌을 받게 됩니다. 하지만 가족, 친구, 모임 회원과 같이 다양한 관계 속에서 만족감을 느끼는 사람은 직장 내 인간관계의 어려움을 견딜 수 있습니다. 집에 가면 나를 사랑하는 가족들이 있고, 회사에서 힘들었던 일을 술 한잔 기울이면서 털어낼 친구들이 있기 때문입니다. 그러다 정 힘들면 그만두면 됩니다. 직장인으로서의 자기만 있는 게 아니라 다른 일에 도전할 자기도 있으니까요. 누군가의 연인으로만 살아온 사람은 이별을 맞으면 세상이 무너집니다. 다시는 누군가를 만나 사랑할 수 없을 것 같고, 영원히 외로움의 덫에 빠져 불행하게 살 것만 같습니다. 하지만 누군가의 친구이기도 한 사람은 애인과 헤어지고 친구들과 노래방을 갑니다. 소리를 지르고 감정을 쏟아내며 떠나간 인연을 조금씩 정리하지요. 자기가 복잡해서 좋은 점은 하나의 자기가 실패할 때 다른 자기로 살아갈 수 있다는 것입니다.

영화 「어벤저스」 시리즈의 아이언맨은 자유분방하면서도 제멋대로인 성격입니다. 그러다 보니 '바른생활 사나이'인 캡틴아메리카와 종종 갈등을 빚게 되죠. 한번은 캡틴아메리카가 아이언맨의 가슴에 박힌 아크리액터를 툭툭 치며 비아냥거립니다. "이 슈트가 없으면 대체 넌 뭔데?" 캡틴아메리카는 특수한 실험으로 만들어진 영웅으로, 영원히 늙지 않는 불멸의 사나이지요. 그러니 아이언맨이 슈트에 의존하고 있다는 사실을 지적하는 건 캡틴아메리카가 할 수 있는 최고의 비난이었죠. 그런데 아이언맨은 기죽지 않고 받아칩니다. "천재, 억만장자, 플레이보이, 박애주의자." 그의 말속에는 영웅의 슈트를 벗어도 자신은 천재라 다른 로봇을 개발할 수 있고, 돈이 많아서 원하는 건 뭐든 가질 수 있으며, 플레이보이라 언제든 근사한 여자를 만날 수 있고, 박애주의자라 다른 사람을 다른 방법으로 도울 수도 있다는 뜻이 담겨 있죠. 아이언맨은 이렇게 다양한 자기를 가지고 있습니다. 영웅의 삶이 아니어도 괜찮은 거죠. 오히려 캡틴아메리카는 영웅으로서의 자기밖에 없으니, 악당을 완벽하게 무찌르지 못하면 다른 어떤 히어로보다 더 큰 좌절에 빠지게 될 운명이지요. 이 말싸움의 승자는 누구일까요? 당연히 아이언맨이 되겠습니다.

물론 시리즈가 지날수록 아이언맨 역시 자신의 히어로 역할에 몰입하기 시작합니다. 다른 여러 자기의 모습을 점점 잃어가고, 하나의 자기에 집중하다가 실패를 겪기도 합니다. 세상을 구하려다가 많은 시민들을 희생시키는 사태에 이르자, 점차 심리적으로 불안에 빠지는 모습이 그려지죠. 하나의 자기에 몰입하는 사람은, 그 자기가 실패할 때 다른 자기로 분리해서 살아갈 수 있는 방법을 잊게 됩니다.

개그우먼 박나래 씨가 한 강연에서 아주 인상 깊은 이야기를 한 적이 있습니다. 사람들이 그녀에게 물었답니다. 당신도 여자인데, 매일 괴상한 분장을 하고 남자 연예인들에게 놀림감이 되는 일에 자존감이 떨어지지 않느냐고 말이죠. '저도 힘들고 속상하지만 꿈이 있기에 이겨낼 수 있어요' 같은 뻔한 대답이 나올 줄 알았지만, 그녀의 대답은 의외였습니다.

———

"저는 그런 생각을 하거든요. 개그우먼인 박나래가 있고, 여자 박나래가 있고, 디제잉을 하는 박나래가 있고, 술 취한 박나래가 있고, 그렇기 때문에 저는 개그맨으로서 이 무대 위에서 남들에게 웃음거리가 되고 까이는 거에 대해서 전혀 신경 쓰지 않습니다. (……) 사람은 누구나 실패할 수가 있잖아요. 그 실패가 인생의 실패처럼 느껴질 수가 있어요. 하지만 여러분의 인생에 있어서 여러분은 한 사람이 아닌 거예요. 공부하는 누가 될 수도 있고 연애하는 누가 될 수도 있고 정말 다른 일을 하는 내가 될 수도 있고, 우리는 '여러 가지의 나'가 될 수 있는 가능성이 있는 사람이거든요. 그걸 인지하고 있으면 하나가 실패하더라도 괜찮아요. 또 다른 내가 되면 되니까요."

꽤나 긴 무명시절을 버티고 그 자리에 올라가기까지 얼마나 힘들고 어려운 일이 많았을까요? 때로는 포기하고 싶고 불안했을지도 모르죠. 하지만 그때마다 또 다른 나로 살아가면서 버텨왔으니, 지금 그 자리에 서 있을 수 있는 것이겠지요. 이 강연의 제목은 '또 다른 내가 되자'였습니다. 달리 말하면 '자기 복잡성을 높이자'가 되지 않을까요?

우리에게는 여러 가지 자기가 있습니다. 어떤 자기는 긍정적이지만, 다른 자기는 부정적일 수 있습니다. 어떤 자기는 성공할지라도 다른 자기는 실패합니다. 좋아하는 내 모습도 있고, 바꾸고 싶은 내 모습도 있습니다. 이렇게 다양하고 복잡한 자기가 존재하지요. 하지만 한 가지 확실한 것은 모두가 나의 일부라는 사실입니다. 위선적으로 가면을 쓰며 꾸민 모습이 아니고, 해리성 인격 장애 같은 정신 질환도 아니에요. 모든 모습이 다 존중받아야 할 내 본질 자체라는 거죠. 다양한 자기를 인정하다 보면 친구가 친구에게 힘이 되어주듯, 가족이 가족에게 위로가 되어주듯, 내가 나의 편이 되어줄 수 있습니다. 벤치에 앉아 있는 든든한 후보 선수처럼 나 대신 싸워주는 것 역시 또 다른 나입니다. 혹시 상황에 따라 다른 내 모습이 혼란스럽게 느껴지시나요? 일관성을 지키고 싶으신가요? 그러지 않아도 괜찮습니다. 그 모든 모습이 여러분이기 때문입니다.

하느냐 마느냐, 그것이 문제로다

– 후회의 심리학

어느 해 크리스마스이브였습니다. 특별한 날이면 남편이 스테이크를 구워주어서, 그때도 어김없이 집에서 스테이크를 먹었습니다. 둘 다 소식가임에도 불구하고 고기를 먹을 때는 이상한 식탐이 생기는 탓에 꼭 많은 양의 고기를 요리하게 됩니다. 2인분만 먹어도 충분한데, 그때도 둘이서 3인분 분량의 스테이크 고기를 구워 먹었지요. 물론 거기에 양파, 아스파라거스, 버섯도 잔뜩 넣었고요. 맛있게 먹다 보니 배가 불러와 고민이 시작되었습니다. 끝까지 먹을까, 몇 조각 남길까? 오랜만에 먹는 스테이크가 맛있기도 하고 남편이 사랑을 담아 만들어준 요리를 남기기가 아깝기도 해서, 고민하다가 결국 싹 다 먹어버렸습니다. 그러고는 후회했지요. 다음 날까지 여전히 배가 부를 만큼 소화가 되지 않았거든요.

우리는 언제나 선택의 기로에 서 있습니다. 마지막 한 숟갈을 더 먹을까 말까? 야식을 시킬까 말까? 자기 전에 화장실을 다녀올까 말까? 5분 더 잘까 말까? 이런 수많은 고민 속에서 살아가지요. 무언가를 할까 말까 고민할 때 어떤 선택을 하는 것이 현명할까요? 이런 명언이 떠오릅니다. '살까 말까 고민하는 건 배송만 늦출 뿐이다!' 그렇습니다. 할까 말까 고민이 된다면 일단 하는 것이 낫겠습니다. 하고 후회하더라도 말이지요.

얼마 전 있었던 일입니다. 겨울이 오면서 부쩍 건조해진 피부 때문에 수분크림이 필요했습니다. 예전에 다른 물건을 사다가 샘플로 받은 수분크림이 서랍에 굴러다니더군요. 발림성도 좋고 촉촉함도 오래 남는 것이 꽤 마음에 들었습니다. 이 제품을 사야겠다고 결심하고 그날 당장에 매장에 갔습니다. 점원이 엄청난 비밀이라도 발설하는 듯이 말했지요. "이거는 안 빼놓으려고 했는데……." 그러고는 40밀리리터를 추가 증정하는 특별기획 상품이 있다고 속삭이더니, 창고에서 기획 상품을 꺼내왔습니다. 원래 사려고 했던 제품이었으니 더욱 솔깃했지요. 같은 가격에 거의 두 배의 용량을 사는 거니까요. 고민도 하지 않고 계산을 했습니다. 쿨하게 영수증은 버려달라고 외치고 매장을 나왔죠. 그런데 수분크림의 후기를 보기 위해 검색을 하다가, 봐서는 안 될 것을 봐버렸습니다. 바로 최저가 상품이었지요. 제가 구입한 특별 기획 상품이 인터넷에서는 10000원이나 더 저렴한 가격에 판매되고 있었습니다. 심지어 무료배송이었지요. 저는 좌절했습니다. 속은 기분도 들고 멍청한 소비를 했다는 생각도 들었지요. 그때 제가 한 것은 무엇일까요? 매장으로 돌아가 환불하기? 아닙니다. 합리화를 하기 시작했습니다. '갑자기 추워진 날씨에 얼굴이 너무 건조했잖아. 어차피 오늘부터 써야 하는데, 인터넷으로 사면 배송이 오래 걸릴 거야. 싸고 좋은 게 어디 있어. 이렇게 싸다는 건 뭔가 문제가 있다는 거지. 뭐 제조한 지 오래되었다거나 뭔가 하자가 있을 거야.' 이런 생각이 꼬리에 꼬리를 무니 이내 마음이 편안해졌습니다.

　내 선택의 결과가 기대에 못 미치거나 예상치도 못했던 방향으로 흘러갈 때가 있습니다. 이를테면, 비싼 돈을 주고 옷을 샀는데 감촉이 까슬까슬할 때, 약을 먹어도 통증이 가라앉지 않을 때, 고백을 했다가 차였을 때, 열심히 공부를 했는데 시험에 낙방했을 때가 그렇지요. 우리는 어떤 결과를 기대하며 행동합니다. 하지만 인생이 언제나 기대대로 흘러가지는 않지요. 그런 상황에서 우리는 불쾌해집니다. 이런 불쾌함을 '인지 부조화cognitive dissonance'라고 합니다. 우리는 이 불편한 마음을 없애기 위해, 즉 인지 부조화를 줄이기 위해 그럴싸한 이유를 찾기 시작합니다. 행동은 돌이킬 수가 없으니 정신 승리를 시도하는 겁니다. 원래 인간은 적응의 동물이니까요.

　　이렇게 인지 부조화를 해결하기 위해 그럴듯한 변명거리를 찾는 것이 바로 합리화입니다. 합리화는 '해도 후회'의 감정을 사그라들게 하지요. 우리는 이미 여러 번 잘못된 선택을 해왔지만 여전히 잘 살아내고 있습니다. 합리화를 하며 살아왔기 때문이지요. 선택이 잘못되었을 때 당장은 후회할 수 있습니다. 하지만 시간이 지나면 다 이해가 됩니다. 그럴 만한 사정이 있었다고 생각하게 되고, 나의 행동이 납득이 되기 시작합니다. 반면에 아무것도 하지 않으면 합리화할 근거가 없습니다. 내가 선택한 것이 없기 때문이지요. 후회만 남습니다. 그래서 하고 후회하는 것이 낫다는 것입니다.

　　중학교를 다닐 때부터 취업을 할 때까지 저를 괴롭혔던 것이 있는데, 바로 영어시험이었습니다. 특히 그중에서도 듣기평가는 저를 정말 힘들게 했습니다. 이 시험은 지문이 따로 제공되지 않습니다. 음성으로 나오는 지문은 그 순간에 집중해서 들어야 하고, 시간이 흐르면 그대로 '증발'합니다. 지문을 못 들으면 문제 몇 개를 날리게 되지요. 딴생각을 자주하는 저는 지문을 놓치는 경우가 허다했습니다. 지문을 놓쳤을 때는 어떻게 해야 할까요? 지나간 문제는 빨리 잊어버리고 새로운 문제에 귀를 기울여야 합니다. 그런데 저는 그게 잘 안됐습니다. 시간을 되돌릴 수도 없고 못 들은 지문을 기억해낼 수도 없는데, 기억을 계속 더듬었습니다. 뭐였지? 뭐라고 했을까? 이러다 보면 다음 지문도 놓치게 됩니다. 듣기 영역은 이렇게 도미노처럼 망쳐버리는 것이죠. 그런데 저만 그런가요? 대부분이 이럴 것입니다. 우리는 완성되지 않은 상태를 참지 못합니다. 끝을 봐야 직성이 풀리지요. 만약 무언가를 끝마치지 못하면 그 생각에 빠져 허우적거리느라 다른 것을 하지 못합니다.

장류진 작가의 단편소설 「탐페레 공항」의 한 장면을 소개해 드리려 합니다. 소설의 주인공은 어린 시절부터 다큐멘터리 피디가 되길 꿈꿉니다. 하지만 열심히 스펙을 쌓고 원서를 넣어도 지원을 하는 족족 떨어집니다. 그러다 드디어 면접을 볼 기회를 얻게 되었지요.

> 딱 한 번 면접을 보긴 했다. 낚시 전문 케이블 채널이었다. 서류전형과 필기시험에 통과하고 실기면접까지 봤지만 큰 인상을 남기지 못하고 떨어졌다. 아무런 대답도 하지 못했던 마지막 질문은 면접이 끝난 후에도 한동안 머릿속을 맴돌았다.
>
> "민물낚시와 바다낚시의 가장 큰 차이점이 뭐라고 생각합니까?"
>
> 장류진, 『일의 기쁨과 슬픔』 중 「탐페레 공항」,
> 창비, 2019, p.204

'아무런 대답도 하지 못했던 마지막 질문은 한동안 머릿속을 맴돌았다.' 아무것도 하지 못했기 때문에, 끝내지 못했기 때문에 생긴 후회입니다. 차라리 틀린 말이라도, 아무 말이라도 지껄이고 나왔다면, 그렇게까지 후회하진 않았을 겁니다. 우리는 '합리화쟁이'거든요. 무슨 말이라도 했다면, 그 말을 할 수밖에 없었던 이유를 어떻게든 만들어내고 말았겠지요. 하지만 아무것도 하지 못했다는 생각은 쉽게 잊히지가 않습니다.

첫사랑은 영원히 마음에 품게 된다는 말이 있습니다. 정말일까요? 이에 대해서는 첫사랑과 결혼한 사람들의 입장도 들어봐야 합니다. 첫사랑을 영원히 품고 사는 이유는 그 사람과의 관계를 마무리하지 못했기 때문입니다. 즉, 실패했기 때문이지요. 우리는 완성하지 못한 것에 집착합니다. 듣기평가 지문을 흘려보낸 저처럼, 면접 질문에 대답을 하지 못한 소설 속 주인공처럼 말이지요. 우리는 이처럼 이루지 못한 것을 잊지 못하고 더 오래 기억하는 경향이 있는데, 이를 '자이가르닉 효과Zeigarnik effect' 또는 '미완성 효과near-miss effect'라고 부른답니다.

해도 후회, 안 해도 후회라면, 어떤 선택에 대한 후회가 더 클까요? 당장에는 한 것에 대한 후회가 더 클 겁니다. 하지만 그 후회는 금방 수그러듭니다. 앞서도 말했듯, 우리는 그렇게 할 수밖에 없었던 이유를 반드시 찾아내고 말 것이기 때문입니다. 하지만 하지 않았을 때 오는 후회는 평생을 갑니다. 이루지 못한 첫사랑처럼 마음에 품고 살아갑니다. 미완성에 대한 후회는 합리화할 대안이 없기 때문이지요.

저는 그 크리스마스이브의 스테이크를 다음 날 글을 쓰며 완전히 소화시켰습니다. 그러고 나선 곧 후회의 감정에서 자유로워졌지요. 하지만 그때 제가 스테이크를 남겼다면 어땠을까요? 배가 고플 때마다 음식물 쓰레기봉투에 담긴 고기 조각들을 떠올렸겠죠. '아, 그걸 왜 남겼지' 하고 후회하면서요. 그러니 여러분, 먹을까 말까 고민될 땐 일단 먹으세요!

내 잘못이 아닐 때는
내 탓을 하지 말자

_ 자기 고양적 편향

'잘되면 내 탓, 못 되면 조상 탓'이라는 말이 있습니다. 일이 성공적으로 끝났을 때는 내 실력을 내세우고, 일이 실패했을 때는 다른 사람이나 환경 탓을 하는 인간의 성향을 꼬집는 말이지요. 이런 현상을 심리학 용어로는 '자기 고양적 편향self enhancement bias'이라고 부릅니다. 스스로를 높이는 데 유리하도록 편향된 생각을 한다는 뜻이지요.

일이 잘 풀릴 때 그 이유가 나에게 있다고 생각하면, 자기 자신의 가치가 높아지는 기분이 듭니다. 반대로, 일이 잘 풀리지 않을 때 그 원인이 나에게 있는 것이 아니라면, 실패로 인한 좌절을 덜 경험하게 되겠죠. 일의 성패가 단순한 이유로 인해 결정되는 것은 아니지만, 네 탓 혹은 내 탓을 하면서 자존감을 지키려는 것은 인간의 기본적인 성향이지요. 하지만 이런 편향적인 사고는 함께 성공을 이끈 사람들이나 다른 요인들의 가치를 절하할 수도 있습니다. 또 실패의 원인을 남에게 돌림으로써 개선과 발전의 기회를 흘려보내게 할 수도 있지요. 그래서 이런 성향은 '이기적 편향self-serving bias'이라고 부르기도 합니다.

처음 운전을 시작했을 때 저는 간격에 대한 감각이 전혀 없었습니다. 이 정도로 가면 기둥을 긁는 건지 저 정도로 가면 차선 안에 들어가는 건지, 도무지 알 수가 없었습니다. 범퍼를 박살 내기 전까지 말이지요. 하루는 차선 변경을 못 하게 해놓은 컬러 콘이 바람 때문인지 차선 안쪽으로 넘어와 있었습니다. 그것을 보고도 이 정도면 지나갈 수 있겠지 하고 액셀러레이터를 밟았지요. 그 순간 빽! 하고 엄청난 파열음이 들렸습니다. '헉, 망했구나!' 급히 갓길에 차를 세우고 나와서 살펴보니 범퍼가 박살이 나 있었습니다. 화가 나기 시작했습니다. 처음에는 도로교통공사를 원망했습니다. '아니! 도로에 이렇게 장애물을 설치해놓으면 어쩌라는 거지?' 민원을 넣을까 고민했습니다. 하지만 곧 깨달았지요. 저는 이제 운전을 시작한 지 두 달밖에 안 된 초보라는 사실을 말이죠. 명백한 제 잘못이었습니다. 장애물이 있는데 피하지 않고 속도를 냈으니까요. 문제는 저에게 있었던 겁니다. 제 잘못을 인정하기 전엔 화가 나는 마음뿐이었는데, 잘못을 인정한 뒤로는 앞으로 조심해야겠다는 다짐이 앞섰습니다. 그렇게 제 운전 스킬이 +1점 상승했습니다.

처음부터 완벽한 사람은 없습니다. 시간이 지날수록 나아질 뿐이지요. 하지만 실패하지 않으면 나아질 기회마저 얻을 수 없습니다. 실패가 우리에게 의미가 있는 이유는, 부족한 부분을 보완하고 새로운 것을 배울 계기가 되기 때문입니다. 만약 실패를 내 탓으로 돌리지 않으면, 발전할 기회를 얻을 수 있을까요? 불평불만과 억울함만 품게 될 것입니다. 교과서 같은 이야기겠지만 실수를 인정할 때 더 좋은 사람이 될 기회가 생기는 것이지요.

우리는 삶의 다양한 장면에서 실패를 경험합니다. 학창 시절에 크고 작은 시험을 망칠 수 있습니다. 좋은 대학에 가지 못할 수도 있지요. 원하는 회사에 취직하기 어려울 수도 있습니다. 친구들과 다투기도 하고, 연인과 헤어지기도 합니다. 이 모든 것을 실패 경험이라고 볼 수 있습니다. 그 경험 속에는 분명 내 탓도 있고 남 탓도 있습니다. 남 탓은 우리가 통제할 수 없는 범위이지만, 내 탓은 통제할 수 있는 범위입니다. 그래서 내 탓을 인정할 때 더 좋은 사람으로 거듭날 수 있는 것입니다.

다음은 최은영 작가의 단편소설 「모래로 지은 집」의 한 장면입니다.

모래는 남자친구와 헤어졌다고 말했다. 남자는 언제나

문제의 원인을 모래에게서 찾았다. 자기는 원래 인내심

이 많은 사람인데 모래 때문에 인내심을 잃어버린다고.

자기는 원래 부드럽고 다정한 사람인데 모래 때문에 폭

언을 할 수밖에 없다고. 그는 모래가 자신이 원하는 이

상적인 애인이 아니며, 모래가 달라지지 않고서는 계속

만날 수 없다고 말했다. 그러나 모래가 어떻게 하는지

봐서 다시 만날 수도 있으므로 기다리라고 했다. 모래

가 무슨 보험이라도 되는 것처럼.

최은영, 『내게 무해한 사람』 중 「모래로 지은 집」,
문학동네, 2018, p.159

　　남녀가 연인 사이가 되면 크고 작은 다툼이 일어나게 마련
입니다. 그동안 살아온 환경도 다르고, 성격과 취향도 다르니까
요. 남자가 바람둥이나 사기꾼, 폭력범인 경우를 제외하면, 다툼
의 원인은 커플 둘 다에게 있습니다. 모든 관계는 상호작용으로
맺어지기 때문이지요. 하지만 많은 사람이 나에게는 문제가 전
혀 없는데, 상대방이 잘못을 해서 다툼이 일어난다고 말하지요.
소설 속 모래의 남자친구도 마찬가지입니다. 자신에게는 아무런
잘못도 없는데 모래 때문에 자기가 망가졌다며 남 탓만 합니다.
이런 관계는 희망이 없는 관계겠지요. 한 사람이 다른 사람에게
맞춰주는 관계는 흔합니다. 하지만 일방적 관계에는 한계가 있
고, 결국 그 관계는 무너지고 말지요. 늘 문제의 원인을 상대방에

게서 찾는다면, 또 다른 사람을 만나도 비슷한 문제를 겪을 수 있습니다. 결국 내가 변하지 않으면 아무것도 변하는 것이 없지요.

자녀 문제로 청소년 상담사를 추천해달라는 부모님이 많습니다. 그때 저는 꼭 이런 말씀을 드립니다. "자녀만의 문제는 아닐 거예요. 부모님도 함께 상담을 받아야 아이가 상담 후에 가정으로 돌아가서도 비뚤어지지 않을 겁니다." 실제로 가정 내에서 아이가 문제를 보인다면, 그건 아이만의 문제가 아닙니다. 부모와 아이의 상호작용에서 일어난 문제가 대부분이지요. 어느 한쪽이 변한다 해도 나머지가 변하지 않으면 금세 제자리로 돌아갑니다. 부부의 경우에도 똑같습니다. 남편만 바뀌면 혹은 아내만 바뀌면 해결될 것 같다고 생각하는 사람이 많습니다. 그래서 자신은 상담을 받지 않고 배우자만 상담을 해달라고 요청하지요. 물론 여기서 상담을 해달라는 건 교육, 훈련, 혼냄, 꾸중을 해달라는 의미일 때도 많습니다. '저 사람이 나쁜 사람이니 고쳐주세요'라는 요구이지요. 하지만 부부 중 한 사람만 변해야 해결되는 문제는 없습니다. 함께 변화해야 하지요. 문제의 원인을 자신에게서 찾을 때 더 나은 관계를 만들어갈 수 있는 것입니다.

그럼 내 탓을 하는 것이 언제나 도움이 될까요? 그렇지는 않아 보입니다. 우리나라는 세계 최고의 교육 수준과 기술력을 자랑합니다. 하지만 안타깝게도 이 사회에 속해 있는 우리는 그다지 행복하지 않지요. 어느 나라보다 빠른 발전을 이루었지만, 우리나라의 자살률은 OECD 회원국 중 1위를 차지하고 있습니다. 왜일까요? 우리 모두 힘겨운 삶을 살아가고 있기 때문입니다. 사람은 누구나 칭찬받고 인정받기를 원합니다. 잘못해도 괜찮다고 격려받고, 잘하면 잘한 만큼 좋게 평가받는 것이 삶의 원동력이 됩니다. 하지만 우리나라는 타인의 잘못에 유난히 엄격하고, 잘하는 것보다 잘못하는 것에 더 집중합니다. 실제로 동서양 비교 연구를 보면, 서양 문화권에서는 잘한 것에 초점을 맞추고 낙관하는 사고가 강하지만, 동양에서는 잘못한 것에 초점을 맞추고 비관하는 사고가 훨씬 강하다고 합니다. 잘한 것은 당연한 일로, 잘못한 것은 심각한 문제로 만들어버리죠. 그런 사회에서 누가 건강한 마음을 가질 수 있을까요?

성공하기 너무나 어려운 세상입니다. 무슨 수저를 물고 태어났느냐에 따라 받을 수 있는 교육 수준이 달라집니다. 외모지상주의로 인해 예쁘고 잘생기고 늘씬하지 않으면 불이익을 받기도 하지요. 어마어마한 대학 등록금을 내느라 빚더미에 앉은 채, 자격증 서너 개에 인턴십, 어학시험 성적, 어학연수 등의 스펙을 쌓아야 합니다. 이런 스펙은 대단한 것이 아니라 취업전선에 뛰어들 수 있는 최소한의 자격요건일 뿐입니다. 그렇게 시간과 돈을 투자하고도 직장을 구하기는 여전히 힘들지요. 직장에 들어가면 단 1원도 안 쓰고 5년은 모아야 아파트 한 채를 겨우 장만할 수 있다는데, '결혼은 왜 안 하냐', '아이는 왜 안 가지냐', '요즘 젊은 것들 참 이기적이다' 등의 소리를 듣기도 합니다. 최선을 다하고 있는데, 숨이 목구멍까지 차오르게 살아가고 있는데 말이죠. 이런 열악한 상황 속에서도 더 좋은 사람이 되기 위해 내 탓을 해야 하는 걸까요?

강이슬 작가의 『안 느끼한 산문집』에필로그는 「나는 존나 짱이다」라는 강렬한 제목을 달고 있는데, 그 일부를 소개합니다.

나는 사르카슴을 흠모하는 변태이지만 동시에 꽤 긍정적인 인간이다. 웬만한 고난이나 역경에 잘 좌절하지 않는 내실 좋은 멘탈을 가진 편인데 눈앞에 펼쳐진 핵 거지같은 상황에서도 멘탈을 유지하는 비결이 있다. 다소 비겁하지만 '남 탓', '세상 탓'을 한다. 크고 작은 '좆된 상황'을 맞닥뜨릴 때마다 나는 이렇게 생각한다.

'시벌탱. 나는 이렇게 놀라울 정도로 정상이고 훌륭한데 세상이, 나라가, 쟤가 좆같아서 잘될 뻔한 일이 망해버렸구나.'

이런 식으로 그냥 막 생각하면 놀랍도록 마음이 가벼워진다. 너무 비겁하고 루저 같다고? 그런 생각이 드는 것도 다 이 세상 탓이다.

(중략) 내 탓이 아닐 때는 내 탓을 하지 말자. 내 탓일 경우에는 내 탓일 수밖에 없었던 상황을 애써 찾아 탓하

며 정신 승리를 하자. 가만히 있어도 나를 까고 밟아대는 세상에서 나까지 자신을 코너로 모는 것은 너무 가혹하니까. 나라도 제대로 각 잡고 서서 내 편이 되어주는 것이 정신 건강에 이롭다.

강이슬, 『안 느끼한 산문집』, 웨일북, 2019, p.237~238

이 글을 보고 저는 무릎을 탁 칠 수밖에 없었습니다. 그래, 이거구나! 표현은 다소 과격하지만 정말 맞는 말이었습니다. 안 그래도 사람을 벼랑 끝으로 몰아가는 세상인데, 정말 최선을 다하고 있다면 나만큼은 내 편이 되어주자고 생각했습니다. 조금 비겁해 보일지라도, 뭐 어때요. 저는 우리의 행복이 최우선이 되었으면 좋겠거든요.

영화 「굿 윌 헌팅Good Will Hunting」의 한 장면으로 이번 이야기를 마무리하겠습니다. 주인공 월은 천재적인 학생입니다. 수학, 법학, 사학 등 모든 분야에 능통해 이 시대의 진정한 창의적 융복합 인재가 될 수 있는 자질을 갖추고 있지요. 그럼에도 불구하고 재능을 발휘하려 하지 않습니다. 어린 시절에 받은 상처 때문이지요. 부모에게 버림받고 학대를 당하며 자란 그는 아마 이렇게 생각했을 겁니다. '나는 무가치한 사람이야. 내가 버림받고 학대당한 건 내가 잘못했기 때문이야. 나 때문이야.' 그는 언제든 자신을 버릴지도 모르는 세상에 마음을 열지 못합니다. 재능을 발휘할 필요성도 느끼지 못하죠. 하지만 윌은 심리학 교수 숀을 통해 마음을 열게 됩니다. 숀은 윌에게 진심으로 이야기합니다. "It's not your fault(네 잘못이 아니야)." 시큰둥한 윌에게 숀은 반복해서 이야기합니다. "네 잘못이 아니야. 네 잘못이 아니야." 윌은 알겠으니까 그만하라며 분노하지만 숀은 계속합니다. "네 잘못이 아니야. 네 잘못이 아니야. 네 잘못이 아니야." 결국 닫혀 있던 마음이 녹아내리고 윌은 숀의 품에 안겨 엉엉 울고 맙니다.

내 탓을 하는 것은 나를 더 좋은 사람으로 만들어줍니다. 발전할 기회를 주지요. 하지만 때로 살다 보면 내 노력으로 해낼 수 없는 일들이 있습니다. 여러분 잘못이 아닐 때가 있지요. 그런 날에는 우리 자신에게 너무 가혹하지 않았으면 좋겠습니다. 그냥 하루만 남 탓을 해버리세요. 난 아주 소중하고 가치 있는 사람인데, 세상에 거지같아서 못 알아줄 뿐이라고 말이죠.

저는 지칠 때마다 SNS 프로필에 이런 말을 남깁니다. '나는 잘하고 있다.' 그 말이 뭐라고 힘이 됩니다. 여러분도 스스로 되뇌어보시길 바랍니다. "나는 잘하고 있다. 나는 잘하고 있다."

여러분은 정말 잘하고 있으니까요.

모두가 '예'라고 할 때
'아니오'라고 할 수 있는 용기

_ 동조의 심리학

한 연구소에서 아르바이트를 할 때였습니다. 그때 가장 힘들었던 건, 일도 인간관계도 출퇴근길도 아니었습니다. 바로 점심 시간이었죠. 연구소 내에 식당이 따로 없어서 밖에 나가서 식사를 해야 했는데, 아르바이트생 혼자 남아 있는 게 짠해 보였는지 다들 저를 챙겨주셨습니다. 하지만 저는 그게 너무 힘들었습니다. 돈 때문이었지요. 당시 최저시급이 3480원이었는데, 사 먹는 밥 한 끼가 10000원이 넘었거든요. 하루는 굴 국밥집에 갔습니다. 저는 사실 굴을 좋아하지 않습니다. 그런데 식당에는 굴이 들어간 메뉴밖에 없었습니다. 메뉴판을 열심히 들여다보니 그나마 제일 싼 메뉴가 7000원짜리 굴 라면이었지요. 두 시간 일해야 버는 돈이지만 눈물을 머금고 시켰습니다. 그런데 한 연구원이 저에게 막 뭐라 하는 겁니다. 젊은 사람이 그렇게 맨날 라면 같은 걸 먹으면 되냐고, 몸에 안 좋으니 밥을 먹어야 한다고 말이에요. 그 이야기가 나온 뒤에 저를 제외한 모든 분들이 12000원짜리 굴 국밥을 시키는데, 저라고 별수 있겠어요? 저도 따라서 굴 국밥을 시켰습니다. 결국 세 시간 넘게 일해야 벌 수 있는 돈을 내고 국물에 떠 있는 달걀만 숟가락으로 휘휘 젓다가 나왔습니다.

때때로 주변 사람들의 말 한마디가 우리의 결정을 좌지우지합니다. 대다수의 의견이 한 방향으로 쏠리면 내 생각이나 행동을 거기에 동화시키지요. 모두 굴 국밥을 시킬 때 제 자신의 기호나 사정에 관계없이 역시 같은 메뉴를 주문했던 저처럼 말이죠. 이런 심리적 경향을 '동조conformity'라고 부릅니다.

동조는 언제 일어날까요? 먼저, 잘 모르는 상황에서 일어납니다. 소개팅 장면을 상상해봅시다. 와인에 대해서 아무것도 모르는데, 상대방이 자신이 잘 아는 와인 가게가 있으니 가자고 합니다. 근사한 음악을 들으며 고상하게 메뉴판을 펼쳐보지만, 대체 뭐가 뭔지 모르겠습니다. 꼬부랑거리는 글씨를 아무리 들여다보아도 맛이 상상되지 않습니다. 그럴 때에는 어떻게 하는 것이 가장 현명할까요? 제일 좋은 방법은 상대방의 선택을 기다린 후에 "같은 걸로요"라고 이야기하는 것입니다. 아무래도 와인을 먹으러 가자고 한 사람이니까, 아무것도 모르는 나보단 괜찮은 선택을 할 테지요.

은희경 작가의 장편소설 『빛의 과거』에는 이런 장면이 나옵니다.

> 그는 이경혜에게 재야인사들이 '민주구국헌장'을 발표한 사건을 아는지 물었다. 서울대의 유신 철폐 시위에서 학생들이 기동경찰에게 몽둥이로 얻어맞으며 끌려간 걸 아는지, 한신대 학생들이 부활절 수난주간에 정권 퇴진을 요구하는 '고난선언'을 발표해 체포됐고 휴교령까지 내려진 걸 아는지도 물었다. 이경혜는 당황하기 시작했다. 그녀는 자신이 잘 모르는 이야기에 확신을 갖고, 특히나 고유명사와 숫자를 동원해서 설명하는 사람은 무턱대로 신뢰했으며 미리부터 설득당할 준비가 되어 있었다.
>
> 은희경, 『빛의 과거』, 문학과지성사, 2019, p.78

이경혜는 당시의 사회적 문제에 대해 잘 알지 못합니다. 그런데 선배가 하는 이야기를 듣고 나서 그의 말을 무조건적으로 맹신하게 되지요. 민주구국헌장, 유신 철폐, 기동경찰, 휴교령 등은 모두 일상생활에서 잘 사용하지 않는 단어들입니다. 자신이 잘 모르는 주제에 대해 어려운 단어들과 숫자를 동원해 설명하는 사람을 보니, 무슨 말인지는 모르겠지만 그 이야기가 다 맞는 이야기 같았던 것입니다.

우리도 그럴 때가 많습니다. 내가 모르는 주제에 대해 전문용어를 사용하거나 확신을 가지고 말하는 사람을 보면, 어쩐지 그가 맞는 말을 하는 것처럼 느끼게 됩니다. 끄덕끄덕하면서 "나도 그렇게 생각해. 네 말이 맞아" 하고 동조하게 되는 것이죠.

동조에는 부작용이 있을 수 있습니다. 상대방도 정확한 정보를 모르거나, 그 사람과 나의 취향이 맞지 않을 때가 있기 때문입니다. 카페에서 아르바이트를 할 때 있었던 일입니다. 어느 날, 할아버지 손님 세 분이 들어왔습니다. 세 분 중 리더로 보이는 할아버지가 메뉴판을 한참 보더니 입을 열었습니다. "아가씨! 요즘 젊은 사람들은 에스프레소 먹지?" 저는 당황했습니다. "네. 드시기는 하는데 양이 적고 많이 써서⋯⋯." 말끝을 흐리며 다른 커피를 추천하려 했지요. 하지만 그 할아버지는 제 말을 끊고는 "요즘 이런 데 와서 딴 거 먹으면 흉봐! 다 에스프레소 먹어!"라고 친구들에게 윽박을 지르는 겁니다. 제가 설명을 드릴 틈도 없이 다른 두 분도 대답했습니다. "우리도 그걸로 줘!"

에스프레소 세 잔을 쟁반에 담아 가져다드렸을 때, 그 조그마한 컵을 보시던 세 할아버지의 표정은 지금도 잊을 수가 없습니다. 할아버지 한 분은 에스프레소에 혀를 살짝 대보고는 고통스러워 하셨습니다. "이게 사람이 먹는 거여?!" 그 모습을 본 다른 할아버지들은 입에 대지도 못한 채 곤란한 표정으로 저를 쳐다 보았지요. 자주 보던 표정이었습니다. 그 카페에서 에스프레소 가 가장 저렴했거든요. 가격을 보고 시켰다가 그렇게 당황하시 는 손님이 종종 있었지요. 저는 커피에 우유를 좀 타드리겠다고 말씀드린 후에, 시럽까지 듬뿍 넣은 달달한 카페라테를 만들어 가져다드렸습니다.

잠시 후, 할아버지들께서 다시 큰 소리로 저를 부르시는 겁니다. 가게에 있는 손님들이 다 쳐다보았죠. 뭐가 또 잘못 되었나 긴장한 채로 보니, 할아버지 세 분이 '엄지 척'을 하고 계시는 것이 아니겠어요? 만족스러운 미소와 함께요.

이처럼 사람들은 잘 모르는 상황에서 나보다 나을 것이라고 믿는 누군가의 말을 따르기 위해 동조를 합니다. 그런데 정답을 알고 있는 상황에서도 어쩔 수 없이 동조를 하기도 합니다. 왜일 까요? 사람들에게 잘 보이고 싶기 때문입니다.

다음은 김연수 작가의 장편소설 『파도가 바다의 일이라면』 의 한 장면입니다.

흙이 묻은 그 보잘것없는 뿌리를 먹어볼 마음은 전혀 없었는데, 같이 간 아이들이 저마다 맛있다는 듯 먹어 대기에 따돌림을 당하지 않을 생각으로 칡뿌리를 입에 물었다. 처음에 그 맛은 쓰라리기만 했다. 하지만 계속

씹으면 단맛이 난다기에 미옥은 꾹 참고 계속 씹었다. 하지만 아이들이 말하는 단맛이라는 게 자신이 아는 단맛과 같은 맛인지 확신이 서지 않았다. 천년만년 씹는다고 해도 그 뿌리가 설탕처럼 달콤해질 것 같진 않았다. 그럼에도 불구하고 아이들이 "어때? 이제 달아졌지?"라고 물었을 때, 미옥은 그렇다며 고개를 끄덕였다. 아이들의 암묵적인 기대를 배반하고 싶지 않았던 것이다. 하지만 더이상 아이들이 자신을 쳐다보지 않아 입 안에 든 그것을, 흙과 침과 진액과 섬유질이 서로 뒤섞인 그 뭔가를 몰래 뱉어낼 때까지도 칡뿌리는 달콤해지지 않았다.

김연수, 『파도가 바다의 일이라면』, 문학동네, 2015, p.235

미옥은 친구들을 따라 산에 올라갔다가 칡뿌리를 먹게 됩니다. 먹고 싶지 않았지만 친구들의 아우성에 억지로 먹게 된 것이죠. 친구들이 계속 먹으면 단맛이 난다기에 열심히 씹어보지만 미옥이 아는 단맛은 도무지 나지 않습니다. 그때 친구들이 물어봅니다. "이제 달아졌지?" 하나도 달지 않지만 미옥은 그렇다고 대답합니다. 그렇게 대답하지 않으면 친구들이 자기를 미워할 거 같았기 때문이지요.

세상이 우리에게 암묵적으로 기대하는 반응이 있고, 우리는 그 기대에 부응해야 한다는 압박감을 느낍니다. 그래야 좋은 사람으로 보일 테니까요. 회식을 하는 장면을 생각해볼까요? 모두 중식당에 모여 있는데, 회장님이 먼저 주문을 합니다. "저는 짜장면을 먹겠습니다. 제 눈치 보지 말고 마음껏 시키세요!" 그 얘기를 듣고 다른 사람들은 쭈뼛거리게 됩니다. 한 사람씩 주문을 하지요. "저도 짜장면을 먹겠습니다." "역시 중국집은 짜장면이죠." 메뉴가 통일되는 순간, 지난주에 막 입사한 신입사원이 눈치 없이 말합니다. "저는 잡채밥 먹겠습니다!" 회장님은 당황스럽게 웃으며 말하겠죠. "하하! 젊은 친구가 취향이 확고하구먼." 이 말을 들은 다른 직원들은 서로 눈빛을 교환하기 시작합니다. 속으로 '미친 거 아니야?'라고 이야기하고 있을지도 모르지요. 여러분들은 짜장면을 시키는 직원인가요, 잡채밥을 시키는 직원인가요? "난 그래도 그 정도로 눈치 없지는 않아! 짜장면을 시키지!" 이렇게 말한다면 여러분은 동조하는 사람입니다.

올바른 방향으로 동조가 이루어지는 것은 건강한 사회생활에 도움이 됩니다. 눈치 빠르고 싹싹한 사람으로 평가를 받게 되지요. 하지만 나 혼자 다른 선택, 다른 생각, 다른 행동을 하면 따가운 시선을 받게 됩니다. 이것을 '집단 압력group pressure'이라고 하지요. 그 압력을 이겨내는 것은 참으로 힘듭니다. 웬만큼 눈치가 없지 않고서야 뒤통수가 너무 따갑지요. 그들과 다른 선택을 하는 것은 곧 "나는 너희와 다른 사람이다"라고 선언하는 일과 같습니다. 마치 사람들에게 사랑받는 것을 거부하며, 그 집단의 구성원이 되기를 포기하는 것과 같지요. 그래서 우리는 취향이나 바람과 상관없이 남들과 같은 선택을 하게 됩니다. "나도 너희들과 같은 사람이야. 나도 끼워줘"라고 말하고 싶은 거지요.

동조하지 않는 것은 이토록 어려운 일입니다. 하지만 동조하지 않아야 할 때가 분명히 있지요. 바로 잘못된 방향의 동조가 일어나는 경우입니다. 이를테면, 직장 상사가 한 사람을 미워해서 따돌리려고 할 때, 부하 직원들은 이에 동조해야 하는 경우가 생깁니다. 정답이 아니라는 것을 알면서도 혹시 나도 타깃이 될까 두려워 따르게 됩니다. 실수로 사고를 낸 친구를 도와 시체를 유기하는 영화 속 이야기도 올바르지 못한 동조의 한 예가 될 수 있지요.

이럴 때는 동조에서 벗어나야 합니다. 어떻게 해야 할까요? 그 방법은 만장일치를 깨는 것이지요.

열 명이 중국집에 갔을 때 아홉 명이 짜장면을 시킨다면, 마지막 한 명은 잡채밥을 시키기가 어려워집니다. 만장일치가 되어가는 분위기를 뒤집는 장본인이 되어야 하거든요. 하지만 세 번째 사람이 짬뽕을 시키면, 다섯 번째 사람은 볶음밥을 시키고 열 번째 사람은 잡채밥을 시켜도 전혀 이상하지 않습니다. 집단 압력이 분산되기 때문이지요. 만장일치를 깨는 답변은 통일되지 않아도 됩니다. 세 번째, 다섯 번째, 열 번째 사람이 각자 서로 다른 메뉴를 시켜도 상관없다는 뜻입니다. 한 사람이 다른 답을 말한다면 나머지 사람들은 또 다른 답을 말할 수 있게 됩니다. 이런 경우가 여러 번 반복되면 자연스럽게 다른 대답을 할 수 있는 분위기가 되지요.

회의할 때도 마찬가지입니다. 누군가가 전체의 의견과 다른 새로운 아이디어를 내기 시작하면, 다른 사람들도 자연스럽게 창의적인 생각을 하게 됩니다. 만장일치가 깨졌기 때문입니다. 하지만 누구도 반대의견을 내지 않는다면, 첫 번째 의견에 의미 없이 따르는 결과가 나타날 수 있습니다. 그러니 만장일치를 깨는 것이 중요합니다. 물론 만장일치를 깨는 사람이 누가 되느냐가 관건이지만 말이죠.

예전에 크게 주목받았던 한 증권회사의 광고가 생각납니다. 검은 정장을 입고 떼거지로 몰려 있는 사람들이 손가락으로 오케이 표시를 하고 있습니다. 그들은 "예!" 하고 소리칩니다. 그 순간 영화배우 유오성 씨가 돌아서서 "아니오!"라고 외칩니다. 검지를 흔들며 말이죠. 그리고 이런 카피가 나옵니다. '모두가 "예"라고 할 때 "아니오"라고 할 수 있는 친구! 그 친구가 좋다.'

어떤 의견이든 다른 사람에게 동조하지 않고 소신을 지키자는 메시지가 담긴 광고였지요. 당시 이 광고는 엄청난 센세이션을 불러일으켰습니다. 집단주의가 팽배한 우리나라 문화에서는 상당히 충격적이었죠. 동조에 지쳐 목소리를 내지 못하는 많은 사람이 공감하기도 했지요.

우리가 살아가는 시대에 정답이 어디 있을까요? 모두가 흰색이라고 말할 때 누군가는 용기 내어 검은색이라고 말해야 합니다. 그러면 그 사람을 시작으로 "노란색이요!", "보라색이요!" 하는 여러 목소리가 들리기 시작할 겁니다. 여러분의 고유한 색이 당당하게 빛을 발하는 시대가 왔으면 좋겠습니다. 다른 색을 '틀린 색'이라고 하지 않는 시대가 되었으면 좋겠습니다. 다시 연구소에 다녔던 그때로 돌아갈 수 있다면, 굴 국밥집에 들어가기 전에 이렇게 이야기하고 싶습니다.

"아니오! 저는 굴을 좋아하지 않아서 혼자 먹겠습니다. 맛있게 드세요!"

마음에도 주유등이 있다면

_ 스트레스와 일반 적응 증후군

과거에는 여성의 몸에서 나오는 호르몬이 인체에 유해한 영향을 미친다는 소문이 있었습니다. 캐나다의 내분비계 학자 셀리에Hans Selye 교수는 여성 호르몬이 우리의 몸에 악영향을 미친다는 가설을 검증하려고 쥐 실험을 했습니다. 난소에서 호르몬을 추출하여 쥐에게 주사를 했더니, 예상대로 쥐의 몸속에서 궤양과 출혈이 생기고 부신피질이 비대해지는 이상반응이 나타나게 되었죠. '난소 추출물이 정말 무시무시한 문제를 가지고 있구나!' 이렇게 결론을 내리려는데, 결론에 치명적인 오류가 있다는 사실을 발견했습니다. 난소 추출물을 주사하지 않은 쥐들에게서도 똑같은 신체적 이상반응이 나온 것입니다. 위대한 발견을 한 연구자들이 늘 그러하듯, 셀리에는 자신의 연구를 실패로 단정하지 않고 그 원인을 찾아내게 됩니다. 신체적 이상반응은 난소 호르몬이 아닌 '스트레스' 때문이었지요. 실험을 하기 위해 묶어놓고 가둬놓고 주사를 놓았으니 쥐들이 얼마나 스트레스를 받았을까요? 투여된 약물이 무엇인지와 관계없이 모두 스트레스 때문에 이상반응을 일으키게 된 것이었지요.

쥐에게 스트레스의 원인이 주사 바늘일 수도 있고 유해약물을 투여하는 상황일 수도 있는 것처럼, 우리가 만나게 되는 스트레스의 원인도 다양합니다. 가족 간의 갈등이 될 수도 있고, 취업 준비가 될 수도 있죠. 너무 가난해도 스트레스지만, 부유해서 자산 운용이 어려울 때도 스트레스를 받습니다. 목숨을 위협하는 자연재해나 재난 상황은 물론, 마트에서 계산을 하기 위해 줄을 서야 하는 사소한 상황에도 스트레스를 받습니다. 사랑하는 사람이 사고를 당했다는 연락을 받는 끔찍한 상황뿐만 아니라, 애인이 메시지에 답장을 하지 않아 짜증이 난 상황에서도 스트레스를 받지요.

셀리에는 사람마다 스트레스를 받는 상황은 다르지만 그에 대한 반응은 모두 비슷하다는 사실을 발견하고, 스트레스에 대한 세 가지 일반적 반응 단계를 정리하게 됩니다.

첫 번째 단계는 바로 '경고'입니다. 몸이 우리 마음에게 '야, 너 지금 큰일 난 것 같다. 뭔가 준비를 해야 할 것 같은데?' 하고 말해주는 단계이지요. 스트레스 상황을 처음 만나면 심장이 두근두근 뛰고, 등에 땀이 나고, 팔다리에 소름이 돋습니다. 동공은 확장되고 온몸의 근육이 경직되지요. 불편하게만 느껴지는 이 반응은 사실 스트레스에 대처하기 위해 우리 몸이 준비를 하는 과정입니다.

밤에 가로등 하나 없는 길을 걷고 있다고 상상해보세요. 그 순간 뚜벅뚜벅 발자국 소리와 함께 누군가 뒤에서 따라오는 것만 같은 느낌이 듭니다. 발걸음을 멈추면 뒤따르던 발걸음 소리도 멈추고, 빠른 걸음으로 걸으면 같이 빨라집니다. 그때 우리 몸은 경고합니다. '큰일 났다!' 그리고 고민에 휩싸입니다. '확 돌아서서 패버릴까? 아니면 미친 듯이 도망갈까?' 어떤 선택을 하든 우리가 가지고 있는 에너지를 총동원해야만 성공할 수 있습니다. 나를 따라오는 사람을 더 잘 보기 위해 동공이 확장되고, 온몸에 피를 잘 돌게 하기 위해 심장이 미친 듯이 뛰고, 힘을 더 강하게 내기 위해 근육이 긴장합니다. 스트레스의 첫 단계는 이처럼 위험 상황에 노출되었을 때, 도망갈 것인지 맞서 싸울 것인지 결정하면서(투쟁-도피 반응, fight or flight response) 온몸의 에너지를 총동원하는 준비 단계라고 볼 수 있습니다.

이 단계에서 평소에 쓸 수 있는 에너지를 능가하는 힘이 발휘됩니다. 즉 초인적인 힘이 나오는 것이죠.

최근 한 기사를 통해 70대 노인이 괴력을 발휘한 사건이 소개되었습니다. 노인이 반려견과 산책을 하던 중 호수에서 악어가 나타나 반려견을 물어갔습니다. 그런데 노인이 악어를 잡아 입을 열고 자신의 반려견을 구출해낸 것입니다. 그 후 노인은 인터뷰에서 자기에게 그런 힘이 있는지 몰랐다며, 다시 해보라고 해도 할 수 없을 거라며 웃었다지요. 이처럼 우리의 몸이 스트레스에 대처하기 위해 가능한 모든 에너지를 총동원하면 평상시와는 다른 엄청난 힘을 발휘할 수 있습니다.

우리의 현실은 영화처럼 '발단-전개-위기-절정-결말'의 순서로 흘러가지 않습니다. '발단-전개-위기-위기-위기-위기'인 날들이 더 많죠. 스트레스 상황은 끊임없이 지속됩니다. 하나가 끝나면 또 다른 스트레스가 찾아오지요. 그러니 매일같이 내가 가진 에너지를 총동원해서 살아갈 수는 없습니다. 에너지의 양은 한정되어 있으니까요. 이때가 바로 스트레스의 두 번째 단계인 '저항' 단계입니다. 스트레스에 아무리 대항하려 해도 끝이 나지 않는 단계죠. 지속적인 가족 간의 갈등, 아무리 노력해도 합격하지 못하는 시험, 직장 상사의 괴롭힘, 취업 실패, 경제적 불안, 끝나지 않는 전염병 사태 등 에너지를 총동원해도 해결할 수 없는 장기적인 스트레스가 지속되는 상황이 이에 해당합니다. 이 단계에서 우리는 가지고 있는 에너지를 조금씩 갉아먹으면서 살아가게 되지요.

에너지가 소진되기 시작하면 신체 반응이 일어납니다. 쉽게 말해서 아프기 시작하는 것이죠. 저는 대학생 때 스트레스를 참 많이 받는 편이었습니다. 그러면서 달고 살았던 것이 위염이었습니다. 위산이 역류해서 목구멍이 타 들어가는 통증을 느꼈고, 속이 쓰려 배를 부여잡느라 허리를 펴지 못하고 걷는 날이 더 많았죠. 그런데 병원에서 아무리 검사를 해도 멀쩡하다는 거예요. 어느 병원에 가도 이 말만 반복했죠. "큰 이상은 없습니다. 신경성이에요." 그때는 속으로 다들 돌팔이가 아닌가 의심하기도 했습니다. '이보시오, 의사 양반. 내가 이렇게 아픈데 어떻게 이상이 없다는 말이오.' 이게 바로 스트레스의 두 번째 단계에서 나오는 반응이라는 사실을 몰랐던 거죠. 물론 큰 이상이 없다고 방치할 문제는 아닙니다. 스트레스가 지속되어 위염이 심해지면 위궤양, 위암으로 발전하기도 하니까요. 장기적 스트레스는 위염뿐 아니라 다양한 신체 반응을 유발합니다. 과민성 대장 증후군이나 장염을 일으켜 시도 때도 없이 화장실을 들락날락 하게 한다거나, 변비로 고생하게 만들기도 합니다. 경고 단계의 준비활동이 지속되면서 간에 무리가 와서 지방간이 생기거나, 심장이 너무 열심히 피를 뿜어낸 탓에 심장질환에 걸리기도 하지요. 뒷목을 잡고 쓰러지는 혈압 문제가 발생할 수도 있습니다.

장기적인 상황이 반복되어도 스트레스가 해소되지 않을 때, 우리는 마지막 단계에 접어들게 됩니다. 바로 '소진' 단계입니다. 스트레스에 저항하는 과정에서 모든 에너지가 고갈되는 상황에 맞닥뜨리게 되는 것이죠. 그 지경이 될 때까지 가만히 있었냐고요? 왜 조금씩 쉬고 충전하지 않았냐고요? 그게 잘 안됩니다. 매일 똑같은 스트레스를 경험하며 살다 보면 적응을 하게 되기 때문입니다. 그럼 이런 생각을 하게 되지요. '그래, 안 힘든 사람이 어디 있어. 다들 이렇게 살아가는 거지, 뭐.' 이렇게 스트레스를 정당화하면서 소진된 내 몸의 상태에 적응해버립니다. 원래 이렇게 사는 거라고 받아들이면서, 살아가는 게 아니라 살아지는 꼴이 되는 것이죠.

문제는 지금 겪고 있는 장기적인 스트레스와는 전혀 다른 스트레스를 만날 때 벌어집니다. 새로운 스트레스를 맞닥뜨리게 된다면 어떨까요? 다시 첫 번째 경고 단계에 들어가서 에너지를 총동원해야겠죠? 하지만 한정된 에너지는 이미 바닥이 드러났고, 기존의 스트레스에 적응이 되어 얼마 남지 않은 에너지로 버텨내고 있는 상황입니다. 총동원할 에너지 같은 건 없는 것이지요. 이 상황이 되면 우리가 잘 알고 있는 '번 아웃 증후군burnout syndrome'에 걸리기도 하고, 우울증과 불안장애를 겪게 될 수도 있습니다. 심한 경우 과로사를 하기도 하죠.

제 친구가 중학생 때 이야기를 해준 적이 있습니다. 어느 날 새벽, 아버지가 술에 거나하게 취해 들어오셨다고 합니다. 술 냄새와 고기 냄새를 풍기며 들어온 아버지는 턱수염이 자라 까끌까끌한 턱을 잠자고 있던 친구 뺨에 비비며 깨우려 했지요. 그런 아버지가 귀찮았던 친구는 눈을 꼭 감고 자는 척을 했습니다. 기분이 상했어도 참고 넘어가려고 했지만 조금 후 아버지가 화장실에서 토하는 소리가 들리자, 결국 짜증을 내고 말았죠. 왜 밤늦게 이렇게 술을 먹고 오냐, 시끄러우니까 조용히 하라며 소리를 치고 문을 쾅 닫고 잠을 청했습니다. 다음 날, 아버지는 돌아가신 채 발견되었습니다. 과로사였던 거죠. 요즘에는 회식 문화가 많이 바뀌었지만 예전에는 거의 반강제적으로 참석해야 하는 경향이 있었습니다. 그 시절에 술이 좋아 취하고 싶어서 회식에 참석한 아버지들이 몇이나 있었을까요? 다들 살기 위해서, 가정을 지키기 위해서, 생계를 위해서 버텼던 것이죠. 그런 아버지가 돌아가시기 전에 그에게 마지막으로 한 말이 토하는 소리가 시끄럽다는 것이니, 친구는 얼마나 억장이 무너졌을까요. 어제까지도 건실했던 아버지가 그렇게 하루아침에 떠나갈 거라고 상상이나 했을까요. 지금도 친구는 늘 이렇게 말합니다. "아버지한테 잘해. 진짜 잘해……."

과로사로 돌아가시는 분들의 장례식장에선 흔히 이런 말을 듣게 됩니다. "아니, 어제까지 멀쩡했던 양반이 갑자기 왜?" 과연 멀쩡했을까요? 아닙니다. 시름시름 앓다가 과로사하는 경우는 보기가 힘듭니다. 보통은 멀쩡해 보였던 사람이 다음 날 돌아가신 채 발견되곤 하죠. 괜찮았던 것이 아니라 스트레스에 적응했던 것입니다. 힘든 게 당연하다고, 이 정도는 누구나 겪는 일이라고 생각했던 겁니다. 그러다 생각지도 못한 새로운 스트레스를 만나 얼마 남지 않은 에너지를 총동원한 겁니다. 그렇게 생명을 유지할 수 있는 최소한의 에너지마저 소진해버린 것이죠.

스트레스에 있어서 가장 위험한 것은 자신이 힘들다는 사실을 모르는 것입니다. 무증상으로 인해 치료 시기를 놓친 병처럼 이미 늦은 경우가 많지요. 하버드대학의 교수이자 『하틀랜드』의 저자인 세라 스마시는 자신을 지구상 가장 부유한 나라 미국에서 태어나 그중 가장 가난한 지역인 캔자스kansas 주에서 살아온 사람이라고 소개합니다. 당시 빈민가의 여성들은 남편에게 학대를 당하는 것이 당연했습니다. 이뿐만 아니라 어린 나이에 강간을 당하거나 책임감 없는 애인을 통해 임신을 하고, 그 아이를 키우기 위해 일생을 바치는 삶을 살았지요. 가난한 할머니가 어린 나이에 임신한 엄마 그리고 그 가난한 엄마가 어린 나이에 임신해 태어난 자신. 비참한 인생을 살아온 그녀는 그런 삶이 당연한 디폴트 값이라고 생각하고 버텼습니다. 하지만 그렇게 버티기만 했다면 그녀의 삶에 변화가 있었을까요?

다행히도 스마시는 학교를 다니게 되면서 자신의 삶이 평범하지 않음을 알게 됩니다. 먹고 싶은 걸 먹고 갖고 싶은 걸 가지며 살아가는 친구들을 보며 비참한 자신의 인생이 당연하지 않다는 걸 깨닫게 되죠. 그녀는 가난의 고리를 끊어버리기 위해 아이를 낳지 않기로 결심하고, 세상에 존재하지 않을 그 아이에게

'오거스트August'라는 이름을 지어줍니다. 그녀는 태어나지 못할 딸 오거스트에게 자신이 살아온 삶에 대해 편지를 남기게 되고, 이 글이 『하틀랜드』라는 책으로 출판되었지요. 그 책에서 그녀는 자신의 삶이 결코 당연하지 않았다는 것을 깨닫게 된 순간을 소개하고 있습니다.

스마시는 일상 속에서 가난을 겪고 있는 사람들이 늘 공포를 느끼는 건 아니라고 말합니다. 언제나 각성 상태에 있기 때문에 공포를 자각할 수도 없는 것이지요. 그녀에게 이를 일깨우게 되는 일이 일어납니다. 언제나 씩씩한 그녀에게 한 친구가 다가와, 너와 같은 상황에서 다른 사람들은 스트레스를 느끼지 않겠느냐고 묻습니다. 스마시는 그럴 것이라고 대답하지요. 그러자 친구는 말합니다. 다른 사람에게 스트레스라면 너에게도 스트레스인 거라고, 네가 의식하지 못한다 해도 스트레스인 거라고.

그녀는 한 번도 스트레스를 받지 않은 순간이 없어서, 스스로가 스트레스를 받는지도 모르고 살아왔다는 것을 깨닫습니다. 자신이 겪고 있는 각성 상태가 스스로에게 해가 될 수 있다는 사실을 인정하게 되지요. 그리고 이 상황이 당연하지 않다는 것을, 변화시켜야 된다는 것을 알게 됩니다. 그녀는 가난의 순환 고리를 끊어내기 위해 고군분투하고, 마침내 하버드대학의 교수가 됩니다. 만약 자신의 힘든 상황에 적응하고 그것을 당연한 것으로 여겼다면 그녀의 삶은 어땠을까요? 어머니, 할머니, 할머니의 어머니와 똑같이 계속 힘겨운 삶을 살았겠지요.

어떤 사람이 우연히 병원에 갔다가 비염 진단을 받게 됩니다. "선생님, 저는 살면서 한 번도 숨 쉬는 게 답답해본 적이 없어요. 그런 제가 비염이라니요?" 의사가 대답했습니다. "그건 환자분이 한 번도 편하게 숨을 쉬어본 경험이 없어서 모르는 거예요."

저도 비슷한 경험을 한 적이 있습니다. 심한 안구건조증 진단 후에 눈물샘을 막는 시술을 받게 되었습니다. 그러고 나서 생전 처음으로 눈이 촉촉하다는 것을 느끼고 깜짝 놀랐습니다. 한 번도 눈이 건조하지 않은 적이 없었기에 불편한 줄도 모르고 살아왔던 것이지요. 그 뒤로 저는 각막을 치료하기 위해 열심히 인공눈물을 투약하고 매일 밤 연고를 바르고 있답니다.

인간은 적응의 동물이라고 합니다. 스트레스에도 적응을 하죠. 힘이 든 상황도 힘들지 않은 것이라고 간주해버려요. 하지만 마음은 익숙해질지언정 몸은 그렇지가 않습니다. 우리의 에너지는 한정되어 있거든요. 마치 자동차의 기름처럼 말입니다. 달리고 달리다 보면 언젠가는 기름이 바닥나는 순간이 옵니다. 주유등에 불이 들어온 상황에서, 목적지가 얼마 남지 않았으니 조금만 버티자며 주유를 하지 않는다면 어떻게 될까요? 갑작스러운 돌발 상황이라도 벌어진다면 어떨까요? 음주운전 차량이 역주행을 해서 갑자기 속도를 내야 하는 상황이 오면요? 앞 유리에 성애가 그득해서 히터를 세게 틀어야 한다면요? 차는 곧바로 멈춰버리고 말겠죠. 돌발 상황에 필요한 연료가 없으니까요. 우리의 마음도 마찬가지입니다. 스트레스 상황에서 에너지를 계속 사용하다 보면 언젠간 고갈이 되고, 새로운 스트레스에 저항하다가 갑자기 멈춰버리는 시점이 올지도 모른다는 것입니다. 그러니 주유등에 불이 들어오기 전에 미리미리 충전을 해놓는 것이 좋겠지요.

그렇다면 바닥난 우리 마음의 에너지는 어떻게 충전하는 것이 좋을까요?

먼저 잠을 많이 자는 것이 중요합니다. 우리 몸은 잠을 자는 동안 피로를 회복하고 에너지를 충전합니다. 잠이 부족하면 예민해지고 피로감을 많이 느낍니다. 하품이 나고 머리가 몽롱해지죠. 이것은 충전이 필요하다는 신호입니다. 이 신호를 결코 무시해서는 안 됩니다. 어떤 사람들은 정신력으로 몸의 한계를 뛰어넘을 수 있다고 합니다. 카페인으로 버티기도 하지요. 하지만 그건 위험한 생각이에요. 우리 몸은 휴식이 필요합니다. 밤 사이 가득 충전을 해야 휴대폰이 하루 종일 버틸 수 있는 것처럼, 우리의 몸도 잠으로 충전해주어야 다음 날을 살아나갈 수 있습니다.

초콜릿, 사탕, 캐러멜을 먹는 것도 일시적으로 도움이 됩니다. 두뇌회전이 안 될 때 단 음식을 한 입 물자마자 머리가 팽팽 돌아가는 것을 느껴본 경험이 한 번쯤은 있을 겁니다. 뇌의 먹이는 글루코스glucose, 즉 당입니다. 스트레스가 쌓일 때 느껴지는 단것에 대한 욕구는 우리의 뇌가 더 이상 생각할 에너지가 없으니 먹이를 달라고 보내는 신호 같은 거예요. 이때는 주유등에 불이 들어왔다고 보면 됩니다. 혹시 단것이 먹고 싶을 때 살을 빼야 한다고 참고 있진 않았나요? 오늘부터는 에너지를 충전한다고 생각하고 단것을 조금씩 섭취해주세요.

연료를 가득 채우면, 어떤 차는 주행 가능 거리가 1000킬로미터나 뜹니다. 하지만 어떤 차는 200킬로미터밖에 못 간다고 나오죠. 차의 성능에 따라 충전할 수 있는 연료의 양도 다릅니다. 우리 마음의 그릇도 비슷합니다. 충분히 충전한다고 해도 더 빨리 고갈되는 사람이 있고, 더 오래 버티는 사람이 있습니다. 여러분은 어떤 사람인가요? 혹시 금세 고갈되는 사람인가요? 그래도 괜찮습니다. 다행히 이 용량은 정해져 있는 것이 아니거든요. 우리의 마음은 근육과 같다는 비유를 자주 하지요. 근육은 과한 활동을 통해 근섬유에 상처를 내고 회복되는 과정에서 더 커집니다. 운동을 해서 근육을 점점 발달시킬 수 있는 것처럼, 마음의 그릇도 훈련과 노력을 통해 단단하게 만들 수 있습니다.

마음의 그릇은 힘겨운 일을 겪어 마음이 상하고, 그 상한 마음이 회복되는 과정에서 더욱 단단해집니다. 충전할 수 있는 에너지의 양도 늘어나겠지요. 그럼 힘든 일을 계속해서 겪으면 성장할 테니 매일같이 스트레스를 받아야 할까요? 그렇지는 않습니다. 중요한 것은 휴식이에요. 보통 이틀 운동을 하면 하루는 꼭 쉬어주라고 하죠. 근육은 운동을 쉬는 동안에 생기기 때문입니다. 근섬유가 상처를 회복할 시간이 필요하니까요. 휴식하지 않고 며칠을 내리 달리면 엄청난 손상이 와서 돌이킬 수 없는 상황이 되기도 합니다. 마음도 마찬가지예요. 마음을 단단하게 만들고 싶다면, 불편함을 감수하고 위험 상황에 도전하는 경험을 한 뒤에는 꼭 휴식을 취해야 합니다. 이를 반복하는 것을 연습해보세요. 언젠가 마음의 그릇도 점점 크고 단단해져서, 전보다 훨씬 더 많은 에너지를 담을 수 있게 될 테니까요.

기분이 좋은지 나쁜지 누가 아는가

_ 정서 이요인 이론

우리는 때때로 웃고 때때로 울며, 그렇게 감정을 느낍니다. 그런데 대체 감정은 어디에서 오는 것이고, 어떻게 느끼게 되는 걸까요?

행복해서 웃는 게 아니라 웃어서 행복한 것이라는 말, 들어보셨나요? MBC 예능프로그램 「무한도전」이 한창 전성기를 누릴 때, 긍정의 아이콘이라고 불렸던 노홍철 씨를 통해 유명해진 말입니다. 당시 그는 진심으로 긍정의 힘을 믿고 있는 것 같았습니다. 언젠가는 괴한이 집 앞에 와서 흉기로 갈비뼈 부근을 찔렀는데, 이유가 방송에 나와서 시끄럽게 떠드는 모습이 보기 싫어서라고 했답니다. 하지만 칼을 맞은 당시에도 그는 당황하지 않고 사람 좋게 웃으며 괴한을 달랬다고 하죠. 「무한도전」 긍정 특집 편에서는 웃통을 벗고 자기 몸에 얼음을 끼얹어가며 어떠한 상황에서든 웃으면 행복해질 수 있다는 '긍정 복음'을 전하기도 했지요. 그래서 사람들은 '행복해서 웃는 게 아니라 웃어서 행복한 것이다'라는 이 말을 그의 명언으로 생각하기도 합니다.

하지만 이것은 이미 오래전에 제임스William James와 랑게Carl Lange라는 학자들이 먼저 했던 말입니다. 그들은 정서를 유발하는 자극을 만나면 우리 몸에서는 눈물, 웃음, 두근거림과 같은 생리적인 반응이 일어나는데, 우리가 그 반응을 알아차리면서 슬픔, 기쁨, 두려움과 같은 정서가 발생한다고 했습니다. 예를 들어, 한 남자가 이별을 했습니다. 눈물이 흐르고, 총 맞은 것처럼 가슴이 너무 아픕니다. 생리적 반응이 일어난 거죠. 그는 그런 자신의 모습을 지각합니다. 즉, 이제 '눈물 → 슬픔'으로 정서를 경험하게 되는 거죠. 제임스와 랑게는 이렇게 웃어서 행복하고, 울어서 슬프고, 소리 질러서 화가 나는 것이라고 설명했습니다. 정서 유발에 대한 이러한 가설을 '제임스-랑게 이론James-Lange theory'이라고 부른답니다.

최근에 와서는 정서에 대한 관점이 조금 달라졌습니다. 단순히 생리적 반응이 오면 정서를 경험하는 것이 아니라, 반응을 주관적으로 재해석하면서 정서가 발현된다는 것이죠. 다시 말해, 정서는 어떻게 해석하느냐에 따라 달라진다는 것이 요즘 표현으로 말하자면 '학계의 정설'입니다. 똑같은 생리적 반응이 있어도 그걸 어떻게 해석하느냐에 따라서 다른 정서가 유발될 수 있다는 것이죠. 이 주장은 정서는 생리적 반응이라는 요인과 해석이라는 요인의 상호작용에 의해 유발된다는 뜻으로 '정서 이요인 이론two factor theory'이라고 부릅니다.

정서와 관련된 신체 반응은 생각보다 제한적입니다. 눈물이 흐른다거나, 닭살이 돋는다거나, 심장이 뛴다거나, 온몸에 힘이 쫙 빠진다거나 하는 것들이 정서와 관련된 생리적 반응이지요. 그런데 반응과 특정 정서가 반드시 짝지어진 것은 아닙니다. 예를 들어, 눈물이 흐르면 반드시 슬픈 것일까요? 연말에 TV에서 하는 시상식을 보세요. 수상한 많은 연기자들이 소감을 말하면서 울지요. 원하는 상을 받지 못해서 슬퍼서 우나요? 나는 대상감인데 최우수상을 받아 분하다면서 우는 걸까요? 아니죠. 기뻐서 우는 거지요. 눈물은 이렇게 기쁨과도 짝을 지을 수 있습니다.

소름 돋는 건 어떤가요? 저는 일명 '환 공포증'이 있습니다. 점들이 깨알같이 모여 있는 모양을 보면 소름이 끼치고 역겨운 기분이 듭니다. 그래서 마트에서 음료 코너를 지나갈 때는 아주 긴장을 합니다. 개구리알을 닮은 바질 시드가 든 음료수 병을 보면 하루 종일 아무것도 먹지 못하거든요. 하루는 걸어가다가 책상 모서리에 팔이 긁혀서 상처가 났는데, 시간이 지나니까 딱지가 점점이 생겨 있었습니다. 그걸 보는 게 너무 소름 돋고 심지어

토할 것 같아서, 상처 위에 테이핑을 해놓은 적도 있습니다. 이렇게 보통 소름 돋는 건 혐오스러운 감정과 짝지어져 있지요.

그런데 제가 소름이 돋는 또 다른 상황이 있습니다. 바로 영화를 볼 때지요. 전쟁 판타지 영화나 SF 히어로 영화 등에서 우리 편이 위험에 처해 있는데 갑자기 생각지도 못한 아군이 나타나 전세를 역전시키는 엄청난 역공을 펼칠 때 온몸에 소름이 돋습니다. 영화 「어벤저스: 엔드게임」에서 블랙 팬서가 "와칸다 포에버!"를 외칠 때, 캡틴아메리카가 "어벤저스, 어셈블!"을 외칠 때, 저는 진짜 팔다리에 소름이 끼치다 못해 머리털까지 다 쭈뼛쭈뼛 서서 심지어 울었답니다. 이때 소름과 눈물은 혐오나 슬픔이었을까요? 아닙니다. 벅찬 감동이었지요.

이처럼 생리적 반응과 정서는 완전히 짝지어져 있다고 볼 수 없습니다. 나에게서 일어나는 생리적 반응을 어떻게 인지적으로 해석하느냐에 따라 내가 경험하는 정서가 달라질 수 있습니다. 이와 관련된 유명한 실험이 하나 있지요. 더튼D.G.Dutton과 아론A.P.Aron의 '흔들다리 실험suspension bridge experiment'입니다. 연구진들은 실험 참가자들을 두 집단으로 나눠 각각 평지와 흔들다리에 서 있게 했습니다. 잠시 후, 실험에 대해 궁금한 점이 있으면 연락을 달라며 이성 실험 진행자의 연락처를 남겨주었지요. 그러고는 흔들다리에 있던 참가자들이 평지에 있던 참가자들보다 더 많이 연락한다는 사실을 알게 됩니다. 사실 그 실험에는 별로 궁금해할 것이 없었습니다. 그런데 왜 연락을 했을까요? 뻔하지요. 호감이 있기 때문이었어요. 실험을 하다가 갑자기 왜 호감이 생기고 난리인 거죠? 흔들다리에 있던 사람들은 다 금방 사랑에 빠지는 '금사빠'였던 걸까요? 아닙니다. 그들은 지극히 평범한 사람이었고, 원인은 바로 흔들다리에 있었습니다.

높은 산과 산 사이를 가로지르는 흔들다리를 건너보셨나요? 한 걸음 내디딜 때마다 다리가 출렁거리면 그 위에 서 있는 우리 두 다리도 후덜덜 떨립니다. 슬쩍 아래를 쳐다보기만 해도 심장이 쿵 내려앉습니다. 뒷사람이 장난친다고 살짝 춤이라도 추면 온몸에 식은땀이 납니다. 왜 그럴까요? 두렵기 때문입니다. 정서와 관련된 생리적 반응을 경험한 거예요. 그런데 사람들은 이 생리적 반응에 주관적 해석, 즉 의미 부여를 하게 됩니다. 그래서 이성의 진행자가 연락처를 줄 때 '어, 왜 내 심장이 뛰고 있지? 왜 이렇게 땀이 나지? 혹시 내가 저 사람을 좋아하나?' 이런 생각을 하게 된 것이죠. 다시 말해, 호감이 있다고 착각을 하게 된 거예요. 이처럼 두려워서 심장이 두근거리는 것인데, 호감이 있다고 착각하는 것을 '흔들다리 효과'라고도 부릅니다.

흔들다리 효과를 이용한 연애 팁은 꽤 많습니다. 대표적인 것이 좋아하는 사람에게 고백하기 전에 함께 공포 영화를 보라는 조언이지요. 심장이 두근거리는 것은 두려움과 설렘이라는 정서를 모두 포함하고 있기 때문에, 무서운 것을 보고 두근거리는 것을 상대에 대한 호감으로 착각할 수 있거든요. 귀신의 집을 가거나 흔들다리를 건너는 것도 도움이 되겠지요?

사랑뿐만 아니라 고통도 마찬가지지요. 우리는 정해진 고통을 경험하는 것이 아니라, 어떻게 해석하느냐에 따라 달라지는 주관적 고통을 경험합니다. 은유 작가는 『글쓰기의 최전선』에서 이렇게 말했습니다.

> 철학자 니체의 말대로 고통은 해석이다. 우리는 고통
> 그 자체를 앓는 게 아니라 해석된 고통을 앓는다.
>
> 은유, 『글쓰기의 최전선』, 메멘토, 2015, p.72

그렇습니다. 우리는 고통을 그대로 느끼는 것이 아닙니다. 우리가 느끼는 것은 해석된 고통이지요. 고통뿐만 아니라 모든 감정이 그렇습니다. 어떻게 해석을 하느냐에 따라 다른 감정을 느끼게 될 수 있지요. 이것은 굉장히 의미 있는 접근입니다. 우리가 어떠한 상황 속에 있는지와 관계없이, 어떠한 마음을 품느냐에 따라 좋은 감정을 느낄 수도 있고 나쁜 감정을 느낄 수도 있다는 얘기니까요.

아찔한 높이의 낭떠러지에 서서 밧줄에 몸을 의지한 채 뛰어내리는 번지점프를 해본 적이 있나요? 어떤 사람은 번지점프를 하나의 즐거운 놀이로 여깁니다. 번지점프대 위에서 느끼는 두

근거림을 흥분과 기대로 해석하는 것이지요. 반면에 어떤 사람은 번지점프를 공포스러운 벌칙처럼 생각합니다. 놀려대는 친구들을 뒤로한 채 소리를 지르거나 울면서 나는 못한다고 도망가려 하지요. 이 경우에는 두근거림을 공포와 불안으로 해석한 것입니다.

이런 사실을 알고 생각을 고쳐먹는다면 어떤 일이 벌어질까요? 똑같은 상황이라도 스트레스로 볼지 도전으로 볼지, 우리 스스로가 결정할 수 있겠지요?

살다 보면 피할 수 없는 어려움을 맞닥뜨리게 됩니다. 그때마다 우리의 몸은 격렬히 반응하겠죠. 그 반응을 어떻게 받아들일지 생각해보세요. 기분이 좋을지 나쁠지는 당신이 결정할 수 있습니다. 어떤 선택을 하실 건가요?

보톡스를 맞은 사람들이 행복한 이유

_ 안면 피드백 효과

미용을 위해 얼굴에 보톡스 주사를 맞은 사람과 맞지 않은 사람 중 누가 더 행복할까요? 이런 질문이 어이없게 느껴질지도 모르지만, 실제 연구 결과는 보톡스 주사를 맞은 사람이 맞지 않은 사람보다 더 행복하다고 이야기합니다. 왜 그럴까요? 남들보다 아름다운 미모를 가지게 되어서? 그 미모 때문에 많은 사랑을 받아서? 아니면, 보톡스 주사로 피부 관리를 할 만큼 경제적 여유가 있어서일까요?

독일의 심리학자 프리츠 스트랙Frits Strack은 재미있는 실험하나를 했습니다. 사람들을 모아서 두 팀으로 나눈 뒤, 똑같은 만화 속 한 장면을 보여주고 얼마나 재미있는지 물어보았습니다.

두 팀의 반응은 서로 달랐습니다. 한 팀이 다른 팀보다 만화를 더 재밌다고 평가한 거예요. 두 팀에게는 무슨 차이가 있었을까요? 사실 연구자들은 만화를 보여주기 전에 사람들에게 한 가지 요청을 했습니다. 연필을 입으로 물고 만화를 보라는 것이었지요. 여기서 한 팀의 사람들에게는 연필을 입술로 물고, 다른 팀 사람들에게는 치아로 물게 했습니다. 연필을 입술로 문 사람들은 자기도 모르게 입술을 삐죽 내밀면서 서운한 표정을 짓게 되었고, 치아로 문 사람들은 연필이 입술에 닿지 않게 하기 위해서 방긋 미소를 짓게 되었죠. 예상할 수 있듯이 만화를 더 재미있게 본 사람들은 연필을 치아로 물었던, 그러니까 미소를 짓고 만화를 본 사람들이었지요.

표정은 감정을 표현하기 위한 수단이 됩니다. 찡그리고 있는 모습을 보면 '저 사람이 지금 기분이 안 좋구나'라는 생각을 하고, 방긋 웃는 모습을 보면 '뭔가 좋은 일이 있나 봐?'라고 추측하게 되지요. '나 지금 화났으니까 아무도 건드리지 마'라고 무언의 메시지를 전하고 싶을 때, 우리는 있는 힘껏 인상을 쓰기도 합니다. 표정으로 할 말을 대신하는 거지요.

그런데 표정은 그저 감정을 표현하는 데 그치지 않고, 감정을 만들어내는 수단이 되기도 합니다.

웃는 표정은 행복감, 찡그린 표정은 짜증, 눈을 크게 뜨고 노려보는 표정은 분노 등 우리의 감정은 이렇게 표정과 밀접하게 연결되어 있습니다. 그러다 보니 감정과 가까운 표정은 그 감정을 더 강하게 이끌어내기도 합니다. 의도하든 하지 않든 말이죠. 연필을 치아로 물기 위해 미소를 지었던 사람들이 똑같은 만화를 더 재미있게 봤던 것처럼, 행복한 표정을 짓고 있으면 행복감이 증폭됩니다. 집중을 하느라 인상을 쓰다 보면 기분이 나빠지기도 하지요. 이렇게 얼굴 표정으로 인해 어떤 감정이 더 강해지는 것을 '안면 피드백 효과facial feedback effect' 혹은 '얼굴 피드백 효과'라고 부른답니다.

스마트폰이 없던 시절, 우리의 소통 방식은 참 단순했습니다. 시간과 장소를 정해 직접 만났죠. 반가운 얼굴로 손을 마주 잡고 인사를 합니다. 자리에 앉아 한참 이야기를 나누다 보면 웃기도 하고 찡그리기도 하지요. 그러다 내가 왜 이렇게 흥분하나 싶을 정도로 감정이 격해지기도 합니다. 애인이나 배우자를 욕하는 친구의 이야기를 듣고 있노라면, 마치 내가 당한 것처럼 얼굴이 시뻘게지며 화가 나기도 하고, 재미있는 농담을 나누다 보면 배를 잡고 깔깔거리며 웃기도 합니다. 속상한 사연을 듣고 있으면 눈썹이 한껏 처지면서 같이 우울한 마음을 공감하게 되지요. 그렇게 친구들과 즐거운 시간을 지내고 집에 돌아오면, 나도 모르게 피식 웃음이 나기도 하고 한숨이 푹 나오기도 하며 만남의 여운이 가시지 않았죠.

하지만 스마트폰이 우리 삶에 스며들면서 우리의 소통 방식은 변했습니다. 이제 우리는 메신저를 통해 글자로 대화를 나눕니다. 대화의 흐름에 맞는 적절한 표정의 이모티콘을 골라 보내기도 하고, 아주 재미있다는 표현으로 'ㅋㅋㅋ'를 보내거나 슬픔의 표시로 'TT'를 보내기도 하지요. 그런데 그 대화를 하고 있는 자신의 표정을 본 적 있나요? 대부분 무표정한 상태일 거예요. 손가락으로는 웃고 있지만 얼굴에는 영혼이 없을 때가 많죠. 속상한 친구에게 공감해주고 같이 화를 내주고 있는 것 같지만, 아무 생각 없는 표정일 때가 많아요. 지하철에서 제가 카카오톡으로 즐거운 대화를 하고 있어도, 옆 사람은 제가 즐거운 대화를 하는지 진지한 대화를 하는지 구분하기 어려울 거예요. 표정에 드러나지 않으니까요. 그러다 보니 우리는 예전만큼 소통의 즐거움을 누리지 못하는 것 같습니다. 감정은 표정으로 나타날 때 더 증폭되는 것인데, 그럴 일이 별로 없으니까요.

보톡스를 맞은 사람들이 행복한 이유, 이제 조금은 예상할 수 있겠죠? 짜증이 날 때는 미간에 주름이 생깁니다. 그 주름이 자리를 잡아버리면 보기 싫은 얼굴이 되지요. 그래서 많은 사람이 미간의 주름을 펴는 보톡스 주사를 맞습니다. 보톡스는 일정 기간 동안 그 위치의 근육을 마비시켜 사용하지 못하도록 합니다. 미간에 보톡스 주사를 맞으면 미간 근육을 사용할 수가 없게 되고, 자연히 찡그린 표정을 짓지 않게 됩니다. 찡그린 표정을 짓지 않고 살아가다 보면 짜증의 감정도 덜 증폭되고, 상대적으로 남들보다 기분이 나은 것처럼 느껴지는 것이지요.

사람들은 행복해지는 일이 굉장히 어렵고 거대한 일이라고 생각합니다. 재벌 2세로 태어나거나, 남들이 쉽게 가질 수 없는 한정판 명품 가방을 갖거나, 멋진 차를 끌거나, 남들이 우러러볼 만큼 사업에서 성공해야 행복해질 것 같다고 말하죠. 하지만 이미 그런 부와 명예, 사회적 지위를 얻은 사람들마저도 행복감을 느끼는 경우는 적다고 합니다. 행복은 그런 조건으로 만들어지는 것이 아니란 뜻이죠. 그렇다면 우리는 어떻게 행복감을 느껴야 할까요?

행복한 표정을 지어보세요. 미소를 지어보는 거예요. 행복한 일도 없고, 미소를 지어본 적도 별로 없어서 그런 표정을 짓는 게 어색하다고요? 그럼 볼펜을 치아로 물어보세요. 안 쓰는 카드나 젓가락, 빨대도 괜찮습니다. 하루에 딱 한 번씩만이라도, 이렇게 억지로라도 미소를 지어보세요. 같은 만화라도 더 재미있게 느껴지는 것처럼, 매일매일 똑같게 느껴졌던 당신의 삶이 조금은 더 행복하게 느껴질 테니까요.

짜장면과 행복의 상관관계

— 적응 수준 현상

인간은 적응의 동물입니다. 어떤 상황에서도 곧 적응하고 말지요. 어두운 방에 있으면 앞이 보이지 않아 답답하지만 우리 눈은 이내 적응합니다. 보이지 않던 문이 슬슬 보이기 시작하고, 불을 켜지 않아도 화장실에 갈 수 있게 됩니다. 문 닫힌 방 안에서 동생이 방귀를 뀌었을 때, 당장이라도 뛰쳐나가고 싶지만 우리의 코는 이내 적응합니다. 코를 막고 입으로만 숨을 쉬다가도 곧 아무렇지 않게 밥을 먹지요. 사업이 망해 작은 집으로 이사를 가게 되었을 때, 이렇게 코딱지만 한 집에서 어떻게 살아야 할지 한숨만 나옵니다. 하지만 이내 적응하고 말지요. 가지고 있던 짐은 어딘가에 쑤셔 넣고, 어떻게든 버텨나가게 됩니다. 이렇게 적응을 하고야 마니, 삶이 아무리 힘들고 어려워도 우리는 살아가게 되는 것이지요. 그런데 이 적응이 우리에게 이득인 것만은 아닙니다. 우리는 좋은 것에도 이내 적응하기 때문입니다. 적응하다 보면, 싫었던 것이 싫지 않게 되는 것처럼 좋았던 것이 좋지 않게 되는 순간이 옵니다.

매일 듣던 노래는 어느 순간 질려서 다시 듣고 싶지 않게 됩니다. 엄마가 해준 밥은 더 이상 특별하지 않아서 외식을 하고 싶어지지요. 여러 번 본 영화는 다시 보기 싫고, 즐겨 하던 게임은 지루하게 느껴집니다. 예뻤던 신상 옷은 촌스러워 보이고, 새로 산 신발은 거들떠보기도 싫습니다. 설레던 그 사람과의 시간이 느리게 흘러가고, 새로운 사람을 만나보고 싶다는 발칙한(?) 상상을 하기도 합니다. 좋았던 것이 익숙해지는 순간, 행복은 빛을 잃게 되지요.

그뿐만이 아닙니다. 조금이라도 더 큰 행복을 맛보고 나면, 그 전의 행복은 아무것도 아닌 게 됩니다. 과거엔 행복이었던 것이 다시는 나를 행복하게 해주지 못합니다.

어린 시절, 짜장면이란 음식은 저에게 소울 푸드였습니다. 특별한 날에만 먹을 수 있는 이벤트성 음식이었죠. 새카만 짜장 소스를 입 주변에 덕지덕지 묻혀가면서 짜고도 단 그 맛에 행복해했습니다. 하지만 엄마가 바쁠 때마다 짜장면을 시켜주자 그 맛에 질리기 시작했습니다. 더 이상 짜장면은 저를 행복하게 해주지 못했지요. 그런 제가 어른이 되었을 때, 중국집에서 혁명이 일어났습니다. 바로 세트 메뉴가 생긴 것입니다. 세트 메뉴에는 탕수육이 늘 딸려 왔고, 이제 짜장면 둘에 탕수육 소 자는 기본 옵션이 되었습니다. 짭짜름한 짜장면이 물릴 때쯤 새콤달콤한 소스가 묻어 있는 탕수육을 곁들여 먹으면 이만한 별미가 또 없었습니다. 탕수육이 없는 짜장면은 상상할 수 없는 삶이 시작된 것입니다.

하루는 선배가 점심을 사준다고 해서 따라나선 적이 있습니다. 학교 앞에 새로 생긴 중국집으로 갔지요. 선배는 짜장면을 주문했고, 저도 따라 짜장면을 주문했습니다. 그런데 이게 웬걸, 탕수육을 시키지 않는 것입니다. 믿을 수 없는 일이었습니다. 짜장면엔 탕수육인데……. 차라리 내가 사는 자리였다면 좋겠다는 생각이 들었지요. 후식 대신 탕수육을 산다고 할 수도 없는 노릇이고, 참으로 난감한 상황이었습니다. 선배는 제게 계속 말을 건넸지만, 제 시선은 눈치도 없이 계속 옆 테이블의 탕수육을 향했지요.

짜장면만으로도 행복했던 어린아이는 이제 탕수육이 없으면 실망하는 어른이 되었고, 특별한 날에는 깐풍기, 팔보채가 아니면 만족할 줄 모르는 '속물'이 되었습니다. 행복은 참으로 상대적인 것이지요.

처음 만난 낯선 행복에 우리는 벅차고 설렙니다. 하지만 그 행복에 익숙해지면, 그것은 더 이상 행복이 아니게 됩니다. 우리는 이제 더 큰 행복을 기다리지요. 새로운 행복이 다가오면, 그보다 이전 단계의 행복은 다시는 우리를 행복하게 해주지 못합니다. 인간의 마음이란 참으로 간사하지 않나요? 이렇게 현재의 행복에 쉽게 적응해서 만족하지 못하고, 더 큰 행복을 추구하려는 것을 심리학에서는 '적응 수준 현상_{adaptation level phenomenon}'이라고 부릅니다.

적응 수준 현상은 로또에 당첨된 사람들이 왜 행복하지 못한지 설명해줍니다. 로또는 누가 사나요? 보통 부자들보다 가난한 사람들이 인생 역전을 꿈꾸며 삽니다. 어떤 사람에게는 실제로 그 꿈같은 기회가 찾아갑니다. 한 번도 여유롭게 돈을 써보지 못했던 사람에게 처음 만난 큰돈은 엄청난 행복을 안겨주지요. 먹어본 적 없는 진귀한 음식을 먹고, 비싼 옷을 사 입고, 좋은 차를 끌고, 으리으리한 집에 살게 됩니다. 얼마나 행복한지 모릅니다. 하지만 그 행복은 오래가지 못합니다. 인간은 이내 적응해버리니까요. 사랑하는 사람과의 소소한 저녁 식사는 더 이상 즐겁지 않습니다. 미세먼지 없는 맑은 하늘, 새벽 안개의 서늘한 냄새, 카페에서 우연히 듣게 된 좋아하는 음악은 더 이상 나를 설레게 하게 하지 못합니다. 우리는 늘 더 큰 행복을 추구합니다. 이제 우리가 추구하는 행복은 행복을 넘어선 쾌락이 되고, 쾌락은 스스로 망가지는 길로 우리를 인도합니다. 이미 누려본 행복은 이

내 익숙한 것이 되어 지루해집니다. 새롭고, 강하고, 독특한 행복이 오지 않으면 안 됩니다. 그래서 너무 큰 행복을 경험한 사람은 행복을 유지하기가 어렵습니다.

적응 수준 현상은 과거에 메여 사는 사람들의 마음을 설명해 주기도 합니다. 한때 잘나갔던 연예인은 이런 말을 입에 달고 삽니다. "내가 왕년엔 말이야!" 이 사람은 지금도 일반인은 평생 한 번 타보기도 힘든 외제차를 몰고, 한강이 보이는 아파트에 살고, 명품 신발을 신발장 가득 진열해 놓고 있습니다. 남들은 누리지 못할 호사를 누리지요. 하지만 현재에 만족할 줄 모르고 과거에 얽매여 살아갑니다. 왜 그러는 걸까요? 그 모습을 본 우리는 이렇게 생각하기도 합니다. '내가 저 정도만 살 수 있으면 정말 행복할 것 같은데, 왜 감사할 줄 모르지?'

하지만 보이는 것이 전부가 아닙니다. 실제로 그 사람은 나보다 더 불행할지도 모릅니다. 행복은 상대적인 것이니까요. 버스를 타고 다니던 내가 처음 경차를 구입했을 때 느낀 그 감동을 그는 느끼지 못합니다. 여러 대의 외제차 중 오늘은 무얼 탈까 고민했던 사람에게 더 이상 선택권은 없으니까요. 월셋집에서 전셋집으로, 방 두 칸에서 세 칸으로 키워가는 즐거움 또한 그는 알지 못합니다. 정원이 딸린 전원주택에 살다가 여러 사람과 함께 엘리베이터를 쓰는 아파트에 살게 되었으니까요.

오래전에 MBC에서 방영한 「환상의 커플」이라는 드라마가 생각납니다. 재벌가 회장 안나와 시골에 사는 기술자 철수의 이야기였지요. 안나는 돈 많고 예쁘고 까칠하기로 유명합니다. 그런 안나가 어느 날 사고로 기억 상실증에 걸리게 됩니다. 철수는 안나를 보호한다는 명목하에 그녀를 가사도우미처럼 부려먹지요.

안나는 자기가 이렇게 구질구질하게 살아왔다는 것이 납득되지 않지만, 그 생활에 점차 익숙해져 갑니다. 고쟁이 바지를 입고 동네 슈퍼에서 아이스크림 먹는 것을 즐기게 되지요. 집에서 키우는 똥개에게 애정을 느끼고, 엄마 없는 철수의 조카들과 티격태격하며 정들게 됩니다. 소소한 행복이 무엇인지 알게 되는 것이죠. 그런 안나가 어느 날 짜장면이라는 음식을 맛보게 됩니다. 시커멓고 콤콤한 냄새가 나는 이 음식이 어쩐지 불쾌해 보이지만, 한 입 먹는 순간 그 마음은 눈 녹듯 사라져버립니다. 세상에서 가장 맛있는 음식이 바로 짜장면이라는 사실을 알게 되고, 체면도 차리지 않고 게걸스럽게 먹어치웁니다. 이제 그녀에게 짜장면은 소울 푸드가 됩니다.

그렇게 영원히 행복할 줄만 알았던 안나의 인생에 또 한 번의 반전이 일어납니다. 기억이 되돌아온 것이죠. 자신이 재벌가 회장이고, 으리으리한 저택에서 살았던 대단한 인물이라는 기억이 떠오릅니다. 그녀는 철수와의 삶을 버리고 자신의 자리로 돌아가게 되지요. 이제 다시 완벽한 조건에서 살게 된 그녀는 더 큰 행복을 기대하지만, 어쩐지 마음 한가운데가 뻥 뚫린 기분입니다. 공허함은 허기짐이 되고, 짜장면이 먹고 싶다는 생각이 듭니다. 철수와 함께 먹었던 그 짜장면 말이지요. 그래서 그녀는 세계 최고의 주방장을 초빙해서 짜장면을 만들어달라고 합니다. 최고의 실력자가 최상의 재료로 만든 짜장면이 눈앞에 세팅됩니다. 후루룩 짜장면을 맛본 그녀의 눈에서 주르륵 눈물이 흐릅니다. 맛있어서 흘린 감동의 눈물일까요? 글쎄요. 그녀는 이렇게 말합니다. "따뜻함을 알아버려서 이젠 더 추워."

누구나 행복할 것처럼 보이는 풍요로운 삶 속에서 안나는 행복을 느낀 적이 없었습니다. 느껴보지 않은 행복을 추구하지도 않았고, 행복하지 않은 것을 당연히 여기며 살아왔지요. 하지만 시골마을에서의 삶은 그런 그녀에게 따뜻함을 느끼게 해주었습니다. 행복이 뭔지 알게 해주었지요. 그녀는 다시 원래 자기의 자리로 돌아왔지만, 과거와 같이 냉정함을 유지할 수 없었습니다. 예전의 만족감이 느껴지지 않았지요. 행복하지 않는 것이 피부에 와닿기 시작했기 때문입니다. 사람들과 교류하지 않고 외롭게 살 땐 추운 게 추운 건지 몰랐었지요. 하지만 사람들의 사랑이 가득한 곳에서 따뜻함을 느껴본 뒤에는, 지금 이곳이 얼마나 차가운지 알게 된 것입니다. 그래서 슬퍼진 것이지요.

이쯤 되면 좋은 조건을 가졌다고 행복한 것도, 그렇지 않다고 불행한 것도 아니라는 사실만큼은 확실해집니다. 행복에는 절대적인 기준이 없다는 얘기죠. 월급으로 200만 원을 받던 사람이 보너스로 500만 원을 받는다면 하늘을 날아가는 기분이 들 겁니다. 하지만 1000만 원을 받던 사람에게 500만 원을 준다면 날벼락이겠지요. 행복의 기준은 이토록 상대적입니다. 과거의 행복이 현재의 행복을 결정하지요. 과거가 너무 행복했던 사람은 현재에 행복을 누리기가 어렵고, 과거에 행복하지 않았던 사람은 사정이 아주 조금 나아진대도 행복을 느낄 수 있는 것입니다.

수중에 100만 원이 있다면 어떻게 쓰는 것이 좋을까요? 오늘 100만 원을 흥청망청 써버리고 또다시 100만 원이 들어올 때까지 기다리는 것이 좋을까요? 그렇지 않습니다. 우리는 아주 작은 것으로도 충분히 행복할 수 있습니다. 100만 원짜리 코트가 없어도, 5000원짜리 커피를 손에 들고 산책할 때 느낄 수 있는 행복이 있습니다. 새들이 지저귀는 소리, 봄이 오는 냄새, 파란 하늘에 뜬 뭉게구름, 나무에 코를 대고 킁킁거리는 이웃집 강아지, 하품을 하며 기지개를 펴는 고양이를 보고 있노라면, 특별할 것이 없어도 우리는 행복해집니다. 다음 날에는 커피에 휘핑크림을 추가해보세요. 고작 500원을 더 냈을 뿐인데 어제보다 더 행복한 오늘이 됩니다.

저렴한 행복과 비싼 행복에 차이가 있을까요? 그렇지 않습니다. 느껴지는 것에는 차이가 없습니다. 보이는 것에 차이가 있을 뿐이지요. 우리는 남에게 보여주기 위해 행복을 느끼려는 것이 아닙니다. 그러니 굳이 비싼 행복 하나에 모든 것을 투자할 필요는 없습니다. 저렴한 행복을 여러 번 누리는 것이 더 낫지요. 그러니 큰 행복을 위해 최선을 다하지 않아도 괜찮을 것 같습니다. 앞으로 작고 다양한 행복을 여러 번 누리고 싶다면 말이죠.

행복은 상대적입니다. 행복에 적응된다는 점이 안타깝기는 하지만, 그 이면에는 좋은 점도 있습니다. 한 번도 행복해보지 않은 사람은 작은 따뜻함에도 행복을 느낄 수가 있다는 것이죠. 행복하지 않은 인생이 오히려 더 희망적일지도 모르겠습니다. 앞으로 행복할 일만 남았으니까요.

행복은 강도가 아닌 빈도

_ 조작적 정의

요즘 많은 분들이 심리학에 관심을 갖습니다. 여러분도 심리학에 관심이 많아서 이 책을 보시는 것이겠죠? 그런데 심리학은 도대체 어떤 학문일까요. 독심술? 고민 상담? 마음공부? 심리테스트? 마음을 연구하는 학문이라고는 하는데, 참 애매하지 않나요? 마음은 도대체 무엇이란 말입니까? "네가 너무 마음에 들어! 사랑해!" 이것이 마음일까요? "난 상처받았어. 마음 아파." 이것이 마음일까요?

역사를 거슬러 심리학이 철학으로부터 독립한 시점을 살펴봅시다. 먼저, 여기서 문제를 하나 내보겠습니다. 심리학의 아버지는 누구일까요?

많은 분들이 프로이트를 떠올리셨을 겁니다. 하지만 심리학의 진정한 아버지는 분트Wilhelm Wundt입니다. 분트는 실험으로 마음을 연구한 최초의 심리학자로, 보이지 않는 마음을 볼 수 있는 무언가로 측정하고 싶어 했지요. 혹시 병원에서 이런 질문 받아보신 적 있나요? "통증의 강도가 전혀 없다면 0점, 참을 수 없을 정도로 고통스럽다면 10점일 때, 지금 몇 점 정도세요?" 통증은 눈으로 볼 수 없는 주관적 상태지만 점수로 대답하면 측정이 가능해집니다. 이처럼 분트는 사람들에게 마음 상태를 질문하고 답변을 수치로 기록했습니다. 마음을 눈으로 볼 수 있는 하나의 구성 요인으로 보기 시작한 것이지요. 그 뒤부터 심리학은 신비주의도 철학도 인문학도 아닌 행동과학으로 불리게 되었습니다.

문제는 이 마음이란 놈을 측정하는 것이 상당히 어렵다는 것입니다. 마음 하면 제일 잘 떠오르는 게 사랑이니, 사랑을 예로 들어 생각해보겠습니다. 연애 초반에는 서로 내가 더 사랑한다고 우기는 대화를 합니다. 사랑의 크기에 대한 매우 아름다운 토론의 장이 연출되는 거죠. 그러다 사랑이 식기 시작하면 서로 네가 덜 사랑한다고 원망하는 대화를 합니다. 그런데 과연 사랑의 크기를 재고 측정할 수 있을까요?

제목에는 '행복'을 언급해놓고 갑자기 이런 이야기를 왜 하느냐고요? 바로 '조작적 정의operational definition'라는 개념을 설명하기 위해서입니다. 우리는 쉽게 "내가 더 사랑해", "내가 더더 사랑해"라고 말하지만 누구의 사랑이 더 큰지 어떻게 비교할 수 있을까요? 사랑, 우울, 성격, 행복 등 마음과 관련된 개념들은 눈으로 볼 수 없기 때문에, 측정할 수 없을 뿐 아니라 검증 자체가 불가능합니다. 그래서 학자들은 추상적인 개념을 관찰 가능한 대상으로 재정의하는데요, 이것을 바로 조작적 정의라고 부른답니다. 예를 들어, 어떤 학자는 '친사회성'이라는 심리적 개념을 '상대방이 떨어트린 물건을 주워주는 도움 행동의 횟수'로 정의하기도 하고 어떤 다른 학자는 '월평균 수입 대비 기부금액'으로 정의하기도 합니다.

눈에 보이지 않는 개념을 눈으로 볼 수 있는 개념으로 재정의 하는 것. 이 조작적 정의는 심리학자들이 아닌 일반인들에게도 아주 중요한 개념입니다. 내 마음의 상태를 파악하고 조절할 수 있게 해주기 때문입니다. 특히 행복과 관련해서 말이죠.

여러분, 행복은 무엇인가요? 네이버 지식백과에 검색해보니 이렇게 나오네요. "생활에서 충분한 만족과 기쁨을 느끼어 흐뭇함." 그런데 충분함이란 어느 정도를 말하는 걸까요? 만족감이란 무슨 느낌이고, 흐뭇함은 또 어떤 감정일까요? 역시 애매합니다. 행복의 '사전적' 정의라서 그렇습니다. 우리는 심리학자가 아니더라도 행복을 관찰 가능한 객관적인 행동 변인으로 재정의를 해야 합니다. 바로 행복을 조작적으로 정의하는 것이죠.

어떤 사람들은 조작적 정의가 뭔지 몰라도 이미 행복의 조작적 정의를 내리고 살고 있습니다. 외제차를 타는 것, 멋진 집에 사는 것, 명품 가방을 드는 것 등을 행복이라고 여긴다면, 당신도 행복의 조작적 정의를 내린 것입니다. 그런데 내 행복의 조작적 정의가 실현 가능한 것이 아니라면? 그럼 영원히 행복할 수가 없는 것 아닐까요? 꿈은 크게 꿀수록 좋다지만 내 인생이 이루어지지 못할 꿈으로 가득 차 있다면, 행복감 한번 누려보지 못하고 죽을 수도 있겠지요. 그래서 심리학자들은 이야기합니다. 행복의 정의를 좀 쉽고 단순하게 내려보라고 말이죠. 즉, 오늘 당장, 자주 할 수 있는 행복을 정의하라는 뜻입니다.

심리학에서 행복을 있어 보이게 표현할 때 '주관적 안녕감'이란 표현을 씁니다. 그렇습니다. 행복이란 내가 주관적으로 '안녕'한 거면 된다는 것이지요. 남에게 특별하지 않은데, 나에게는 '안녕'한 일들이 있습니다. 그걸 찾아야 하는 것이죠. 추운 날 극세사 이불속에 들어가 귤 까먹기, 카페에서 정말 예쁜 마카롱 사서 사진 찍고 먹기, 미세먼지 없는 날 하늘 사진 찍어 프로필 사진에 올리기, 어려운 책 내려놓고 만화책 보기, 미드 몰아 보기, 게임 아이템 소액 결제하기 등 얼마나 쉬운가요. 생각만 해도 행복하지 않나요?

우리는 행복을 너무 거창한 것으로 생각하는 경향이 있습니다. 하지만 거창한 행복은 잘 이루어지지도 않을뿐더러 이루어져도 오래 유지되지 않습니다. 500만 원짜리 샤넬 가방을 산다

해도 산 순간, 인증해서 인스타그램에 올린 순간 그리고 친구들에게 부러움을 받는 딱 그 순간까지가 행복의 유효기간입니다. 두세 달 지나서도 '어맛, 내 샤넬 백! 여전히 내 곁에 있구나!' 하면서 벅차오르지 않는다는 것이죠. 휴대폰을 샀을 때도 생각해보세요. 최신 폰을 사면 보물단지 모시듯 하지만, 얼마 지나면 바닥에 떨어트리고도 액정만 안 깨지면 다행이다 하잖아요. 행복이란 감정은 대단하든 사소하든 오래가지 못합니다. 행복은 어차피 금방 익숙해집니다. 그러니 굳이 거창하지 않아도 된다는 것입니다. 그럼 어차피 금방 익숙해질 거 행복하지 말라는 거냐? 아닙니다. 금방 익숙해지고 유효기간이 짧으니 더 자주 행복해야 한다는 것입니다. 행복감이 줄어들고 익숙함이 되기 전에 또다른 행복을 찾아야 한다는 것이지요.

그러려면 우리는 행복을 어떻게 정의해야 할까요?

일단 실현 가능한 일로 정의해야 합니다. 드라마를 보다가 '남자 주인공과 결혼하면 행복하겠다', '여자 주인공과 연애하면 행복하겠다' 등의 꿈을 세운다면, 죄송하지만 여러분은 영원히 행복할 수가 없습니다. 이미 결혼하신 상태면 배우자 얼굴을 볼 때마다 분통만 터지겠지요. 로또 1등 당첨을 행복의 정의로 내린다면, 2등을 해도 3등을 해도 아깝다며 분노하게 됩니다. 물론 2등, 3등을 하는 것도 실현이 어렵겠지만 말입니다. 결국 매주 5000원씩 날리면서 행복도 경험하지 못하게 되겠죠. 우리 아이가 머리가 나쁜 거 같아도 SKY는 가야 행복하겠다고 생각한다면, 나와 아이 모두 불행해지는 길을 선택하는 것과도 같습니다. 행복을 정의할 때는 실현 가능한 것을 찾아야 합니다. 월급이 10만 원 오르는 것이나, 주말에 유기동물 봉사활동을 가는 것, 난이도가 낮은 게임이나 잘하는 운동경기를 하는 것처럼, 성공 가능성이 높은 도전을 해야 한다는 말이지요.

다음으로 돈이 별로 안 들어야 합니다. 철마다 휴대폰을 바꾸고, 비싼 아파트로 이사를 가고, 고급 레스토랑에 가고, 5성급 이상 호텔에 가야 행복해진다면 자주 행복할 수가 없습니다. 떡볶이를 시켜먹거나, 길거리에서 5000원짜리 인형을 사거나, 일주일에 한 번 마카롱을 사먹거나 하는 식으로 돈이 덜 드는 행복을 찾아야 합니다. 돈이 아예 안 드는 행복도 있습니다. 무료 영화를 보거나, 도서관에서 좋아하는 작가의 책을 읽거나, 공원 산책을 하는 것처럼 말이죠.

마지막으로 시간이 많이 안 들어야 합니다. 아무리 돈을 아낀다 해도 20박 21일 배낭여행을 하는 것은 백수가 아니고서야 현실적으로 어렵습니다. 연차를 쪼개서 겨우 휴가를 간다 해도 긴 시간이 필요한 여정에는 여행지에 있는 시간보다 이동 시간이 더 길 때도 있습니다. 저는 첫 해외여행을 일본으로 갔었습니다. 배를 타고 갔지요. 여행 일정은 5박 6일이었는데, 일본에 머문 시간은 사흘 밖에 되지 않았죠. 나머지는 배에서 보냈고요. 지금 생각해도 행복한 여행이 아니었습니다. 현실적으로 삼십 분, 한 시간 내에 누릴 수 있는 행복이 무엇일지 고민하는 것이 중요합니다. 오늘 야근해서 밤 10시에 퇴근했어도 맥주 한 캔을 따고 좋아하는 드라마 한 편을 보고 잔다거나, 아이들이 모두 잠든 시간에 치킨을 시켜 먹으면서 잡지책을 읽는다거나 하는, 소소하면서도 나를 행복하게 하는 것들이 무엇인지 찾아야 하지요.

저의 행복은 카페에 가는 것입니다. 예전에는 거창한 일들만이 저를 행복하게 해준다고 생각했어요. 그 거창함을 위해 매일 아끼고 포기하며 살다 보니, 카페에 가는 것은 사치처럼 느껴졌습니다. 혹시나 약속이 있어 카페에 가더라도 아메리카노나 가장 저렴한 병음료를 선택했지요. 아무리 그렇게 500원, 1000원 더 모은다고 해도 거창한 행복이 찾아오지는 않더군요. 그래서 언제부턴가 오늘 하루를 행복하게 살자고 마음을 바꾸게 되었습니다. 행복의 조작적 정의가 바뀐 것이죠. 그랬더니 그 돈이 아깝지 않은 거예요. 우리가 일주일 동안 얼마나 많은 시간을 노력하고 고생하며 살아가는데, 10000원도 안 되는 돈도 나에게 쓰지 못한다면 슬픈 일 아닐까요? 저는 일주일에 한두 번은 꼭 카페에 가서, 거기서 제일 비싼 시그니쳐 음료를 시킵니다. 아무리 비싸도 10000원이에요. 예쁜 그 음료를 보고만 있어도 특별하고 소중한 사람으로 대접받는 기분이 듭니다. 한 주 동안의 피로가 풀리는 기분이지요. 음료의 원가를 생각하면 사치 같지만, 저는 그 돈으로 음료를 사는 것이 아니라 행복을 사는 것이니까요. 행복이 10000원이라면 정말 저렴한 것이죠.

우리는 아주 작고, 사소하고, 저렴하고, 반복할 수 있는 '작은 행복들'을 찾아야 합니다. 한 행복이 익숙해져 끝나갈 무렵 또 다른 행복을 선택할 수 있을 만큼 만만한 행복을 여러 개 찾아야 하지요. 처음에는 어려워요. 우리가 행복이라고 부르던 것들은 영화 속이나 드라마 속에서나 만나봤기 때문에, 행복은 뭔가 크고 특별하고 거창해야만 할 것 같지요. 다시 말하지만, 행복은 내가 안녕하다고 느끼는 무엇이든 될 수 있답니다. 소위 말하는 '소.확행', 즉 소소하지만 확실한 행복을 찾으면 된다는 것이지요. 소확행 1번에 익숙해져서 지루해질 때쯤에는 소확행 2번을 누리세요. 이렇게 소확행 리스트를 만들어가며 내 인생에 행복을 채워가는 겁니다.

어떤 할머니가 손주에게 이런 말을 했다고 합니다.

"인생 마지막에 웃는 놈이 승자 같제? 아니여, 자주 웃는 놈이 승자여."

혹시 큰 거 한 방을 기다리고 있나요? 작은 것 여러 방을 누리며 사세요. 행복은 강도가 아니고 빈도니까요.

———

당신의 마음에 진심이 가닿기를

코로나-19 사태로 비대면 강의가 지속되고 있었습니다. 한 학기의 마지막 주에 잡혀 있던 기말고사 기간만큼은 학생들의 얼굴을 보고 싶어서 대면시험을 계획했습니다. 그런데 시험 전날 밤, 한 학생으로부터 연락이 왔습니다. "제가 코로나 확진자와 접촉을 한 것 같은데, 내일 시험을 보러 가도 되나요?" 대면시험이 진행되면서 확진자와 같은 강의실에서 시험을 본 학생들이 있었던 것입니다. 확진자와 접촉한 학생들의 현황이 정확히 파악되지 않았고, 이대로 시험을 보았다가는 접촉자가 늘어날 수밖에 없는 상황이었습니다. 당장 내일이 시험이었지만 불가피한 선택을 할 수밖에 없었습니다. 시험을 연기한 것이죠.

밤늦게 학생들에게 급작스러운 공지가 전달되었고, 학생들의 민원은 폭주했습니다. 이렇게 갑자기 일정을 바꾸면 어떻게 하느냐, 다음 주에는 중요한 일정이 있어서 안 된다 등의 불만이 제기되었지요. 심지어 학생의 부모님으로부터 일을 그 따위로 처리하지 말라는 전화를 받기도 했습니다. 어쩔 수 없는 선택이었지만, 제가 모든 책임을 짊어지고 가야 했지요. 그런데 그때 한 학생으로부터 메일을 받았습니다.

어제 일 때문에 교수님께서도 많이 심란하실 것 같아 걱정돼요. 제가 만약 교수님 입장이었으면 멘붕 와서 아무것도 못했을 거예요. 하지만 저희 같이 잘 이겨내고 다음 주에 뵈어요. 파이팅!

눈물이 핑 돌았습니다. 모두들 불만인데 이렇게 내 입장을 생각해주어서 고맙다, 위로가 되었다고 하며, 어떻게 이런 메일을 보낼 생각을 했느냐고 물었습니다. 그 친구는 이렇게 대답했습니다.

"교수님이 가르쳐주신 대로 기본적 귀인 오류를 하지 않고 상황 귀인을 해봤거든요."

기본적 귀인 오류. 상대방의 행동을 그 사람이 처한 상황이 아닌 개인의 성향 탓으로 돌리고, 쉽게 비난하는 심리적 현상을 뜻합니다. 많은 학생이 갑자기 시험이 미뤄진 상황을 제 개인적인 의사결정의 문제로 돌리고 비난할 때, 이 친구는 제가 처한 상황을 보았던 것입니다. 기억하고 있었구나, 적용하고 있었구나!

———

그 학생이 보낸 한 통의 이메일이 그날 하루의 피로를 모두 씻어주는 기분이었습니다.

제가 심리학을 흘려보내니, 이렇게 이해가 되돌아왔습니다. 칠십 명에게 수업을 하니, 한 명에게 돌아온 것이죠. 한 명의 이해와 배려는 나머지 예순아홉 명의 비난을 무색하게 할 만큼 따뜻했습니다. 이 책을 칠백 명이 읽는다면 열 명에게, 칠천 명이 읽는다면 백 명에게 이해가 돌아오지 않을까요? 그 열 명, 백 명은 여러분과 가족, 친구에게 제가 들었던 것과 같은 배려와 이해의 말을 건네게 될 것입니다. 상상만 해도 행복해집니다.

제가 흘려보낸 진심이 여러분의 마음에 가닿기를 바랍니다. 그 마음이 또 다른 사람에게 위로가 되고, 공감이 되고, 이해가 되어주기를 바랍니다. 한 명이 열 명이 되고, 열 명이 백 명이 되어, 서로 건강한 마음을 주고받기를 바랍니다. 그렇게 세상이 좀 더 따뜻해지기를 희망합니다.

저의 경험을 이제 여러분이 만날 차례입니다.

나와 너를 이해하는 관계의 심리학

인간의 마음을 이해하는 수업

초판 1쇄 발행 2021년 1월 29일
초판 5쇄 발행 2023년 2월 8일

지은이 신고은
펴낸이 김선준

편집1팀 임나리, 이주영 **디자인** 김세민
마케팅팀 권두리, 이진규, 신동빈 **홍보팀** 한보라, 이은정, 유채원, 권희, 유준상
경영관리 송현주, 권송이

펴낸곳 (주)콘텐츠그룹 포레스트 **출판등록** 2021년 4월 16일 제 2021-000079호
주소 서울시 영등포구 여의대로 108 파크원타워1 28층
전화 02) 332-5855 **팩스** 070) 4170-4865
홈페이지 www.forestbooks.co.kr **이메일** forest@forestbooks.co.kr
종이 (주)월드페이퍼 **출력·인쇄·후가공·제본** 더블비

ISBN 979-11-91347-00-5 (03180)

㈜콘텐츠그룹 포레스트는 독자 여러분의 책에 관한 아이디어와 원고 투고를 기다리고 있습니다. 책 출간을
원하시는 분은 이메일 writer@forestbooks.co.kr로 간단한 개요와 취지, 연락처 등을 보내주세요. '독자의
꿈이 이뤄지는 숲, 포레스트'에서 작가의 꿈을 이루세요.